はじめに

JN172728

本書は、宅建士書籍売上No.1の「**みんなが欲しかった！　宅建士シリーズ**」から生まれた「**直前予想問題集**」です。

取り外し式4回分の「**予想問題**」と解答解説、巻頭の「**法改正情報・統計情報**」をフル活用して、「**合格点をGetする力**」を身につけてください。

2024年4月
滝澤ななみ
TAC出版編集部

目 contents 次

本書の予想問題の合格基準点

本書の予想問題の合格基準点は、34点～37点に設定

第1回＝35点　　　第2回＝34点　　　第3回＝36点　　　第4回＝37点

2023年度本試験の合格基準点は36点

直近5年間の宅建試験の合格基準点は、以下のように推移しています。

実施年度	2019	2020 10月	2020 12月	2021 10月	2021 12月	2022	2023
合格基準点	35点	38点	36点	34点	34点	36点	36点

2023年度の宅建試験は、問題の難易度については、前年度と同じか、やや低めでしたが、個数問題が増えたこともあって、合格点は前年度と同じ**36点**でした。問題自体は決して易しいものではなかったものの、過去2年間の合格点は高めに推移しており、受験生全体のレベルが向上していることが窺えます。宅建試験に合格するためには、しっかりと勉強しなければならないということだと思います。

過去5年間の宅建試験の合格点を見ると、2020年度の10月試験は史上最高の**38点**でしたが、これは「異例」のことではないかと思われます。そうすると、最近の宅建試験の合格点は**34点～37点**ということになります。

2024年度本試験の合格基準点の予想と本書の設定

このような近年の宅建試験の合格基準点の傾向からして、2024年度の宅建試験の合格基準点も**34点～37点**になることが予想されます。そこで、本書においても、この近年の傾向を踏まえて、合格基準点を上記のように設定しました。

本書の出題内容

本書の問題は、「テキストの内容をしっかりとマスターしていれば解ける」ことを基本としていますが、姉妹書『宅建士の教科書』に記載されていない**難しい内容**や**細かい知識**を問う問題も出題しています（特に民法、法令上の制限）。なぜなら、最近の宅建試験でもこのような問題が出題されているからです。本書を通じて、このような問題が出題されることがあると知っておけば、本試験で戸惑ったり、焦ったりすることを防げるのではないかと期待しております。

本書の特長

次の本試験に狙いを定めた予想問題4回分

・本試験問題の分析と検討結果から生まれた、「**次の本試験に狙いを定めた予想問題**」
・合格基準点は、近年のトレンドを重視して、「**35点―34点―36点―37点**」に設定
・「**A－B－C**」3段階の難易度設定（難易度の基準はⅴページ参照）
・超合理的合格法「**難易度別×分野別　得点計画表**」つき!!

巻頭特集「合格の80％はAランク知識で決まる！」

　本試験問題と合格基準点を鋭く分析し、そこから「**実は合格基準点の80％はAランク問題だけでとれる**」という事実を明らかにします。

　Aランク問題＝Aランク知識が合格するためにどれだけ重要かを実感できます。

> 🏷️「Aランク知識」とは
> ....
> 　「**A**ランク問題を正解するために必要な知識」、つまり、出題可能性が高く合格点を取るために必須の知識であるかどうかという基準により判断された知識です。

解説は復習しやすい工夫が満載！

　予想問題（4回分）は、分冊構造になっています。本書から取り外して使うことで、本番さながらの問題演習をすることができます。

　解答・解説は見やすい2色刷り。解説には、肢ごとに姉妹書『みんなが欲しかった！宅建士の教科書』の参照ページを記載しました。間違えてしまった箇所、解説を読んでも知識があやふやな箇所がある場合には、『教科書』の該当ページに戻って、すぐに復習するようにしましょう（本書の問題は、『教科書』に記載がない論点からも出題されています。そのような箇所は、本書の解説を読んで知識を補足するつもりで復習してください。）。

　さらに、問題ごとに姉妹書『みんなが欲しかった！宅建士の問題集』の関連問題番号を記載しました。本書の問題と関連する問題を数多く解いて、弱点の補強に役立ててください。

本書の使い方

step1 まずは予想問題4回分をひととおりやってみる（1巡目）

- 本試験と同じように、「2時間」を計って、集中してやる
- 得点を、難易度別、分野別に集計する
- 解説をひととおりさらっと読む

step2 復習する

- まずは「Aランク」の問題を確実に正解できるように、しっかり復習する
- 間違えた問題や、知識があやふやな箇所は、『教科書』の該当ページを再度読み直そう
- 弱点に感じる論点を見つけたときは、『問題集』で関連する問題を数多く解いておこう

step3 予想問題をもう一度やる（2巡目）

- 得点を集計して、「Aランク問題を確実にとれたか」「1巡目よりも自信をもって解答できたか」を確かめる
- 解説をじっくり読み込む

step4 予想問題3巡目をやる

- 合格基準点を確実に超えられたか、確かめる

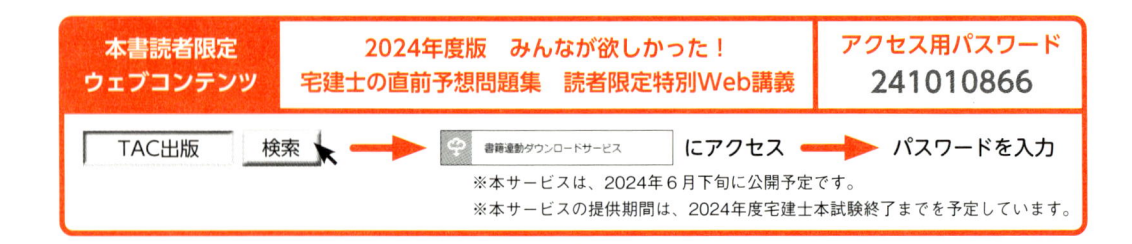

本書読者限定 ウェブコンテンツ	2024年度版　みんなが欲しかった！ 宅建士の直前予想問題集　読者限定特別Web講義	アクセス用パスワード 241010866

TAC出版　検索 ➡ 書籍連動ダウンロードサービス にアクセス ➡ パスワードを入力

※本サービスは、2024年6月下旬に公開予定です。
※本サービスの提供期間は、2024年度宅建士本試験終了までを予定しています。

合格の 80%は Aランク知識で 決まる！

❶ 合格の80%は「Aランク知識」で決まる！

● 本試験は「なに」を「どれくらい」得点すれば合格できる？

・本試験問題をちょっと違った視点で観察してみよう

次の表は、最近5年間の本試験問題について、3段階の難易度に分けた出題数と、各回の合格基準点の一覧表です。

> **3段階の難易度 A、B、C の意味**
> A = 合格するためには間違えてはいけない基本知識・頻出の問題
> B = ちょっと難しいがちゃんと学習していれば正解できる合否の分かれ目になる問題
> C = 無視していい難問・奇問

本試験	A	B	C	合格基準点	得点計画
2023 年	28	18	4	36	28 ＋ 8
2022 年	29	14	7	36	29 ＋ 7
2021 年 12 月	31	11	8	34	31 ＋ 3
2021 年 10 月	29	10	11	34	29 ＋ 5
2020 年 12 月	35	8	7	36	35 ＋ 1
2020 年 10 月	39	7	4	38	39
2019 年	27	17	6	35	27 ＋ 8

※難易度の評価は、姉妹書『みんなが欲しかった！ 宅建士の12年過去問題集』より

右端の「得点計画」の欄を見てください。これは、「合格基準点をどうやって得点するか」を簡単な足し算で示したものです。

どうでしょうか。なにか気づきませんか？

そうです！ 本試験は、

「Aランクの問題全問と、Bランクの一定程度、正解すれば合格する」

のです！

もちろん、年によってバラつきがありますから、Bランクの問題をどれくらい正解できればよいかには、多少の誤差はあります。たとえば2022年や2019年は厳しい年でしたね。Bランクを半

🖊 出題された論点・知識はすべて学習すべき？

この表を見ると、「過去に出題された論点はすべて勉強しなくてはいけない」という考え方は合格を遠ざけるだけであることは、ひと目でわかりますね。つまり、「Cランクの問題」は、無視しちゃえばいいのです。次にいつ出題されるかわからないような細かい知識を追いかけるより、必ず出るであろう基本知識を確実に身につけておくことのほうが、合格するためには大切なのです。

分程度正解しなければ合格できない計算でした。一方、2020年10月試験は、Aランク39問を確実に正解できれば、それだけで合格点に達することができました。

● 合格までの2つのステージ

先ほどのお話に戻りましょう。

Aランクの問題全問と、Bランクの問題を一定程度、正解すれば合格する

合格までには ⇒ 2つのステージがある

第1ステージ　Aランクの問題を全問とる

第2ステージ　Bランクの問題を数問とる

・じゃあ「Bランクをやるぞ！」は正しい？

勉強をしていて陥りがちなのは、「難しい問題が解けるようになれば、やさしい問題は楽に正解できる」と考えてしまうことです。本試験が近づいてくるとなおさらです。そんなときにこの2つのステージをみると、「よし、Bランクの問題を解けるようにがんばるぞ。Bランク知識を徹底的にやろう」と思ってしまうのです。

ですが、合格するためには、Aランク問題を全問正解できる実力をつけること、その知識を確実にしておくことのほうが、はるかに大切です。

なぜか。

それは簡単、問題数の違いです。Aランク問題のほうがBランク問題よりも圧倒的に多く出題されるからです。合格基準点の80%以上をAランク問題が占めているからです。

🏷️ Bランク問題もAランク知識で正解できる、かも

Bランク問題のなかには、内容は基本知識だけど出題形式が複雑で難しい問題もあります。そのため、確実なAランク知識と消去法というテクニックを駆使することで正解できる可能性もあります。

つまり、合理的に合格点をとるためには、第2ステージのBランク知識を優先してやるという選択肢はなく、まず、Aランク問題を全問正解できる実力をつけること、そしてAランク知識を確実に身につけることが、もっとも大切なのです。

合格のための基本戦略

第1ステージをクリアすること、「Aランクを全問とる」こと。合格できるかどうかの80%が、ここにかかっています。つまり合格の80%は、Aランク知識で決まるのです。

❷ 合格のための得点計画の基本と修正

以上の基本戦略をベースに、もう少し具体的に、得点計画を立ててみましょう。

得点計画の基本

1　Aランクを全問とり、Bランクを一定程度とる(Cランクは無視する)
2　宅建業法は9割(18点)を目標に得点する(民法・権利関係に深入りしない)

1はすでにご説明した通りですので、2について、すこし補足します。
なぜ宅建業法に思いっきり比重を置くのかというと、理由は2つあります。

① 宅建業法が宅建士試験の核心であり、出題数の4割(なんと20問!)を占めている
② 宅建業法は他の科目に比べて学習が得点につながりやすい

①の理由は明らかですよね。
②の理由も、ここまで『教科書』で学習してきた皆さんであれば、なんとなく実感しているのではないでしょうか。

宅建業という業界の特別なルールを定めた法律で、複雑かもしれませんが、微妙であいまいな話はありません。本試験でも、ほぼ同じような知識内容が、繰り返し出題されていますので、学習効果はバツグンです。

🖊 民法は危ない

宅建業法のまったく「逆」の科目の代表が民法、権利関係です。民法は、法律の基礎でもあり、抽象的な条文から具体的な判例での結論まで、内容が非常に難解です。また、試験には絶対出ないところもちゃんと理解しないと、問題を解くことができない場合もあります。だから、学習すべき範囲が本来の出題範囲よりも広くなりがちで、学習が得点につながりにくいのです。ここにエネルギーを割くのは得策ではありませんね。

このように、出題の4割を占め、学習効果も高い宅建業法にこそ、力を注ぐべきなのです。

合格を確実にするための修正

ですが、いくらAランク問題とはいえ、「常に全問正解する」ことは困難です。
そこで、修正します。権利関係の1問のみ、Aランクの失点を許容しましょう。
同様に、宅建業法の「9割＝18点」という目標も、少し緩めて「17〜18点」と思うようにしましょう。緩めるといっても、ほんのすこしだけですよ。
この修正を前提に、ほかの科目の得点を計画するのです。

では、本書『みんなが欲しかった！　宅建士の直前予想問題集』の4回分の予想問題の構成を使って、各回の得点計画を立てましょう。

❸ 予想問題の構成と各回の得点計画表

第 **1** 回 標準的：合格基準点35点

第1回	A	B	C	計	得点目標
権利関係	6	7	1	14	8
法令上の制限	4	3	1	8	5
宅建業法	14	5	1	20	16
税・その他	5	3	0	8	6
計	29	18	3	50	35
得点目標	29	6	0	35	第1回

 第1回の得点計画のポイント

- これが標準的な計画
- 法令上の制限と税・その他で、A ランク全問と B ランクの1問をそれぞれとること

第 **2** 回 やや難しい：合格基準点34点

第2回	A	B	C	計	得点目標
権利関係	4	8	2	14	7
法令上の制限	3	3	2	8	5
宅建業法	12	8	0	20	16
税・その他	4	4	0	8	6
計	23	23	4	50	34
得点目標	23	11	0	34	第2回

 第2回の得点計画のポイント

- 権利関係、宅建業法に A ランクが少なく、B ランクが多いため、合格基準点が下がるが、それでも B ランクの約半分をとらなければならない

第 3 回　やさしい：合格基準点36点

第3回	A	B	C	計	得点目標
権利関係	6	5	3	14	8
法令上の制限	4	3	1	8	5
宅建業法	15	5	0	20	17
税・その他	5	3	0	8	6
計	30	16	4	50	36
得点目標	30	6	0	36	第3回

- Aランク全問とBランクをある程度とることで、合格ラインに達する。
- 権利関係のBランクを1問でも2問でも多めに得点できれば、得点に余裕が生まれる。

第 4 回　やさしい：合格基準点37点

第4回	A	B	C	計	得点目標
権利関係	8	6	0	14	9
法令上の制限	4	4	0	8	4
宅建業法	15	5	0	20	17
税・その他	6	2	0	8	7
計	33	17	0	50	37
得点目標	33	4	0	37	第4回

- 権利関係と宅建業法にAランクが多いため、合格ラインが高くなっているが、ここでもAランク全問とBランクをある程度とることで、合格ラインに達する。

No. 01 宅地建物取引業法

1 宅地建物取引業法

Ⅰ 「宅地造成等規制法」改正にともなう諸規定の整備

「宅地造成等規制法」が全面改正され、「宅地造成及び特定盛土等規制法」となったことにともない、関連する諸規定が改正されました。

(1) **広告の開始時期の制限・契約の締結等の時期の制限**の対象となる許可等の処分に、「宅地造成及び特定盛土等規制法12条1項、16条1項、30条1項及び35条1項の許可」が追加されました。

(2) 重要事項説明書に記載・説明すべき事項として、「宅地造成及び特定盛土等規制法12条1項、16条1項、27条1項、28条1項、30条1項及び35条1項」が追加されました。

Ⅱ 建物状況調査(インスペクション)に関する改正

(1) 建物状況調査のさらなる普及・促進に向けて、鉄筋コンクリート造または鉄骨鉄筋コンクリート造の共同住宅等については、重要事項の記載・説明義務のある建物状況調査の期間を**2年間**とする改正がなされました。

(2) 標準媒介契約約款における建物状況調査の記載について、建物状況調査を実施する者のあっせんを「無」とする場合には、その理由を記載するとともに、建物状況調査の目的や性質について、取引の相手方に誤解を与えないよう付記しなければならないこととされました。

Ⅲ デジタル化にともなう横断的な見直し

旧来の法令上、各種申請や届出の方法について、フロッピーディスク等の特定の記録媒体の使用を定める規定が数多く存在し、手続のデジタル化・オンライン化の妨げとなってきたことに対応するため、特定の媒体名を削除し、または「**電磁的記録媒体**」といった抽象的な規定へ見直す等の改正がなされました。

1 民法

　家族関係の規定を整備するとともに、児童虐待を防止し、子どもの権利利益を保護するため以下の改正がなされました。

Ⅰ 再婚禁止期間の撤廃・嫡出推定制度の見直し等

(1)　再婚禁止期間に関する規定の削除

　従来、女性は、「前婚の解消又は取消しの日から起算して100日を経過した後でなければ、再婚をすることができない。」とされていた規定が削除されました。

(2)　嫡出推定制度の見直し

　また、婚姻の解消日等から300日以内に生まれた子は、前夫の子と推定するとの原則は維持しつつも、無戸籍者問題を解消する観点から、母が前夫以外の男性と再婚した後に生まれた子は、再婚後の夫の子と推定するとの例外が設けられました。

Ⅱ 嫡出否認制度の見直し

　従来、夫に限られていた嫡出の否認権者が、子および母にも拡大されました。また、再婚後の夫の子と推定される子については、母の前夫にも否認権が認められました。

　あわせて、嫡出否認の訴えの出訴期間を従来の1年以内から3年以内に伸長する改正がなされました。

Ⅲ 認知の無効の訴えの規定の見直し

　子、認知をした者及び子の母は、原則的に、所定の起算点から7年以内に限り、認知について反対の事実があることを理由に、認知の無効の訴えを提起することができることとなりました。

Ⅳ 子の懲戒権に関する規定の削除

　親権を行う者は、監護および教育にあたっては、子の人格を尊重するとともに、そ

の年齢および発達の程度に配慮しなければならず、かつ、体罰その他の子の心身の健全な発達に有害な影響を及ぼす言動をしてはならないこととするとともに、従来の懲戒に関する規定が削除されました。

2 不動産登記法

I 相続登記申請の義務化

　所有者が亡くなったのに相続登記がされないことによって、登記簿を見ても所有者が分からない「**所有者不明土地**」が全国で増加し、周辺の環境悪化や民間取引・公共事業の阻害が生ずるなど、社会問題となっています。

　この問題を解決するため、不動産登記法が改正され、これまで任意だった**相続登記**が**義務化**されることになりました。

II 相続登記義務の内容

　相続人は、不動産(土地・建物)を相続により取得したことを知った日から**3年以内**に、相続登記の申請をしなければなりません(義務化)。正当な理由がないのに相続登記の申請をしない場合、10万円以下の過料が科される可能性があります。

　遺産分割(相続人間の話し合い)で不動産を取得した場合も、別途、遺産分割から3年以内に、遺産分割の結果に基づく相続登記の申請をしなければなりません。

III 相続人申告登記制度の新設

　早期の遺産分割が難しい場合などに、法務局で「**相続人申告登記**」の手続をすることにより、相続登記義務を果たすことができる制度が整備されました。相続人申告登記は、自らが相続人であることを申告する簡易な手続きです。

3 区分所有法

I デジタル化にともなう横断的な見直し

　旧来の法令上、各種申請や届出の方法について、フロッピーディスク等の特定の記録媒体の使用を定める規定が数多く存在し、手続のデジタル化・オンライン化等の妨げとなっていることに対応するため、特定の媒体名を削除し、または「**電磁的記録媒体**」といった抽象的な規定へ見直す等の改正がなされました。

03 法令上の制限

1 都市計画法

I 開発許可基準の改正

　「宅地造成等規制法」が「宅地造成及び特定盛土等規制法（以下、盛土規制法）」に改正されたことにともない、開発許可の基準が改正されました。**宅地造成等工事規制区域内**または**特定盛土等規制区域内**で行う都市計画法の開発許可の対象となる宅地造成又は特定盛土等に関する工事を行う場合は、盛土規制法13条または31条の技術的基準に適合する必要があります。

　これにより、宅地造成等工事規制区域内または特定盛土等規制区域内において行う都市計画法の開発許可を受けた工事については、盛土規制法15条2項または34条2項の規定により、同法12条1項または30条1項の許可を受けたものとみなされます。

II 開発許可申請書記載事項の改正

　宅地造成等工事規制区域内における宅地造成等または特定盛土等規制区域内における特定盛土等に関する工事の許可を要する開発行為について、「申請者に必要な資力及び信用があること」、「工事施行者に工事完成に必要な能力があること」が許可の要件とされました。これを受け、かかる開発行為については、開発行為許可申請書に「**資金計画**」を記載することとなりました。

2 建築基準法

　脱炭素社会の実現および建築物の省エネ性能の向上に向けて、建築基準法の諸規定が改正されました。

I 中大規模建築物の木造化を促進する防火規定の合理化

⑴　3,000㎡超の大規模建築物の木造化の促進

　延べ面積が3,000㎡を超える大規模建築物を木造とする場合にも、構造部材の木材をそのまま見せる「あらわし」による設計が可能な新たな構造方法を導入し、大

規模建築物への木造利用の促進を図ることとなりました。

(2) 階数に応じて要求される耐火性能基準の合理化

階数に応じて要求される耐火性能基準を合理化し、中層建築物への木材利用の促進を図ることとされました。たとえば、従来は60分刻み（1時間・2時間等）とされていた耐火性能等について、階数5以上9以下の建築物の最下層については**90分耐火性能**での設計が可能となりました。

Ⅱ 部分的な木造化を促進する防火規定の合理化

(1) 大規模建築物における部分的な木造化の促進

耐火性能が要求される大規模建築物においても、壁・床で防火上区画され、防火上・避難上支障がないと認められる範囲内で、部分的な木造化を可能とし、大規模建築物への木材利用の促進を図ることとなりました。

(2) 防火規定上の別棟扱いの導入による低層部分の木造化の促進

高い耐火性能の壁や十分な離隔距離を有する渡り廊下で、分棟的に区画された建築物については、その高層部・低層部をそれぞれ防火規定上の別棟として扱うことで、低層部分の木造化が可能となりました。

(3) 防火壁の設置範囲の合理化

他の部分と防火壁などで有効に区画された建築物の部分であれば、1,000㎡を超える場合であっても防火壁などの設置を要しないこととされました。

Ⅲ 既存不適格建築物の増築時等における現行基準の遡及適用の合理化

既存不適格建築物について、安全性の確保等を前提に、増改築等の際に求められる防火・避難規定、集団規定（接道義務、道路内建築制限）の遡及適用を合理化し、一定の場合には、遡及適用の対象外とされました。

3 宅地造成及び特定盛土等規制法

令和3年に静岡県熱海市で発生した盛土の崩落および大規模な土石流災害により、甚大な被害が生じました。また危険な盛土等に対する法令上の規制が十分でないエリアが多数存在していること等を踏まえ、これまでの「宅地造成等規制法」を抜本的に改正した「宅地造成及び特定盛土等規制法」が令和5年5月に施行されました。

新法の具体的な内容は、姉妹書『2024年度版 みんなが欲しかった！宅建士の教科書』等の新法対応のテキストにて、再度復習いただくことをお奨めいたします。

04 その他関連知識

2024年本試験　法改正情報

1　住宅金融支援機構法

I　「宅地造成等規制法」改正にともなう諸規定の整備

　「宅地造成等規制法」による規制が、「宅地造成及び特定盛土等規制法」による規制に強化されたことにともない、住宅金融支援機構による直接融資対象が追加されました。

II　「空家等対策の推進に関する特別措置法」改正にともなう諸規定の整備

　住宅金融支援機構の業務として「空家等及び空家等の跡地の活用の促進に必要な資金の融通に関する情報の提供その他の援助」が追加されました。

2　2024年度税制改正のまとめ

　2024年4月1日施行の税制改正の要点として、以下の3点を押さえておくとよいでしょう。

❶ 従来から存在する特例につき、適用期限を延長
　（特例措置等が「2024年本試験で出題される可能性がある」点に注意しましょう）。
❷ 「相続時精算課税の特例」の要件等改正
❸ 「住宅ローン控除」の要件等改正

I　適用期限を延長した特例

　適用期限を延長した特例（内容は従来のまま）は、次のとおりです。

【不動産取得税】
・新築住宅の取得日の特例
・認定長期優良住宅取得の課税標準の特例
・宅地の課税標準の特例
・税率（土地・住宅の取得の場合）の軽減

【固定資産税】

・新築住宅(認定長期優良住宅含む)の税額の減額

・既存住宅(耐震・バリアフリー・省エネ)を改修工事した場合の税額の減額

【印紙税】

・不動産の譲渡に関する契約書等に係る税率の軽減措置

【登録免許税】

・税率(住宅用家屋・特定認定長期優良住宅・認定低炭素住宅)の軽減

【相続税・贈与税】

・直系尊属から住宅取得等資金の贈与を受けた場合の贈与税の非課税

・住宅取得等資金の贈与を受けた場合の相続時精算課税の特例(贈与者の年齢要件なし)

【所得税】

・特定の居住用財産の買換え及び交換の場合の長期譲渡所得の課税の特例

・居住用財産の買換え等の場合の譲渡損失の損益通算及び繰越控除

・特定居住用財産の譲渡損失の損益通算及び繰越控除

・認定住宅等の新築等をした場合の所得税額の特別控除　　　等

Ⅱ 「相続時精算課税の特例」の要件等改正のポイント

・新たに基礎控除(年110万円)が新設されました。

・年110万円以下の贈与については、贈与税の申告が不要になりました。

・年110万円以下の贈与については、相続税が課されないこととなりました。

・生前贈与により取得した財産が相続財産に加算される期間が、従来の相続開始前3年以内から相続開始前7年以内に延長されました。

Ⅲ 「住宅ローン控除」の要件等改正のポイント

・子育て世帯・若者夫婦世帯が令和6年に入居する場合には、借入限度額について、令和4・5年入居の場合の水準(認定住宅：5,000万円、ZEH水準省エネ住宅：4,500万円、省エネ基準適合住宅：4,000万円)を維持するものとされました。

・新築住宅の床面積要件を40㎡以上に緩和する措置について、建築確認の期限が令和6年12月31日までに延長されました。

最新統計情報

1 土地取引の動向【令和6年版土地白書】

令和5年の全国の**土地取引件数**(売買による土地の所有権移転登記の件数)は、約**129万件**となり、前年に比べるとほぼ横ばいとなりました。

> **まとめ** 土地取引の動向
>
> ☆ 土地取引件数は約129万件で、ほぼ横ばいとなった

2 地価公示【令和6年3月国土交通省】

令和5年1月以降の1年間の地価動向のポイントは次のとおりです。

> **まとめ** 令和5年1月以降の1年間の地価動向
>
> **1 全国平均**
>
> 全用途平均〈+2.3%〉
> 3年連続の上昇
> 用途別
> 　住宅地 … 3年連続の上昇
> 〈+2.0%〉
> 　商業地 … 3年連続の上昇
> 〈+3.1%〉
>
> **2 三大都市圏**
>
> 住宅地〈+2.8%〉
> 商業地〈+5.2%〉 } 3年連続の上昇

③ 地 方 圏

住宅地 〈＋1.2%〉
商業地 〈＋1.5%〉 ＞ 3年連続の上昇

3 建築着工統計【令和6年1月国土交通省】

　令和5年の新設住宅着工戸数は、持家・貸家・分譲住宅のいずれも減少したため、全体では減少となりました。

まとめ 令和5年の新設住宅着工戸数等

１ 令和5年の総戸数

　新設住宅着工戸数 … 819,623戸（前年比4.6%減）
　　　　　　　　　　　→3年ぶりの減少

　新設住宅着工床面積 … 64,178千㎡（前年比7.0%減）
　　　　　　　　　　　→2年連続の減少

２ 令和5年の利用関係別戸数

持　　家 … 224,352戸（前年比11.4%減）
　　　　　　→2年連続の減少

貸　　家 … 343,894戸（前年比0.3%減）
　　　　　　→3年ぶりの減少

分譲住宅 … 246,299戸（前年比3.6%減）
　　　　　　→3年ぶりの減少

・マンションは107,879戸（同0.3%減、2年ぶりの減少）
・一戸建住宅は137,286戸（同6.0%減、3年ぶりの減少）

持家、貸家、分譲住宅の意味は次のとおりです。

持　　　家：建築主が自分で居住する目的で建築するもの
貸　　　家：建築主が賃貸する目的で建築するもの
分譲住宅：建て売りまたは分譲の目的で建築するもの

4　法人企業統計【財務省】

令和4年度の不動産業における**売上高は2年ぶりの****減収**、営業利益・経常利益は**3年ぶりの****減益**となりました。

まとめ　令和4年度の法人企業統計

1　売　上　高 … 46兆2,682億円（全産業売上高の約2.9%）
→ 2年ぶりの減収（前年度比4.8%減）

2　営業利益 … 4兆6,592億円（全産業営業利益の約7.4%）
→ 3年ぶりの減益（前年度比13.2%減）

3　経常利益 … 5兆9,392億円（全産業経常利益の約6.2%）
→ 3年ぶりの減益（前年度比2.0%減）

4　売上高利益率

売上高営業利益率 … 10.1%
☆ 前年度（11.1%）と比べて下落（3年ぶりの下落）
☆ 全産業の売上高営業利益率（4.0%）よりも高い
売上高経常利益率 … 12.8%
☆ 前年度（12.5%）と比べて上昇（3年連続の上昇）
☆ 全産業の売上高経常利益率（6.0%）よりも高い

5　不動産価格指数（住宅）【国土交通省】

　不動産価格指数（住宅）のうち、全国のマンション指数の対前年同月比は、2013年3月分より2023年12月分まで**130カ月連続でプラス**となっています。

6　宅地建物取引業者に関する統計【国土交通省】

　宅建業者に関する統計のポイントは次のとおりです。

まとめ 宅建業者に関する統計

1 宅地建物取引業者数（令和4年度末現在）

合計 … 129,604業者（前年度末比1,007業者増）
　　　　↖法人 116,230業者
　　☆9年連続の増加

→ 大臣免許 … 2,922業者（前年度末比146業者増）
　　　　↖法人 2,920業者
→ 知事免許 … 126,682業者（前年度末比861業者増）
　　　　↖法人 113,310業者

2 宅建業者に対する監督処分件数（令和4年度）

合計 … 139件（前年度より減少）
→ 免許取消処分 … 63件（前年度より減少）
→ 業務停止処分 … 38件（前年度より増加）
→ 指示処分 … 38件（前年度より減少）

抜きとり式分冊の使い方

下記のように本を分解してご利用ください。

色紙を残して、各冊子を取り外します。

※色紙と各冊子が、のりで接着されています。乱暴に扱いますと、破損する危険性
　がありますので、丁寧に取り外すようにしてください。

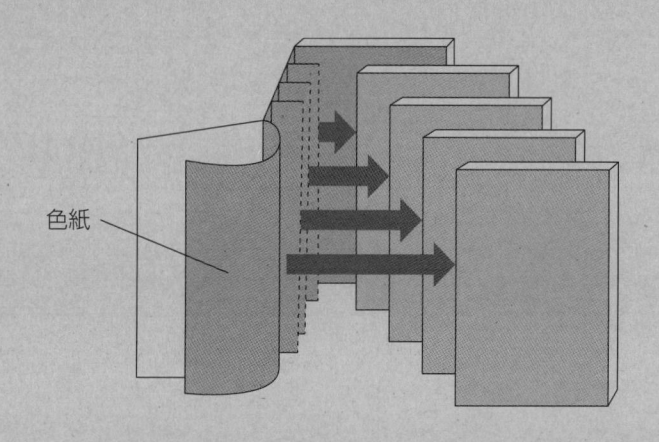

色紙

※抜き取るさいの損傷についてのお取替えはご遠慮願います。

「2024年度版　みんなが欲しかった！　宅建士の直前予想問題集」

第　1　回

問　　題

制　限　時　間＝2時間
合格基準点＝35点

【問　1】 次の1から4までの記述のうち、民法の規定及び下記判決文によれば、明らかに誤っているものはどれか。

（判決文）
　表見代理は、善意の相手方を保護する制度であるから、表見代理が成立すると認められる場合であっても、この主張をすると否とは、相手方の自由であり、相手方としては、表見代理を主張して本人の責任を問うことができるが、これを主張しないで、無権代理人に対し無権代理人の責任を問うこともできるものと解するのが相当である。

1　代理人が、代理権の消滅後に、かつて与えられていた代理権の範囲内において相手方との間で代理行為をした場合、相手方において代理人にその権限があると信ずべき正当な理由があるとき、相手方は、表見代理の成立を主張することができるが、無権代理人の責任を問うこともできる。

2　無権代理人が無権代理人の責任を負わなければならない場合であっても、当該無権代理人は、表見代理が成立することを証明することによって、その責任を免れることができる。

3　無権代理行為をした者は、相手方が無権代理であることを過失によって知らなかった場合でも、自己に代理権がないことを知っていたときは、相手方の選択に従い、相手方に対して履行又は損害賠償の責任を負う。

4　代理人がその権限外の行為をした場合、相手方において代理人に権限があると信ずべき正当な理由があるときは、本人は、その権限外の行為について責任を負う。

【問　2】　A所有の甲土地につき、AとBとの間で売買契約が締結された場合における次の記述のうち、民法の規定によれば、正しいものはどれか。

1　Aが第三者Cの強迫によりBとの売買契約を締結した場合、Bがその強迫の事実を過失なく知らなかったときには、Aは、売買契約を取り消すことができない。

2　AがBの詐欺により売買契約を締結し、さらにDがBから甲土地を買い受けたのちに、AがAB間の売買契約を取り消した場合、DがBの詐欺の事実を知ることができたときは、AはDに対し、売買契約を取り消したことを対抗することができる。

3　Bが第三者Eの詐欺により売買契約を締結した場合、AがEによる詐欺の事実を知ることができたときでも、Bは、売買契約を取り消すことはできない。

4　甲土地の売買契約締結のための代理権をAから与えられたFの詐欺によりBが売買契約を締結した場合、Bは、AがFの詐欺の事実を知っていたときに限り、売買契約を取り消すことができる。

【問　3】　時効に関する次の記述のうち、民法の規定によれば、誤っているものはどれか。

1　債権は、債権者が権利を行使することができる時から10年間行使しないときは、時効によって消滅するが、債権又は所有権以外の財産権は、権利を行使することができる時から20年間行使しないと時効によって消滅する。

2　権利についての協議を行う旨の合意が書面又は電磁的記録でされたときは、一定の期間、時効の完成が猶予されるが、この期間中に、再度の権利についての協議を行う旨の合意が書面又は電磁的記録でされたときは、さらに一定の期間、時効の完成が猶予される。

3　催告によって時効の完成が猶予されている間にされた再度の催告は、時効の完成猶予の効力を有しない。

4　債権者が債務者に対して履行の請求の訴えを提起した場合、その裁判が終了するまでは時効の完成が猶予されるが、訴えが却下された場合には、時効の完成は猶予されない。

【問　4】　甲土地をA・B・C・Dが同じ持分で共有している場合に関する次の記述のうち、民法の規定及び判例によれば、誤っているものはいくつあるか。

ア　Aが死亡し、Aには相続人も特別縁故者もいない場合、Aの持分は国庫に帰属する。

イ　A・B・CがDの所在を知ることができないときは、Aは、D以外の共有者の持分の価格に従い、その過半数で、甲土地の形状又は効用の著しい変更を伴わない管理に関する事項を決することができる旨を裁判所に請求をすることができる。

ウ　A・B・CがDの所在を知ることができないときは、Aは、甲土地の分割を裁判所に請求することができる。

エ　A・B・CがDの所在を知ることができないときは、裁判所は、Aの請求により、Dの持分をAに取得させる旨の裁判をすることができる。

1　一つ
2　二つ
3　三つ
4　四つ

【問　5】　根抵当権に関する次の記述のうち、民法の規定によれば、誤っているものはどれか。

1　根抵当権設定者は、担保すべき元本の確定すべき期日の定めがない場合、根抵当権の設定の時から3年を経過したときは、担保すべき元本の確定を請求することができる。

2　元本の確定前に根抵当権者から被担保債権の範囲に属する債権を取得した者は、その債権について根抵当権を行使することができない。

3　元本の確定前においては、根抵当権者と設定者の合意により、後順位抵当権者の承諾を得ることなく被担保債権の範囲を変更することができる。

4　根抵当権者は、極度額の範囲内であっても、被担保債権の範囲に属する債権の利息の請求権については、その満期となった最後の2年分についてのみ、その根抵当権を行使することができる。

【問　6】　Aは、Bとの契約によって甲建物を取得したが、Bから引渡しを受けた甲建物には瑕疵（欠陥）があった。この場合に、民法の規定によれば、Aが、Bの契約上の責任を追及して、Bに対して甲建物の当該瑕疵の修補を請求できるものを全て掲げたものは、次の1から4のうちどれか。なお、AB間に甲建物の瑕疵の修補に関する特約はないものとし、瑕疵の原因についてAには帰責事由はないものとする。

ア　Aは、Bに対する何らの負担を伴うことなく、贈与契約に基づいてB所有の甲建物の引渡しを受けたが、引渡しの時点において甲建物には当該瑕疵があった場合

イ　Aは、Bに対する何らの負担を伴うことなく、使用貸借契約に基づいてB所有の甲建物の引渡しを受けたが、引渡しの時点において甲建物には当該瑕疵があった場合

ウ　Aは、賃貸借契約に基づいてB所有の甲建物の引渡しを受けたが、引渡しの時点において甲建物には当該瑕疵があった場合

エ　Aは、請負契約によって、Bに甲建物を建築させて、その引渡しを受けたが、Bが完成した甲建物には引渡しの時点において、当該瑕疵があった場合

1　ア、イ
2　イ、ウ
3　ウ、エ
4　ア、エ

【問　7】　Aに子B及びCが、Bにさらに子Dがいる場合におけるAの死亡による相続に関する次の記述のうち、民法の規定によれば、正しいものはどれか。

1　Aが、生前において、遺言で、BのAに対する著しい非行を理由にBを相続から廃除する意思を表示していた場合、Aの相続人はCのみである。

2　AとBは、搭乗していた航空機の事故によって死亡したが、いずれが先に死亡したか不明である場合、Aの相続人はCのみである。

3　Aが死亡した後に、BがAの相続についてその放棄をした場合、Aの相続人はCのみである。

4　Bが、Aを強迫して遺言書を作成させていた場合、Aの相続人はCのみである。

【問　8】　各種の契約に関する次の記述のうち、民法の規定によれば、誤っているものはどれか。

1　Aが、他人が所有する財産を無償で与えることをBに対して表示し、Bがそれを受諾した場合、有効に贈与契約が成立する。

2　書面でする金銭消費貸借契約は、Aが金銭をBに引き渡すことを約束し、Bがその受け取った額と同額をAに返還することを約束することによって有効に成立する。

3　Aが、自己が所有する甲土地をBに売却した場合、Aは、Bに対し、所有権移転についての登記を備えさせる義務を負う。

4　Aを委任者、Bを受任者とする委任契約において、報酬を支払う特約がある場合、Bが委任事務の履行を怠ったことにより、当該委任契約が解除されたときは、Bは、Aに対して報酬を一切請求することができない。

【問　9】　AがBから建物の建築を請け負っている場合に関する次の記述のうち、民法の規定及び判例によれば、正しいものはどれか。なお、ＡＢ間には特約はないものとする。

1　完成した建物の品質にＡＢ間の契約内容に適合しない瑕疵があった場合、Bは、当該瑕疵の修補に代わる損害賠償請求権とAの有する報酬請求権を相殺することができる。

2　Aは、建物を完成させる前であれば、Bに対して損害を賠償して請負契約を解除することができる。

3　請負人に対する報酬は、仕事の目的物の引渡しを要する場合でも、仕事の目的物が完成した時に注文者が請負人に対して支払わなければならない。

4　地震により建築途中の建物が滅失し、Aが期限までに建物を完成させることができない場合でも、Bは、報酬全額の支払いを拒むことができない。

【問　10】　Aの被用者Bと、Cの被用者Dが、それぞれの事業の執行について、共同してEに対して不法行為をした場合に関する次の記述のうち、民法の規定及び判例によれば、誤っているものはどれか。

1　Aが、当該不法行為によって生じた損害全額をEに対して賠償した場合、Aは、Bに対して信義則上相当と認められる限度で求償することができ、Dに対しても求償することができる。

2　Eは、当該不法行為によって生じた損害全額の賠償を、B及びDにそれぞれ請求することができる。

3　Cは、Dの選任及びその監督について相当の注意をしていたときは、Eに損害を賠償する責任を負わない。

4　Bの行為は、外形上はAの事業の範囲内に属すると認められるが、Bの職務権限内で適法に行われたものではなかった場合、そのことを、Eが重大な過失により知らなかったときでも、Aは、Eに対する損害賠償責任を負う。

【問 11】 借地権又は借地契約に関する次の記述のうち、民法及び借地借家法の規定によれば、正しいものはどれか。なお、本問における借地権は土地の賃借権であるものとする。

1 借地権者が、借地上の自己所有の建物に抵当権を設定した場合において、抵当権が実行され、当該建物が競落されたときは、競落人は、土地賃借権の譲渡について賃貸人である借地権設定者の承諾を得ることなく、借地権を取得する。

2 借地契約に借地条件が付されている場合、借地の付近の土地の利用状況の変化によって、借地条件の変更が相当であるにもかかわらず当事者間に協議が調わないときは、裁判所は、当事者の申立てにより、その借地条件を変更することができる。

3 借賃の増額について当事者間に協議が調わないときは、その請求を受けた者は、増額を正当とする裁判が確定するまでは、従来と同額の借賃を支払わなければならない。

4 借地契約の更新の後において、建物が滅失したために、借地権者が残存期間を超えて残存すべき建物を新たに築造することにつき通知をしたにもかかわらず、その通知を受けた後2か月以内に借地権設定者より異議がない場合は、再築の承諾があったものとみなされる。

【問　12】　Aが、その所有する甲建物（床面積150㎡の居住用建物）について、Bと賃貸借契約を締結した場合に関する次の記述のうち、民法及び借地借家法の規定によれば、正しいものはどれか。

1　法令によって甲建物を2年後には取り壊すことが明らかである場合、取り壊し事由を記載した書面又は電磁的記録によってするのであれば、建物を取り壊すこととなる2年後には更新がなく賃貸借契約が終了する旨の特約を定めることができる。

2　AとBが借地借家法第38条の定期建物賃貸借契約を締結するには、Aが建物を一定の期間自己の生活の本拠として使用することが困難であり、かつ、その期間経過後はその生活の本拠として使用することになることが確定していなければならない。

3　AB間の賃貸借契約が一時使用目的の賃貸借契約である場合、賃貸借契約の期間を定めたとき、Bが賃貸借契約を期間内に解約することができる旨の特約を定めることはできない。

4　AとBが借地借家法第38条の定期建物賃貸借契約を締結するには、あらかじめ、契約の更新がなく、期間満了によって賃貸借が終了することにつき、書面を交付して説明しなければならないが、Aは、Bの承諾を得ることなく、当該書面に記載すべき事項を電磁的方法により提供することができる。

【問　13】　建物の区分所有等に関する法律に関する次の記述のうち、誤っているものはどれか。

1　一部共用部分は、規約で定めることにより、区分所有者全員の共有とすることができる。

2　敷地利用権が数人で有する所有権その他の権利である場合、区分所有者は、規約に別段の定めがある場合を除いて、その有する専有部分とその専有部分に係る敷地利用権とを分離して処分することができる。

3　管理者の選任及び解任は、集会の決議によるほか、規約で別段の定めをすることができる。

4　集会の招集通知は、会日より少なくとも1週間前に、会議の目的たる事項を示して、各区分所有者に発しなければならないが、この期間は、規約により伸縮することができる。

【問　14】　不動産登記に関する次の記述のうち、不動産登記法の規定によれば、誤っているものはどれか。

1　所有権に関する仮登記に基づく本登記は、登記上の利害関係を有する第三者がある場合には、その第三者の承諾がなければ申請することができない。

2　登記することができる権利には、先取特権、質権、配偶者居住権が含まれる。

3　贈与を原因とする所有権の移転の登記は、受贈者である登記権利者が単独で申請することができる。

4　権利に関する登記を申請する場合、申請人は、原則として、その申請情報と併せて登記原因を証する情報を提供しなければならないが、表示に関する登記を申請する場合には、申請人は、その申請情報と併せて登記原因を証する情報を提供する必要はない。

【問　15】　都市計画法に関する次の記述のうち、誤っているものはどれか。

1　都市計画区域については、無秩序な市街化を防止し、計画的な市街化を図るため、都市計画に必ず市街化区域と市街化調整区域の区分を定めなければならない。

2　風致地区は、都市の風致を維持するために定める地区であり、風致地区内における建築物の建築、宅地の造成、木竹の伐採等の行為については、地方公共団体の条例で、都市の風致を維持するため必要な規制をすることができる。

3　特定街区は、市街地の整備改善を図るため街区の整備又は造成が行われる地区について、その街区内における建築物の容積率並びに建築物の高さの最高限度及び壁面の位置の制限を定める街区である。

4　第一種低層住居専用地域は、低層住宅に係る良好な住居の環境を保護するため定める地域であり、建築基準法第55条第1項に規定する建築物の高さの限度を定めるものとされている。

【問 16】 都市計画法の開発許可に関する次の記述のうち、正しいものはどれか。なお、この問において「都道府県知事」とは、地方自治法に基づく指定都市、中核市及び施行時特例市にあってはその長をいうものとする。

1 開発許可を受けた者は、開発行為に関する工事を廃止するときは、都道府県知事の許可を受けなければならない。

2 非常災害のため必要な応急措置として行う開発行為であれば、その行われる区域、規模にかかわらず都道府県知事の許可を受ける必要はない。

3 開発許可を受けた者から当該開発区域内の土地の所有権を買い受けた者は、都道府県知事の承認を受けることなく、当該開発許可を受けた地位を承継することができる。

4 開発許可を受けた開発行為又は開発行為に関する工事により公共施設が設置されたときは、その公共施設は、工事完了の公告の日の翌日において、原則として、開発許可を受けた者の管理に属する。

【問 17】 建築基準法（以下この問において「法」という。）に関する次の記述のうち、正しいものはどれか。

1 延べ面積が1,000㎡を超える耐火建築物は、防火上有効な構造の防火壁又は防火床によって有効に区画し、かつ、各区画の床面積の合計をそれぞれ1,000㎡以内としなければならない。

2 階段に代わる傾斜路は、勾配（こうばい）は、10分の1をこえてはならず、表面は、粗面とし、又はすべりにくい材料で仕上げなければならない。

3 居室の天井の高さは、2.1m以上でなければならず、室の床面から測り、一室で天井の高さの異なる部分がある場合においては、その平均の高さによるものとする。

4 建築主事は、法第6条第1項の建築確認をする場合、申請に係る建築物の計画が、特定構造計算基準に適合するかどうかの確認審査を要するものであるときは、原則として、都道府県知事の構造計算適合性判定を受けなければならない。

【問　18】　建築基準法（以下この問において「法」という。）に関する次の記述のうち、誤っているものはどれか。

1　建築物のエネルギー消費性能の向上のため必要な外壁に関する工事を行う一定の建築物で、特定行政庁が安全上、防火上及び衛生上支障がないと認めて許可したものの建蔽率は、その許可の範囲内において、法第53条第1項から第3項の規定による建蔽率の限度を超えるものとすることができる。

2　映画館における客席からの出口の戸は、内開きとしてはならない。

3　用途地域に関する都市計画で建築物の敷地面積の最低限度を定める場合においては、その最低限度は100㎡を超えてはならないとされている。

4　公園内にある建築物で特定行政庁が安全上、防火上及び衛生上支障がないと認めて許可したものについては、建蔽率の制限は適用されない。

【問　19】　宅地造成及び特定盛土等規制法に関する次の記述のうち、誤っているものはどれか。なお、この問において「都道府県知事」とは、地方自治法に基づく指定都市、中核市及び施行時特例市にあっては、その長をいうものとする。

1　宅地造成等工事規制区域（以下この問において「規制区域」という。）内において宅地造成に関する工事をする場合には、工事主は、原則として、都道府県知事の許可を受けなければならないが、特定盛土等に関する工事を行う場合には、許可を受ける必要はない。

2　工事主は、規制区域内において行われる宅地造成等に関する工事の許可の申請をするときは、あらかじめ、当該工事の施行に係る土地の周辺地域の住民に対し、説明会の開催その他の当該工事の内容を周知させるため必要な措置を講じなければならない。

3　規制区域内において行われる宅地造成等に関する工事（許可不要となる工事を除く。）は、一定の技術的基準に従い、擁壁、排水施設その他の一定の施設の設置その他宅地造成等に伴う災害を防止するため必要な措置が講ぜられたものでなければならない。

4　国又は都道府県が規制区域内において行う宅地造成等に関する工事については、これらの者と都道府県知事との協議が成立することをもって工事の許可があったものとみなされる。

【問　20】　土地区画整理組合（以下この問において「組合」という。）が行う土地区画整理事業に関する次の記述のうち、土地区画整理法の規定によれば、正しいものはどれか。

1　施行地区内の宅地について所有権を有する組合員から当該所有権の一部のみを承継した者は、当該組合の組合員とはならない。

2　組合の設立の認可を申請しようとする者は、定款及び事業計画又は事業基本方針について、施行地区となるべき区域内の宅地について所有権を有するすべての者及びその区域内の宅地について借地権を有するすべての者のそれぞれの4分の3以上の同意を得なければならない。

3　仮換地が指定された場合においては、従前の宅地について権原に基づき使用し、又は収益することができる者は、仮換地の指定の効力発生の日から換地処分の公告がある日まで、従前の宅地について、従前の宅地について有する権利の内容である使用又は収益と同じ使用又は収益をすることができる。

4　組合は、仮換地を指定した場合において、特別の事情があるときは、その仮換地について使用又は収益を開始することができる日を仮換地の指定の効力発生日と別に定めることができる。

【問 21】 農地法（以下この問において「法」という。）に関する次の記述のうち、誤っているものの組合せはどれか。

ア　農地を相続した場合、その相続人は、法第3条第1項の許可を受ける必要はないが、遅滞なく、農業委員会に届け出る必要がある。

イ　金融機関から融資を受けるに際して、農地に抵当権を設定する場合、法第3条第1項の許可を受ける必要があるが、抵当権の実行による競売によって農地を取得する場合には、法第3条第1項又は第5条第1項の許可を受ける必要はない。

ウ　市街化区域外にある農地を所有する者が、これを転用して共同住宅の敷地及び駐車場とする場合、その面積が4ha（ヘクタール）を超えるときは、法第4条第1項の規定により農林水産大臣の許可を受ける必要がある。

エ　農地の賃貸借の存続期間は50年を超えることができない。

1　ア、イ
2　イ、ウ
3　ウ、エ
4　ア、エ

【問 22】 国土利用計画法第23条の届出（以下この問において「事後届出」という。）に関する次の記述のうち、正しいものはどれか。なお、この問において「都道府県知事」とは、地方自治法に基づく指定都市にあってはその長をいうものとする。

1 宅地建物取引業者ではないAが、市街化区域内にあるBが所有する2,000㎡の土地について、Bと賃貸借契約を締結した場合、権利金（権利設定の対価）の授受がないときでも、Aは、事後届出をしなければならない。

2 宅地建物取引業者ではないCが、市街化調整区域内にあるDが所有する5,000㎡の土地を取得する売買契約を締結した場合でも、当該土地が農地であって農地法第5条第1項の許可を受けているのであれば、Cは、事後届出をする必要はない。

3 宅地建物取引業者ではないEが、事後届出をして都道府県知事から土地の利用目的を変更すべき旨の勧告を受けた場合、Eが当該勧告に従わなかったときは、その旨及びその勧告の内容が公表されるとともに、Eは、6か月以下の懲役又は100万円以下の罰金に処せられることがある。

4 宅地建物取引業者ではないFが、宅地建物取引業者ではないGから、市街化区域内にあるGとHが持分平等で共有する3,000㎡の土地のGの持分権を取得する売買契約を締結した場合、Fは、事後届出をする必要はない。

【問 23】 住宅用家屋の所有権の移転登記に係る登録免許税の税率の軽減措置に関する次の記述のうち、誤っているものはどれか。

1 この税率の軽減措置は、個人が自己の居住用として使用する住宅用家屋には適用されるが、法人がその社宅として使用する住宅用家屋には適用されない。

2 この税率の軽減措置の適用対象となる住宅用家屋については、その築年数は問わないが、新耐震基準に適合していることが適用要件とされている。

3 この税率の軽減措置は、住宅用家屋を相続によって取得した場合にも適用される。

4 この税率の軽減措置の適用を受けるためには、住宅用家屋を取得した後、1年以内に登記をしなければならない。

【問　24】　不動産取得税に関する次の記述のうち、誤っているものはどれか。ただし、認定長期優良住宅については考慮しないものとする。

1　不動産取得税は、不動産の取得に対して課される税であるので、相続によって不動産を取得した場合には課されるが、贈与によって取得した場合には課されない。

2　家屋を改築したことにより当該家屋の価格が増加した場合の課税標準は、当該改築によって増加した価格である。

3　不動産取得税の課税標準となる不動産の価格は、原則として、固定資産課税台帳に登録されている価格であり、実際の取引価格ではない。

4　共有物の分割による不動産の取得については、当該不動産の取得者の分割前の当該共有物に係る持分の割合を超えない部分の取得であれば、不動産取得税は課されない。

【問　25】　地価公示法に関する次の記述のうち、正しいものはどれか。

1　都市及びその周辺の地域等において、土地の取引を行う者は、取引の対象土地に類似する利用価値を有すると認められる標準地について公示された価格を指標として取引を行わなければならない。

2　標準地は、都市計画区域内の土地から選定され、都市計画区域外の土地から選定されることはない。

3　土地鑑定委員会は、公示区域内の標準地について、毎年1回、一定の基準日における当該標準地の単位面積当たりの正常な価格を判定し、公示するものとされているが、地価の高騰等の特別の事情があるときは、年2回を限度として、これを行うことができる。

4　公示価格を規準とするとは、対象土地の価格を求めるに際して、当該対象土地とこれに類似する1又は2以上の標準地との位置、地積、環境等の土地の客観的価値に作用する諸要因についての比較を行い、その結果に基づき、当該標準地の公示価格と当該対象土地の価格との間に均衡を保たせることをいう。

【問 26】 宅地建物取引業の免許（以下この問において「免許」という。）に関する次の記述のうち、正しいものはどれか。

1　建設業の許可を受けているAが、建築請負契約に付随して、不特定多数の者に建物の敷地の売買を反復継続してあっせんする場合、Aは免許を受ける必要がない。

2　Bが、甲県から代理の依頼を受けて、甲県が所有する20区画の宅地について、不特定多数の者に反復継続して販売する場合、Bは、免許を受ける必要がない。

3　都市計画法に規定する市街化区域内に工場跡地を所有するC社が、当該土地を30区画に区割りして、不特定多数の者に反復継続して売却する場合、C社は免許を受ける必要がある。

4　破産管財人Dが、破産財団の換価のためにEに媒介を依頼して、宅地又は建物の売却を反復継続して行う場合、D及びEは免許を受ける必要がない。

【問　27】　宅地建物取引業者Ａ社（甲県知事免許）が、乙県内に建設したマンション（100戸）の販売について、乙県内に支店のある宅地建物取引業者Ｂ社（国土交通大臣免許・本店は甲県内に所在）に媒介を依頼し、Ｂ社がマンションの所在する場所の隣地（乙県内）に案内所を設置して、売買契約の申込みを受ける業務を行う場合に関する次の記述のうち、宅地建物取引業法（以下この問において「法」という。）の規定によれば、正しいものはいくつあるか。

ア　Ｂ社が設置する案内所にはＢ社が法第50条第１項で定める標識を掲げなければならないが、当該標識には、Ｂ社の商号又は名称だけでなく、依頼主である売主Ａ社の商号又は名称も記載しなければならない。

イ　Ｂ社は、乙県知事及び甲県知事を経由して国土交通大臣に対して法第50条第２項で定める届出をしなければならない。

ウ　当該マンションの所在地にはＡ社が法第50条第１項で定める標識を掲げなければならないが、Ｂ社は標識を掲げる必要はない。

エ　Ｂ社が設置する案内所には、帳簿を備える必要はないし、報酬の額を掲示する必要もない。

1　一つ
2　二つ
3　三つ
4　四つ

【問　28】　甲県知事から宅地建物取引士の登録（以下この問において「登録」という。）を受けている宅地建物取引士Aに関する次の記述のうち、宅地建物取引業法（以下この問において「法」という。）の規定によれば、正しいものはどれか。

1　婚姻しているAが、宅地建物取引士証の氏名欄について旧姓であるBの記載を希望するときは、当該宅地建物取引士証の氏名欄には、現在の姓であるAに代えて、旧姓であるBと記載される。

2　Aが、乙県内の事務に関して、乙県知事から事務禁止処分を受けた場合、Aは、速やかに、宅地建物取引士証を乙県知事に提出しなければならない。

3　Aが、宅地建物取引士証を亡失したことにより、その再交付を受けた場合、その後に亡失した宅地建物取引士証を発見したときは、Aは、速やかに、発見した宅地建物取引士証を甲県知事に返納しなければならない。

4　Aが死亡した場合、その相続人は、Aが死亡した日から30日以内に、その旨を甲県知事に届け出なければならない。

【問　29】　宅地建物取引業法第35条に規定する重要事項の説明を宅地建物取引業者Aが行う場合における次の記述のうち、正しいものはどれか。

1　Aは、分譲マンションの売買の媒介を行う場合、当該マンションの専有部分の用途その他の利用の制限に関する規約の定めが案の段階であっても、専任の宅地建物取引士をして、その案の内容を重要事項として説明させなければならない。

2　Aは、自ら売主として宅地建物取引業者である買主Bに宅地を売却する場合、当該売買契約における代金以外に授受される金銭の額及び当該金銭の授受の目的を説明しなければならない。

3　Aは、中古マンションの売買の媒介を行う場合、当該一棟の建物の計画的な維持修繕のための費用の積立てを行う旨の規約の定めがあるときには、その内容を説明すれば足り、既に積み立てられている額については、説明する必要はない。

4　Aは、マンションの1戸の貸借の媒介を行う場合、当該一棟の建物及びその敷地の管理が委託されているときは、その委託を受けている者の氏名（法人にあっては、その商号又は名称）及び住所（法人にあっては、その主たる事務所の所在地）を重要事項として説明しなければならないが、その説明は説明をすべき相手方の自宅で行うこともできる。

【問 30】 宅地建物取引業者A社が、Bから自己所有の宅地の売買の媒介を依頼された場合における次の記述のうち、宅地建物取引業法（以下この問において「法」という。）の規定によれば、正しいものはいくつあるか。

ア　A社がBとの間で締結した媒介契約が専任媒介契約である場合、A社は、媒介契約の目的物である宅地について買い受けの申込みがない場合でも、2週間に1回以上、その旨をBに報告しなければならない。

イ　A社がBとの間に締結した契約が専任媒介契約である場合、A社は、媒介契約の目的物である宅地にかかる所定の事項を、契約締結の日から7日以内（A社の休業日を含む。）に指定流通機構へ登録しなければならない。

ウ　A社は、Bとの間で締結した媒介契約が専任媒介契約である場合、Bから「この売買契約のことは内密にしたいので、指定流通機構へは登録しないでほしい」旨の申出があったときは、媒介契約の目的物である宅地の売買に係る一定の事項について指定流通機構へ登録する必要はない。

エ　A社は、法第34条の2第1項の規定による媒介契約書面の交付に代えて、Bの承諾を得て、同書面に記載すべき事項を電磁的方法によりBに提供することができる。

1　一つ
2　二つ
3　三つ
4　四つ

【問 31】 次の記述のうち、宅地建物取引業法（以下この問において「法」という。）の規定によれば、誤っているものはいくつあるか。なお、書面の交付に代わる電磁的方法による提供については考慮しないものとする。

ア 宅地建物取引業者が、他の宅地建物取引業者に媒介を依頼して、自ら所有する宅地建物の売買契約を成立させた場合、媒介を依頼した他の宅地建物取引業者へ報酬を支払うことを拒む行為は、不当な履行遅延（法第44条）に該当する。

イ 宅地建物取引業者は、建築確認が必要とされる建物の建築に関する工事の完了前において、建築確認を受ける前であっても、当該建物の貸借の代理を行う場合は、当該取引に係る広告をすることができる。

ウ 宅地建物取引業者が、建物の販売に際して、買主が手付として必要な額を持ち合わせていなかったときに、手付の額を値引きすることにより、契約の締結を誘引することは宅地建物取引業法の規定に違反する。

1 なし
2 一つ
3 二つ
4 三つ

【問 32】 宅地建物取引業者Ａが自ら売主となり、中古建物の売買契約を行う場合において、宅地建物取引業法第37条の規定により交付すべき書面（以下この問において「37条書面」という。）に関する次の記述のうち、誤っているものはどれか。

1 Ａは、当該建物の構造耐力上主要な部分等の状況について当事者双方が確認した事項がある場合には、買主が宅地建物取引業者であっても、37条書面にその記載をしなければならない。

2 Ａは、37条書面の作成を宅地建物取引士でない従業者に行わせることはできない。

3 Ａは、契約成立後遅滞なく、買主に37条書面を交付しなければならないが、交付すべき相手方の承諾を得て、同書面の交付に代えて、同書面に記載すべき事項を電磁的方法によって提供することができる。

4 Ａは、当該建物に係る租税その他の公課の負担に関する定めがあるときは、その内容を37条書面に記載しなければならない。

【問　33】　宅地建物取引業者A（甲県知事免許）の営業保証金に関する次の記述のうち、宅地建物取引業法の規定によれば、正しいものはどれか。

1　Aが、免許を受けた日から1か月以内に、営業保証金を供託した旨を甲県知事に届け出ない場合、甲県知事は、その届出をすべき旨の催告をしなければならず、その催告がAに到達した日から3か月以内にAが届出をしないときは、Aの免許を取り消すことができる。

2　Aが、本店のほかに支店を数か所設置して宅地建物取引業を営む場合、Aは、営業保証金として、本店の分は本店の最寄りの供託所に、支店の分はそれぞれの支店の最寄りの供託所に供託しなければならない。

3　Aは、営業保証金の還付がなされ、政令で定める額に不足が生じた旨の通知を甲県知事から受けた場合、還付があった日から2週間以内に、その不足額を供託しなければならない。

4　Aが額面金額1,000万円の国債証券をもって営業保証金を供託している場合において、Aが当該国債証券を取り戻すため、額面金額900万円の地方債証券と金銭をもって新たに供託するとき、Aが当該地方債証券とともに供託するべき金銭の額は190万円である。

【問 34】 甲県知事の免許を受けた宅地建物取引業者Aの事務所の業務に従事している宅地建物取引士Bに関する次の記述のうち、宅地建物取引業法の規定によれば、正しいものはどれか。

1 甲県において宅地建物取引士資格試験に合格したBが、甲県知事の登録を受けて、甲県知事から宅地建物取引士証の交付を受ける場合、Bは、宅地建物取引士資格試験に合格した日から1年以内であれば、甲県知事の指定する講習を受講する必要はない。

2 Aが乙県内に事務所を増設することにより、国土交通大臣に免許換えをした場合でも、甲県知事の登録を受けているBは、甲県知事に対して、変更の登録を申請する必要はない。

3 甲県知事の登録を受けているBが転職をして、乙県知事の免許を受けた宅地建物取引業者Cの乙県内の事務所の専任の宅地建物取引士となる場合、Bは、乙県知事に登録の移転を申請しなければならない。

4 甲県知事の登録を受けているBが、甲県から乙県に住所を変更した場合、Bは、乙県知事に登録の移転を申請することはできないが、Aは、甲県知事に宅地建物取引業者名簿の変更の届出をしなければならない。

【問 35】 宅地建物取引業者Ａが行う業務に関する次の記述のうち、宅地建物取引業法の規定に違反しないものはいくつあるか。

ア　Ａは、宅地の売買契約を締結する際、相手方から「契約の締結をするかどうか数日間考えさせてほしい」旨を告げられたが、実際には他の購入希望者はいないにもかかわらず「他に購入希望者がいるので、今日しか待てない」と告げて、その日に契約を締結した。

イ　Ａは、宅地建物取引業に係る契約の締結の勧誘をするに際し、相手方に対して、当該契約の目的物である宅地建物の交通その他の利便について誤解されるべき断定的判断を提供してしまったが、それはＡの過失によるものであった。

ウ　Ａは、建物の販売に際して、短時間であったが、私生活の平穏を害するような方法により電話勧誘を行い、相手方を困惑させた。

エ　Ａは、宅地の販売に際して、契約を締結するよう買主に対して威迫したが、買主がこれを拒んだため、契約の締結には至らなかった。

1　なし
2　一つ
3　二つ
4　三つ

【問 36】 宅地建物取引業保証協会（以下この問において「保証協会」という。）に関する次の記述のうち、宅地建物取引業法の規定によれば、正しいものはどれか。

1　保証協会は、新たに社員が加入し、又は社員がその地位を失ったときは、直ちに、その旨を当該社員である宅地建物取引業者が免許を受けた国土交通大臣又は都道府県知事に報告しなければならない。

2　宅地建物取引業者が保証協会に加入しようとするときは、当該保証協会に弁済業務保証金分担金を金銭又は有価証券で納付することができるが、保証協会が弁済業務保証金を供託するときは、金銭でしなければならない。

3　保証協会の社員である宅地建物取引業者と宅地建物取引業に関する取引をした宅地建物取引業者で、その取引によって生じた債権を有する者は、当該社員が属する保証協会が供託している弁済業務保証金から還付を受けることができる。

4　保証協会に加入している宅地建物取引業者が一部の事務所を廃止した場合において、保証協会が当該宅地建物取引業者に弁済業務保証金分担金を返還するときは、保証協会は、還付請求権者に対して、6か月以上の期間を定めて、その期間内に認証の申出をすべき旨の公告をしなければならない。

【問 37】 宅地建物取引業者Ａが自ら売主として、宅地建物取引業者でない買主Ｂとの間で締結した売買契約に関して行う次に記述する行為のうち、宅地建物取引業法（以下この問において「法」という。）の規定に違反しないものはいくつあるか。

ア　Ａは、買主Ｂとの間で建築工事が完了した建物を3,000万円で販売する契約を締結し、法第41条の2に規定する手付金等の保全措置を講じずに、当該建物の引渡し前に250万円を手付金として受領した。

イ　Ａは、買主Ｂとの間で建築工事完了前の建物を3,000万円で販売する契約を締結し、法第41条に規定する手付金等の保全措置を講じずに、150万円を手付金として受領した。

ウ　Ａは、買主Ｂとの間で建築工事が完了したマンションの売買契約を締結して、代金額の20％に相当する額の手付金をＢから受領するために法第41条の2に規定する手付金等の保全措置を講じたが、当該保全措置を講じた後30日以内にその旨を免許権者に対して届け出なかった。

エ　Ａは、買主Ｂとの間で建築工事完了前の建物の売買契約を締結して、銀行との間で、建築工事が完了するまでの間を保証期間とする保証契約を締結して、代金額の10％に相当する額の手付金をＢから受領した。

1　一つ
2　二つ
3　三つ
4　四つ

【問　38】　宅地建物取引業者Aが建物に係る信託（Aが委託者となるものとする。）の受益権を販売する場合において、宅地建物取引業法（以下この問において「法」という。）第35条の規定に基づいてAが行う重要事項の説明に関する次の行為のうち、同条の規定に違反するものはどれか。

1　Aは、買主Bが宅地建物取引業者であったので、法第35条第1項に規定する重要事項説明書をBに交付するにとどめ、同書面の内容の説明はしなかった。

2　Aは、買主Cに対し、金融商品取引法第2条第10項に規定する目論見書（書面を交付して説明すべき事項のすべてが記載されているもの。）を交付していたので、説明を省略した。

3　Aは、信託の受益権の売買契約の締結前1年以内に買主Dに対し当該契約と同一の内容の契約について書面を交付して説明をしていたので、説明を省略した。

4　Aは、買主Eが、金融商品取引法第2条第31項に規定する特定投資家であったので、説明を省略した。

【問　39】　次に記述する宅地建物取引業者Ａ又はその従業者が行う業務に関する行為のうち、宅地建物取引業法（以下この問において「法」という。）の規定に違反するものはいくつあるか。

ア　Ａは、宅地の売買の媒介において、当該宅地の南側にマンションの建築が予定されている等、当該宅地の周辺の環境について買主の判断に重要な影響を及ぼす事実があったので、宅地建物取引士ではないＡの従業者に、その事実について買主に説明させた。

イ　Ａは、新築マンションの販売の広告をする際に、当該マンションの近隣にごみ焼却場があったので、当該マンションのイメージアップを図るため、その販売広告の写真において当該ゴミ焼却場を消去して表示した。

ウ　Ａは、法第49条に規定する業務に関する帳簿について、業務上知りえた秘密が含まれているため、当該帳簿の閉鎖後、該当ページをシュレッダーによって裁断した後、直ちに廃棄した。

エ　Ａは、契約の相手方から「午前中に訪問されるのは困る」旨を事前に聞いていたが、昼前の短時間であれば迷惑にはならないであろうと判断して、午前11時に当該相手方を訪問して、契約の締結の勧誘を行った。

1　一つ
2　二つ
3　三つ
4　なし

【問 40】 宅地建物取引業者Ａは、自ら売主として宅地建物取引業者ではない買主Ｂとの間で中古建物の売買契約を締結したが、当該建物が品質において契約内容に適合しない場合に備えて、ＡＢ間で次のような特約を定めた。このうち宅地建物取引業法及び民法の規定によれば、有効なものはいくつあるか。

ア その不適合についてＢがＡに対して修補等の履行の追完を請求した場合、Ａは、Ｂに対して不相当な負担を課するものであるかどうかにかかわらず、Ｂの請求した方法と異なる方法による履行の追完をすることができる。

イ その不適合についてＡに帰責事由がないときには、Ｂは、Ａに対して損害賠償の請求をすることはできない。

ウ その不適合についてＡに帰責事由がないときは、Ｂは、ＡＢ間の契約を解除することはできない。

エ 建物の引渡しを受けたＢが不適合を発見した場合、Ｂは、引渡しの日から１年以内にその旨をＡに通知しなければならない。

1 一つ
2 二つ
3 三つ
4 四つ

【問 41】 宅地建物取引業者の免許に関する次の記述のうち、宅地建物取引業法（以下この問において「法」という。）の規定によれば、誤っているものはどれか。

1　免許を受けようとするA社の取締役Bが刑法第235条（窃盗）の罪により地方裁判所で懲役2年の判決を言い渡された場合、当該判決に対してBが高等裁判所に控訴して裁判が継続中であれば、A社は免許を受けることができる。

2　法人であるC社が、甲県内に本店及び乙県内に支店1か所を設置して、宅地建物取引業は乙県の支店において乙県の区域内でのみ行い、本店では宅地建物取引業を行わない場合、C社は、乙県知事の免許を受けなければならない。

3　法人である宅地建物取引業者D社が、免許の更新を申請したにもかかわらず、従前の免許の有効期間の満了の日までに、その申請についての処分がなされないときは、D社の従前の免許は、有効期間の満了後もその処分がなされるまでの間は、なお効力を有する。

4　法人である宅地建物取引業者であるE社（甲県知事免許）に取締役として新たにFが就任した場合、E社は、その日から30日以内に、その旨を甲県知事に届け出なければならないが、E社の取締役Fの住所に変更があった場合は、E社は、その旨を甲県知事に届け出る必要はない。

【問 42】 宅地建物取引業者Aが、自ら売主として宅地建物取引業者でない買主との間で締結したマンションの一室の売買契約について、買主が宅地建物取引業法第37条の2の規定に基づき、いわゆるクーリング・オフによる契約の解除をする場合における次の記述のうち、正しいものはどれか。

1 買主Bが喫茶店で買受けの申込み及び契約の締結をした場合、Bが、Aに対し代金の全部を支払い、かつ所有権移転登記を受けたときには、当該マンションの一室の引渡しを受けていなかったとしても、Bは、クーリング・オフによる契約の解除をすることができない。

2 買主Cは、自らの希望により自宅で売買契約について説明を受けた上で買受けの申込みをし、その際にAからクーリング・オフについて何も告げられないまま契約を締結した。この場合、Cは当該契約の日から起算して8日間を経過するまでであれば契約の解除をすることができる。

3 買主Dは、Aが設置した当該マンションのモデルルームで買受けの申込み及び契約の締結をしたが、そのモデルルームにはAが掲示すべき所定の標識が掲げられていなかった。この場合には、Dは、クーリング・オフによる契約の解除をすることができる。

4 買主Eが喫茶店で買受けの申込み及び契約の締結をした場合において、Eは、Aからクーリング・オフについて書面で告げられた日の翌日に契約の解除をする旨の書面をAに対して発したが、当該書面がAに到達したのは、クーリング・オフについて告げられた日から起算して10日後であった。この場合、Eは、クーリング・オフによる契約の解除をすることができる。

【問 43】 宅地建物取引業者A及び宅地建物取引業者B（共に消費税課税事業者）が受領する報酬に関する次の記述のうち、正しいものはどれか。なお、借賃及び建物の価額には、消費税相当額を含まないものとする。

1 Aが媒介する物件の売買について、売主があらかじめ受取額を定め、実際の売買額との差額をAが受け取る場合は、媒介に係る報酬の限度額の制限を受けない。

2 Aが売主から媒介の依頼を受けて、Bが買主から代理の依頼を受けて、代金2,000万円の建物の売買契約を成立させた場合、Aは売主から60万円、Bは買主から80万円の報酬をそれぞれ受けることができる。

3 Bが、Cの依頼により、貸主をC、借主をDとする居住用建物の賃貸借契約（借賃月額80,000円）を代理によって成立させた場合、Bは、あらかじめCの承諾を得れば、代理に係る報酬としてCから176,000円を受領することができる。

4 Aが、Eの依頼により、貸主をE、借主をFとする事業用建物の賃貸借契約（借賃月額150,000円）を媒介によって成立させた場合、Aは、Eの承諾がなければ、媒介に係る報酬としてEから165,000円を受領することはできない。

【問 44】 宅地建物取引業者A（甲県知事免許）又は宅地建物取引士B（甲県知事登録）に対する監督処分及び罰則に関する次の記述のうち、宅地建物取引業法の規定によれば、誤っているものはどれか。

1 Aが、宅地建物取引業法に規定する数の成年者である専任の宅地建物取引士を置かない事務所を開設した場合、Aは、100万円以下の罰金に処せられる。

2 宅地建物取引士証の有効期間の更新を受けなかったBが、失効した宅地建物取引士証を廃棄した場合、Bは、10万円以下の過料に処せられることがある。

3 Bが乙県内で宅地建物取引士としての事務を行っている場合、Bが乙県知事の指示処分に従わないときは、乙県知事は、Bに対し、1年以内の期間を定めて、宅地建物取引士としてすべき事務を行うことを禁止することができる。

4 Aは、乙県の区域内に契約の締結を行う案内所を設置して業務を行っていたが、当該案内所には専任の宅地建物取引士を設置していなかった。この場合、Aは、甲県知事から指示処分を受けることはあるが、乙県知事から指示処分を受けることはない。

【問 45】 特定住宅瑕疵担保責任の履行の確保等に関する法律に基づく住宅販売瑕疵担保保証金の供託又は住宅販売瑕疵担保責任保険契約の締結（以下この問において「資力確保措置」という。）に関する次の記述のうち、正しいものはどれか。

1 宅地建物取引業者は、自ら売主として新築住宅を販売する場合だけでなく、新築住宅の売買の媒介をする場合も、資力確保措置を講ずる義務を負う。

2 住宅販売瑕疵担保保証金の供託をしている宅地建物取引業者は、自ら売主として買主に新築住宅を販売する場合、当該買主に対し、当該供託をしている供託所の所在地、供託所の表示等について説明をしなければならないが、買主が宅地建物取引業者であるときは、その必要はない。

3 住宅販売瑕疵担保保証金は、国債証券、地方債証券、政府保証債券その他の国土交通省令で定める有価証券をもって、これに充てることができるが、その評価額はすべての有価証券についてその額面金額とされている。

4 自ら売主として新築住宅を買主に引き渡した宅地建物取引業者は、年2回の基準日から2週間以内に、当該基準日に係る資力確保措置の状況について、その免許を受けた国土交通大臣又は都道府県知事に届け出なければならない。

【問 46】 独立行政法人住宅金融支援機構（以下この問において「機構」という。）に関する次の記述のうち、誤っているものはどれか。

1 証券化支援事業（買取型）における民間金融機関の住宅ローン金利は、金融機関によって異なることがある。

2 証券化支援事業（買取型）により機構が譲り受ける貸付債権は、自ら居住する住宅を建設し、又は購入する者に対する貸付債権に限られ、自ら居住する住宅以外の親族の居住の用に供する住宅を建設し、又は購入する者に対する貸付債権はその対象となっていない。

3 証券化支援事業（買取型）において、機構は、一定の金融機関に対して、譲り受けた貸付債権に係る元金及び利息の回収その他回収に係る業務を委託することができる。

4 機構は、証券化支援事業（買取型）において、買い取った住宅ローン債権を担保としてＭＢＳ（資産担保証券）を発行することにより、債券市場（投資家）から資金を調達している。

【問　47】　宅地建物取引業者が行う広告に関する次の記述のうち、不当景品類及び不当表示防止法（不動産の表示に関する公正競争規約を含む。）の規定によれば、正しいものはどれか。

1　建物の分譲広告をする場合、当該建物が建築工事完了後2年を経過したものであるときは、未だ居住の用に供されたことがないものであり、かつ、新築時とほぼ同様の美観を保つものであっても、新築と表示することはできない。

2　宅地の分譲広告をする場合、当該宅地が建築基準法で規定する道路に2m以上接していないときは、「当該宅地は接道義務を満たしていません」と表示すれば、不当表示に問われることはない。

3　新築分譲マンションの広告をする場合、当該マンションが数年間工事を中断していた経緯があっても、住居として未使用の状態で販売するときは、着工時期及び工事を中断していた期間を明示することなく新築分譲マンションと表示しても、不当表示に問われることはない。

4　中古マンションの販売広告をする場合、当該マンションから最寄り駅まで実際に歩いたときの所要時間が5分であれば、当該マンションから最寄り駅までの道路距離にかかわらず、広告に「最寄り駅まで徒歩5分」と表示することができる。

【問　48】　次の記述のうち、正しいものはどれか。

1　令和6年地価公示（令和6年3月公表）によれば、令和5年1月以降の1年間の地価は、全国平均では、前年と比べて、商業地は3.1％の上昇となっているが、住宅地は2.0％の下落となっている。

2　年次別法人企業統計調査（令和4年度。令和5年9月公表）によれば、令和4年度における不動産業の売上高利益率は、営業利益率も経常利益率も前年度と比べて上昇している。

3　公益財団法人不動産流通推進センターの統計（令和6年1月公表）によれば、令和5年末現在の全国の指定流通機構の総登録件数は、911,170件であり、このうち売り物件が全体の80％を占めている。

4　建築着工統計調査報告（令和5年計。令和6年1月公表）によれば、令和5年の新設住宅着工は、持家、貸家及び分譲住宅が減少したため、全体で減少となった。

【問　49】　土地に関する次の記述のうち、最も不適当なものはどれか。

1　台地や段丘上の浅い谷に見られる小さな池沼を埋め立てた所では、地震の際に液状化が生じる可能性がある。

2　断層は、ある面を境にして地層が上下又は水平方向にくい違っているものであるが、その周辺の地盤は安定しているので、断層に沿った崩壊や地すべりが発生する危険性は少ない。

3　三角州は、河川の河口付近に見られる軟弱な地盤である。細かい泥や粘土などからできている三角州は地盤沈下が生じやすく、洪水や高潮の危険性がある。

4　崖崩れは降雨や豪雨などで発生することが多いので、崖に近い住宅では、梅雨や台風の時期には注意が必要である。

【問　50】　建物の構造に関する次の記述のうち、最も不適当なものはどれか。

1　鉄骨構造は、不燃構造であるが、火熱に遭うと耐力が減少するので、耐火構造にするためには、耐火材料で被覆する必要がある。

2　鉄筋コンクリート造においては、原則として、コンクリート打込み中及び打込み後5日間は、コンクリートの温度が2度を下らないようにしなければならない。

3　木造の材料である木材は、吸収性や吸湿性が低く、四季により気候が変化する日本の風土には不向きな材料であるため、近年は住宅に木造が採用されることは少なくなっている。

4　鉄骨鉄筋コンクリート造は、鉄筋コンクリート造よりも優れた強度、靭性があり、鉄骨で強い骨組みを造るので、鉄筋コンクリート造に比べて柱等を細くすることができ、自重を抑えられるので、高層建築に使用される。

抜きとり式分冊の使い方

下記のように本を分解してご利用ください。

色紙を残して、各冊子を取り外します。

※色紙と各冊子が、のりで接着されています。乱暴に扱いますと、破損する危険性
　がありますので、丁寧に取り外すようにしてください。

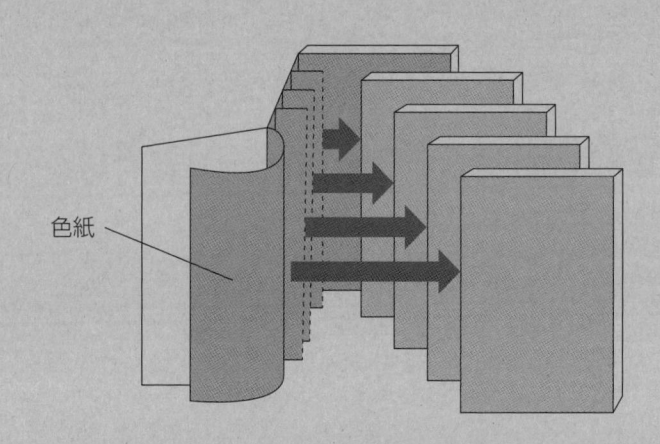

色紙

※抜き取るさいの損傷についてのお取替えはご遠慮願います。

第 2 回

問　題

制 限 時 間＝2時間
合格基準点＝34点

【問　1】　次の1から4までの記述のうち、民法の規定、判例及び下記判決文によれば、明らかに誤っているものはどれか。

（判決文）
　民法第283条による通行地役権の時効取得については、いわゆる「継続」の要件として、承役地たるべき他人所有の土地の上に通路の開設を要し、その開設は要役地所有者によってなされることを要する。

1　地役権は、継続的に行使されるだけでなく、外形上認識することができるものに限り、時効によって取得することができる。
2　通行地役権を時効によって取得するためには、通路を開設する必要がある。
3　甲土地を所有しているAが、隣地であるB所有の乙土地に設けられた通路をなんらの権限もなく通行している場合、当該通路がBによって開設されたものであっても、Aは乙土地に対する通行地役権を時効により取得することができる。
4　Aが所有する甲土地がB所有の乙土地に囲まれて公道に通じない場合、Aは、乙土地に対する通行地役権を有しないときでも、民法第210条に規定する「公道に至るための他の土地の通行権」によって乙土地を通行できることがある。

【問　2】　意思表示に関する次の記述のうち、民法の規定によれば、誤っているものはどれか。

1　Aが、Bとの間で委任契約を締結した時に意思能力を有しなかったときは、その委任契約は無効となる。

2　Aが、自己が所有する甲土地について、Bと通謀してBに売却する旨の仮装の契約を締結した後、Bが甲土地をAに無断でさらにCに売却した場合、善意のCに対して、Aは、AB間の売買の無効を対抗することはできないが、BはAB間の売買の無効を対抗することができる。

3　Aが、本来5,000万円の価値しかないB所有の甲土地を、Bの強迫によって、Bから1億円で購入する契約を締結した場合、Aが、Bの強迫状態が消滅した後に、Bとの契約を取り消すことができることを知りながら、何らの異議をとどめずに、Bに代金の一部を支払ったときは、Aは、Bの強迫を理由に当該契約を取り消すことができない。

4　公共交通機関の駅が新設されるという噂をAとB双方が真実であると誤信して、駅の新設が前提であることを明示の上、AとBの間で通常より高い価格で土地の売買契約が締結された。その後、駅が新設される予定がないことが判明した場合、Aが駅の新設があると誤信したことに重過失があっても、Bも駅の新設があると誤信していたときは、Aは、錯誤を理由に売買契約を取り消すことができる。

【問　3】　Aの代理人としてBが行った行為に関する次の記述のうち、民法の規定及び判例によれば、正しいものはいくつあるか。

ア　Aから特定の法律行為をすることを委託されたBが、Cとの間でその行為をした場合、それがAの指図に従ったものでないときは、Aは、Cに対して、自ら知っていた事情についても、Bが知らなかったことを主張することができる。

イ　Bが、何らの権限がないにもかかわらず、Aの代理人と称して、A所有の甲土地をDに売却した場合、Dは、Bに代理権がないことを過失によって知らなかったとしても、Bが自己に代理権がないことを知っていたときは、無権代理を行ったBに対して、その責任を追及することができる。

ウ　被保佐人であるBが、未成年の子であるAの法定代理人である場合、BがAの法定代理人としてしたEからの贈与の申込みを拒絶する行為について、Bの保佐人Fの同意を得ていないときは、その拒絶する行為を取り消すことができる。

エ　Aと任意代理人であるBとの利益が相反する場合において、BがAの代理人としてした行為は、無権代理行為とみなされ、Aが当該行為を追認しても有効とはならない。

1　一つ
2　二つ
3　三つ
4　四つ

【問　4】　Aが所有してA名義の所有権の登記のある甲土地の物権変動の対抗要件に関する次の記述のうち、民法の規定及び判例によれば、誤っているものはどれか。

1　Aに無断でBが甲土地について所有権移転登記をした場合、Aが、そのことを知ったにもかかわらず、その状態を黙認して長年放置していたときは、Aは、Bに登記があることを信頼して、Bから甲土地を取得したCに対して、甲土地の所有権を主張することができない。

2　甲土地がAからDに売却された後に、Eが甲土地を不法に占有している場合、AからDへの所有権移転登記がなされていなければ、Dは、Eに対して甲土地の所有権を対抗することができない。

3　Aは、Fと甲土地を各2分の1の共有持分で共同相続して共有の登記をした後、遺産分割により甲土地全部の所有権を取得した。この場合、Aは、その旨の登記をしなければ、その後、Fから甲土地のFの共有持分を取得してその登記をしたGに対して甲土地全部の所有権を対抗することができない。

4　Hが各種の書類を偽造して自己に甲土地の所有権の登記を移した後、Iとの間で甲土地の売買契約を締結し、所有権移転登記をした場合、Aは、Iに対して、登記がなくても甲土地の所有権を対抗することができる。

【問 5】 Aは、Bから借り入れた2,000万円の担保として、A所有の甲土地（価額2,000万円）にBのために抵当権を設定した。この場合に関する次の記述のうち、民法の規定及び判例によれば、誤っているものはどれか。

1 Bが抵当権の登記を備えた後に、Aが甲土地をCに賃貸した場合、Cの賃借権が対抗要件を備えた短期の賃借権であっても、Cは、抵当権の実行による買受人に対抗することはできないが、買受人の買受けの時から6か月を経過するまでは、引渡しをする必要はない。

2 Bの抵当権設定後、Aが第三者であるDに甲土地を売却した場合、Dは、民法第383条が定める書面をBに送付して、抵当権の消滅を請求することができる。

3 AがBから借り入れた2,000万円の担保として、乙土地（価額1,000万円）にもBの抵当権が設定された場合において、甲土地の抵当権のみが実行された場合、Bは、2,000万円の弁済を受けることができる。

4 AがEから、さらに500万円を借り入れ、これを担保するために甲土地にEを抵当権者とする第2順位の抵当権を設定した場合、BとEが抵当権の順位を変更するには、Aの同意を得なければならない。

【問　6】　AがBから1,000万円を借り入れ、Cが、Aの委託を受けて当該借入金返済債務についてAと連帯して保証する場合に関する次の記述のうち、民法の規定によれば、誤っているものはどれか。なお、Cは、法人ではないものとする。

1　Aの債務は分割して支払うこととされていたが、Aがその支払いを怠ったために、AB間の約定に基づき一括して残額を支払わなければならなくなった場合、Bは、Cに対し、2か月以内にその旨を通知しなければならない。

2　AのBに対する債務について、違約金の額を100万円とする定めをした後に、Cの連帯保証債務について違約金の額を150万円とする定めをしたときは、その定めは100万円に減縮される。

3　BがCに対して債務の履行を請求した場合、Aの債務の時効の完成は猶予されないが、AとBが、Cに生じた事由がAに対して効力を及ぼすことを合意していたときは、Aの債務の時効の完成が猶予される。

4　CからBに対して請求があったときは、Bは、Aの債務及びその利息等についての不履行の有無とその残額及びそのうち弁済期が到来しているものの額に関する情報を、遅滞なくCに提供しなければならない。

【問　7】　AがBに対して、A所有の甲土地について、工作物を設置するために、①賃貸した場合と、②地上権を設定した場合についての次の記述のうち、民法の規定及び判例によれば、誤っているものはどれか。

1　①では、賃貸借の契約期間を50年以上とすることはできないが、②では、地上権の存続期間を永久とすることができる。

2　①では、契約において賃料を定めなければならないが、②では、設定行為において地代を定めなくてもよい。

3　①では、Bが賃借権を第三者に譲渡する場合又は甲土地を第三者に転貸する場合のいずれにもAの承諾が必要となるが、②では、地上権を譲渡する場合にはAの承諾は不要であるが、Bが甲土地を第三者に賃貸する場合には、Aの承諾が必要となる。

4　①では、Bは、契約が終了した時において、甲土地を原状に復して返還しなければならず、②でも、Bは、その権利が消滅した時には、土地を原状に復して返還する義務を負う。

【問　8】　未成年者に関する次の記述のうち、民法の規定によれば、正しいものはどれか。

1　未成年者が、被相続人の財産の全部の遺贈を受けるには、法定代理人の同意が必要となる。

2　未成年者は、法定代理人の同意があったときは、婚姻をすることができる。

3　遺言による財産の処分が単独でできるのは、満18歳になってからである。

4　相続の承認及び放棄は、相続人の年齢が15歳に達していれば、単独ですることができる。

【問　9】　売買の目的物が契約の内容に適合しない場合における買主の権利に関する次の記述のうち、民法の規定によれば、誤っているものはどれか。

1　売主が買主に目的物を引き渡した後に、当事者双方の責めに帰すことのできない事由によって目的物が損傷し、契約の内容に適合しなくなった場合、買主は、損傷が生じたことに基づいて代金の減額請求をすることはできない。

2　売買の目的物である不動産の一部が他人の所有に属するために、その一部を買主に移転できないことによって契約の内容に適合しない場合、買主は、売主に対し、履行の追完請求、代金の減額請求をすることができる。

3　周囲を塀で囲まれた土地の売買において、契約締結後に買主が測量した面積が、契約書に記載された面積よりも小さい場合でも、当事者がその塀に囲まれた土地が売買の目的物であると認識していたのであれば、買主は、履行の追完が不能であることを理由として、代金の減額を請求することはできない。

4　売買の目的物が品質に関して契約の内容に適合しない場合において、買主が売主に対して損害賠償請求をすることができるのは、売主に対して、履行の追完請求権及び代金減額請求権を行使することができない場合に限られる。

【問 10】 Aは、Bに対して有している金銭債権をCに譲渡した後、当該債権をDにも譲渡して、いずれの譲渡についてもBに対してその旨の通知をした。この場合において、民法の規定及び判例によれば、当該債権の弁済期において、Dが、Cに優先してBに対して弁済を請求できるものを全て掲げたものは、次の1から4のうちどれか。なお、AのBに対する金銭債権には譲渡を制限又は禁止する特約は付されていないものとし、債権譲渡についてのBの承諾は考慮しないものとする。

ア Cへの譲渡に係る通知は口頭によってされたが、Dへの譲渡に係る通知は確定日付ある証書によってされた場合

イ C及びDへのいずれの譲渡についてもBに対して確定日付ある証書によって通知がされて、確定日付はCへの譲渡に係る通知の方が先であるが、通知がBに到達したのはDへの譲渡に係る通知の方が先の場合

ウ C及びDへのいずれの譲渡についてもBに対して確定日付ある証書によって通知がされて、確定日付はDへの譲渡に係る通知の方が先であるが、通知がBに到達したのはCへの譲渡に係る通知の方が先の場合

エ C及びDへのいずれの譲渡についてもBに対して確定日付ある証書によって通知がされて、確定日付はDへの譲渡に係る通知の方が先であるが、通知がBに到達したのは同時である場合

1 ア、イ
2 イ、ウ
3 ウ、エ
4 ア、エ

【問　11】　Aが所有している甲土地を、一時使用目的ではなく建物を所有すること
を目的とするBに賃貸する場合と、資材置き場として利用しようとするCに賃貸する場
合とに関する次の記述のうち、民法及び借地借家法の規定によれば、正しいものはどれ
か。

1　Aが、賃貸借契約存続中に、甲土地をDに売却した場合、Bが甲土地上にB所有の
建物を有していれば、その建物が未登記であっても、Bは、Dに対して賃借権を対抗
することができるが、Cは、Aが甲土地を売却する前に、賃借権の登記をしていなけ
れば、賃借権をDに対抗することができない。

2　土地賃貸借契約の期間満了後に、Bが建物を所有して甲土地の使用を継続してお
り、それに対してAが遅滞なく異議を述べない場合、AB間の賃貸借契約は更新した
ものと推定されるが、Cが期間満了後に甲土地の使用を継続した場合には、AC間の
賃貸借契約が更新されたものとみなされる。

3　土地賃貸借契約の期間を定めなかった場合、AB間の賃貸借契約は存続期間が30年
となるのに対し、AC間の賃貸借契約は期間の定めがないものとして、A又はCは、
いつでも解約の申入れをすることができる。

4　AB間の賃貸借契約の期間満了時において、甲土地上にBの建物が残っていたが、
Aが正当事由ある異議を述べて更新を拒絶し、賃貸借契約が更新されなかった場合、
BはAに対し建物を時価で買い取ることを請求できるが、AC間の賃貸借契約の期間
満了時おいて、甲土地上にCが設置したブロック塀が残っていたときは、Cは、その
選択により、Aに対しブロック塀の設置にかかった費用又は価格の増加額のいずれか
を請求することができる。

【問　12】　Aは、Bとの間でB所有の甲建物を賃借する契約を締結して、Bに敷金を交付し、甲建物の引渡しを受けてこれに居住している。この場合に関する次の記述のうち、民法及び借地借家法の規定並びに判例によれば、正しいものはどれか。

1　Bの同意を得てAが甲建物に付加した造作がある場合には、Aの債務不履行を理由としてAB間の賃貸借契約が解除されたときでも、Aは、Bに対して造作買取請求権を行使することができる。

2　AB間の賃貸借契約が期間満了によって終了した場合、Bから甲建物の返還の請求を受けたAは、Bに対する敷金返還請求権を担保するために、甲建物に対する留置権を主張して、その返還を拒むことができる。

3　Bが、甲建物をCに売却し、所有権移転登記もした場合、Aは、賃借権の登記をしていなくても、Cに対して自己の賃借権を対抗することができる。

4　Aが、甲建物をDに転貸しようとする場合において、Bがこれを承諾しないとき、裁判所は、Aの申立てにより、Bの承諾に代わる許可を与えることができる。

【問　13】　建物の区分所有等に関する法律（以下この問において「法」という。）に関する次の記述のうち、誤っているものはどれか。

1　共用部分の変更（その形状又は効用の著しい変更を伴わないものを除く。）は、区分所有者及び議決権の各4分の3以上の多数による集会の決議で決するが、この議決権については、規約でその過半数まで減ずることができる。

2　専有部分が3人の共有に属する場合、議決権を行使すべき者が定められていなかったときは、管理者は、集会の招集通知を共有者のうちの一人に発することで足りる。

3　集会の決議事項について、区分所有者全員の書面による合意があったときは、書面による決議があったものとみなされる。

4　集会の議事録が書面で作成されているときは、議長及び集会に出席した区分所有者の2人がこれに署名しなければならない。

【問 14】 不動産の登記に関する次の記述のうち、不動産登記法の規定によれば、誤っているものはどれか。

1　相続又は遺贈により不動産を取得した場合、相続の開始があったことを知り、かつ、その所有権を取得したことを知った日から3年以内に相続登記の申請をしなければならない。

2　買戻しの特約に関する登記がされている場合において、契約の日から10年を経過したときは、登記権利者は、単独で当該登記の抹消を申請することができる。

3　登記事項証明書の交付の請求は、請求情報を電子情報処理組織を使用して登記所に提供する方法によりすることができる。

4　相続人に対する遺贈による所有権移転登記は登記権利者及び登記義務者が共同して行わなければならない。

【問 15】 都市計画法に関する次の記述のうち、正しいものはどれか。

1　都市計画施設の区域又は市街地開発事業の施行区域内において土地の形質の変更をしようとする者は、都道府県知事（市の区域にあっては、当該市の長。）の許可を受けなければならない。

2　準都市計画区域の全部又は一部について都市計画区域が指定されたときは、当該準都市計画区域は、廃止され、又は当該都市計画区域と重複する区域以外の区域に変更されたものとみなされる。

3　商業地域は、主として商業その他の業務の利便を増進するため定める地域であり、その都市計画には、建築物の容積率及び建蔽率を定める。

4　都市計画事業については、土地収用法における事業の認定の告示をもって、都市計画事業の認可又は承認の告示とみなされる。

【問　16】　次の記述のうち、都市計画法による開発許可又は同法第34条の2の規定に基づく協議のいずれをも必要としないものはいくつあるか。

ア　市街化調整区域内において、そこで生産される農産物の貯蔵又は加工に必要な建築物の建築の用に供する目的で行う500㎡の土地の区画形質の変更

イ　区域区分の定めのない都市計画区域（非線引き区域）内において、墓園の建設の用に供する目的で行う9,000㎡の土地の区画形質の変更

ウ　市街化区域内において、都道府県が体育館の建築の用に供する目的で行う3,000㎡の土地の区画形質の変更

エ　市街化区域内において、学校教育法に規定する学校の校舎の建築の用に供する目的で行う2,000㎡の土地の区画形質の変更

1　一つ
2　二つ
3　三つ
4　なし

【問　17】　建築基準法（以下この問において「法」という。）に関する次の記述のうち、誤っているものはどれか。

1　地方公共団体は、特殊建築物、階数が3以上の建築物、延べ面積が1,000㎡を超える建築物等について、条例で、その敷地が接しなければならない道路の幅員、その敷地が道路に接する部分の長さ等について、必要な制限を付加又は緩和することができる。

2　法第56条第1項第3号の規定による北側斜線制限は第一種低層住居専用地域にある建築物については適用されるが、第一種住居地域にある建築物には適用されない。

3　共同住宅の共用の室内階段で、直上階の居室の床面積の合計が200㎡を超える地上階におけるものは、その高さが4mをこえるものにあっては高さ4m以内ごとに踊場を設けなければならない。

4　防火地域又は準防火地域内にある建築物で、外壁が耐火構造のものについては、その外壁を隣地境界線に接して設けることができる。

【問　18】　建築基準法（以下この問において「法」という。）に関する次の記述のうち、誤っているものはどれか。

1　法第56条の2第1項に規定する日影規制について、同一の敷地内に二以上の建築物がある場合においては、これらの建築物を一の建築物とみなして、日影規制が適用される。

2　コンビニエンスストア（その用途に供する部分の床面積は250㎡）を建築する場合には、建築主事、建築副主事又は指定確認検査機関の確認を受けなければならない。

3　第一種低層住居専用地域内において、太陽光等の再生可能エネルギー源の利用に資する設備の設置のため必要な屋根に関する工事を行う建築物で特定行政庁が許可したものの高さは、都市計画で定められた10m又は12mの限度を超えるものとすることができる。

4　建築主は、建築確認を申請する場合においては、原則として、当該確認に係る建築物の工事施工地又は所在地を管轄する消防長又は消防署長の同意を得なければならない。

【問　19】　宅地造成及び特定盛土等規制法に関する次の記述のうち、誤っているものはどれか。なお、この問において「都道府県知事」とは、地方自治法に基づく指定都市、中核市及び施行時特例市にあっては、その長をいうものとする。

1　宅地造成等工事規制区域（以下本問において「規制区域」という。）内において、宅地以外の土地を宅地にするために行う面積300㎡の盛土に関する工事であって、盛土部分の高さは1mであるが崖を生じないものをする場合、都道府県知事の許可を受ける必要はない。

2　規制区域内において、宅地以外の土地を宅地にするために行う面積400㎡の切土に関する工事であって、切土をした部分に高さが3mの崖を生じるものをする場合、都道府県知事の許可を受ける必要はない。

3　規制区域内の農地において行う面積1,000㎡の盛土に関する工事をする場合、当該盛土をした部分の高さが1mであって崖を生じないときでも、原則として、都道府県知事の許可を受けなければならない。

4　規制区域内の宅地において高さが3mになる面積500㎡の土石の堆積を行う場合、一定期間の経過後に当該土石を除去する場合でも、原則として、都道府県知事の許可を受けなければならない。

【問 20】 土地区画整理組合（以下この問において「組合」という。）が行う土地区画整理事業に関する次の記述のうち、土地区画整理法の規定によれば、正しいものはどれか。

1　組合は、土地区画整理事業について都市計画に定められた施行区域外においては、土地区画整理事業を施行することができない。

2　組合の設立の認可の公告があった日後、換地処分の公告がある日までは、施行地区内において、土地区画整理事業の施行の障害となるおそれがある土地の形質の変更や建築物の建築を行おうとする者は、当該組合の許可を受けなければならない。

3　組合は、仮換地を指定した場合において、必要があると認めるときは、仮清算金を、清算金の徴収又は交付の方法に準ずる方法により徴収し、又は交付することができる。

4　組合は、換地処分を行う前に、土地の区画形質の変更に係る工事のため必要がある場合には仮換地を定めることができるが、換地計画に基づき換地処分を行うため必要がある場合には、仮換地を定めることはできない。

【問 21】 農地法（以下この問において「法」という。）に関する次の記述のうち、正しいものはどれか。

1　山林を開墾して現に農地として耕作している土地であっても、土地登記簿上の地目が山林であれば、法の適用を受ける農地には該当しない。

2　農地の所有権を取得しようとする者又はその世帯員等がその取得後において耕作の事業に供すべき農地の面積の合計が、北海道では2ha、都府県では50aに達しない場合には、法第3条第1項の許可を受けることができない。

3　放牧を営む農業者が、自己の所有する市街化区域外にある採草放牧地に自己が居住する住宅を建築する場合、法第4条第1項の許可を受ける必要がある。

4　都道府県が、農地を学校に転用する場合、都道府県と都道府県知事との協議が成立することをもって法第4条第1項の許可があったものとみなされる。

【問 22】 国土利用計画法第23条の届出（以下この問において「事後届出」という。）に関する次の記述のうち、正しいものはどれか。

1 Aが、B銀行からの借入金債務を担保するために、市街化区域内にあるA所有の2,000㎡の土地に抵当権を設定した場合、B銀行は、事後届出をしなければならない。

2 Cが所有する都市計画区域内にある6,000㎡の土地をDに売却する契約を、Cと、Dの代理人であるEが締結した場合、Eが、Eの名義により事後届出をしなければならない。

3 Fが、市街化区域内にあるGの所有する1,500㎡の土地を贈与によって取得したので、当該土地に隣接するHが所有する1,500㎡の土地（市街化区域内）と合わせてマンションの敷地とするために、Hとの間で当該土地の売買契約を締結した。この場合、Fは、事後届出をする必要はない。

4 Iが、市街化調整区域内にあるJが所有する5,000㎡の土地を売買契約によって取得した場合、Iは、当該土地の引渡しを受けて所有権移転登記をした日から起算して2週間以内に事後届出をしなければならない。

【問 23】 印紙税に関する次の記述のうち、正しいものはどれか。

1 給与所得者Aが自宅の土地建物を譲渡して、代金3,000万円を受け取る際に作成した領収書には、金銭の受取書として印紙税が課される。

2 国又は地方公共団体と株式会社Bが土地の売買契約を締結する際に、売買契約書を2通作成して互いに取り交わす場合、国又は地方公共団体が保存する売買契約書には印紙税が課税されるが、株式会社Bが保存する売買契約書には印紙税が課されない。

3 「Cが所有する土地（価額5,000万円）とDが所有する土地（価額3,000万円）を交換し、DはCに差額2,000万円を支払う」旨の記載をした交換契約書を作成した場合、印紙税の課税標準となる当該契約書の記載金額は2,000万円である。

4 土地譲渡契約書に課税される印紙税を納付するため当該契約書に印紙を貼付した場合、課税文書と印紙の彩紋とにかけて判明に消印しなければならないが、当該当事者の従業者の印章又は署名で消印しても、消印したことにはならない。

【問　24】　固定資産税に関する次の記述のうち、誤っているものはどれか。

1　令和6年4月1日に新築された住宅に対して課される固定資産税については、新たに課されることとなった年度から3年度間（3階建以上の中高層耐火建築物については5年度間）、一戸あたり120㎡までの部分の税額が2分の1となる。

2　固定資産税の納期は、4月、7月、12月及び2月中において、当該市町村の条例で定めるが、特別の事情がある場合においては、これと異なる納期を定めることができる。

3　年度の途中で土地の譲渡が行われ、土地の所有者に変更があったときは、それぞれの所有者の所有期間に応じて、当該年度の固定資産税が課せられる。

4　固定資産税の標準税率は1.4%であるが、市町村はこれを超える税率で固定資産税を課することもできる。

【問　25】　不動産の鑑定評価に関する次の記述のうち、不動産鑑定評価基準によれば、誤っているものはどれか。

1　鑑定評価の対象不動産について、依頼目的に応じ対象不動産に係る価格形成要因のうち地域要因又は個別的要因について想定上の条件を設定する場合がある。

2　市場における不動産の取引価格の上昇が著しいときは、取引価格と収益価格との乖離が増大するものであるので、先走りがちな取引価格に対する有力な検証手段として、収益還元法が活用されるべきである。

3　土地についての原価法の適用において、宅地造成直後の対象地の地域要因と価格時点における対象地の地域要因とを比較し、公共施設、利便施設等の整備及び住宅等の建設等により、社会的、経済的環境の変化が価格水準に影響を与えていると客観的に認められる場合には、地域要因の変化の程度に応じた増加額を熟成度として加算することができる。

4　特定価格とは、文化財等の一般的に市場性を有しない不動産について、その利用現況等を前提とした不動産の経済価値を適正に表示する価格をいう。

【問　26】　甲県知事から宅地建物取引業の免許（以下この問において「免許」という。）を受けている個人である宅地建物取引業者Aに関する次の記述のうち、正しいものはどれか。

1　Aが、甲県内の事務所をすべて乙県内に移転して宅地建物取引業を営む場合、Aは、甲県知事に廃業の届出をするとともに、乙県知事に免許換えの申請をしなければならない。

2　Aが死亡した場合、その相続人が、その日から30日以内に、その旨を甲県知事に届け出たときは、Aの免許はその届出の時に失効する。

3　Aが、乙県内に事務所を増設した場合、Aは、その日から2週間以内に、甲県知事に対して宅地建物取引業者名簿の変更の届出をしなければならない。

4　Aが引き続いて1年以上事業を休止した場合、そのことにやむを得ない理由があったとしても、Aの免許は取り消される。

【問　27】　甲県知事の宅地建物取引士の登録（以下この問において「登録」という。）を受けて、甲県知事から宅地建物取引士証の交付を受けている宅地建物取引士Aに関する次の記述のうち、宅地建物取引業法（以下この問において「法」という。）の規定によれば、正しいものはどれか。

1　Aが後見開始の審判を受けた場合でも、Aの登録が消除されるとは限らない。

2　Aは、法第37条の規定により交付すべき書面を取引の関係者に交付する場合、交付の相手方からの請求がなくても、宅地建物取引士証を提示しなければならない。

3　宅地建物取引業者Bに勤務していたAが、宅地建物取引業者Cに勤務することになった場合、Aは、B及びCのいずれにおいても、その事務所の専任の宅地建物取引士でないときは、甲県知事に勤務先の変更の登録を申請する必要はない。

4　Aが、乙県知事に登録の移転を申請するととも乙県知事から宅地建物取引士証の交付を受ける場合、Aは、法第22条の2の規定により乙県知事が指定する講習を受講しなければならない。

【問 28】 宅地建物取引業者Ａが行う業務に関する次の記述のうち、宅地建物取引業法（以下この問において「法」という。）の規定に違反しないものはいくつあるか。

ア　Ａは、一団の宅地の販売について、数回に分けて広告をする際に、最初の広告に取引態様の別を明示したので、2回目以降の広告については、取引態様の別を明示しなかった。

イ　Ａは、建築工事完了前の建物の販売広告をする際に、当該建物について必要とされる建築確認を受けていなかったので、当該建物の売買契約は建築確認を受けてから行うこととして、広告中に建築確認申請中と明示して、当該建物の販売広告をした。

ウ　Ａは、宅地の所有者から当該宅地の売買の代理の依頼を受けた際に、依頼者に対して法第34条の2及び第34条の3に規定する代理契約書面の交付及び当該書面に記載すべき事項の電磁的方法による提供をしなかった。

エ　Ａは、その所有するマンションについて自ら貸主となる貸借の広告をする際に、当該広告に取引態様の別を明示しなかった。

1　なし
2　一つ
3　二つ
4　三つ

【問 29】 宅地建物取引業保証協会（以下この問において「保証協会」という。）に関する次の記述のうち、宅地建物取引業法の規定によれば、正しいものはどれか。

1 保証協会の社員は、保証協会から特別弁済業務保証金分担金を納付すべき旨の通知を受けた場合で、その通知を受けた日から2週間以内にその通知された額の特別弁済業務保証金分担金を保証協会に納付しないときは、当該保証協会の社員の地位を失う。

2 保証協会は、弁済業務保証金につき弁済を受ける権利を有する者が権利を実行した場合、国土交通大臣から通知を受けた日から1週間以内に、その還付された弁済業務保証金の額に相当する額の弁済業務保証金を供託しなければならない。

3 保証協会の社員である宅地建物取引業者は、当該宅地建物取引業者と取引をした者に対する保証を手厚くするためであるとしても、更に別の保証協会に加入することはできない。

4 宅地建物取引業者で保証協会に加入しようとする者は、その加入した日から2週間以内に、弁済業務保証金分担金を保証協会に納付しなければならない。

【問 30】 宅地建物取引業法第35条に規定する重要事項の説明を宅地建物取引士が行う場合における次の記述のうち、同条の規定に違反するものはどれか。なお、買主又は借主は宅地建物取引業者ではないものとする。

1 中古マンションの売買の媒介において、当該マンションの所有者が負担しなければならない通常の管理費用の額については説明したが、管理組合が維持修繕の実施状況についての記録を保存していなかったため、その内容を説明しなかった。

2 中古マンションの貸借の媒介において、当該マンションが宅地造成及び特定盛土等規制法第45条第1項により指定された造成宅地防災区域内にあったが、その旨を借主に説明しなかった。

3 中古建物の貸借の媒介において、当該建物が種類又は品質において契約の内容に適合しない場合におけるその不適合を担保すべき責任の履行に関し、貸主が保証保険契約の締結等の措置を講じなかったので、その旨を借主に説明しなかった。

4 中古建物の売買の媒介において、建物状況調査を実施していたので、その結果の概要を説明したが、設計図書、点検記録その他の建物の建築及び維持保全の状況に関する書類で国土交通省令で定めるものの保存の状況については、その書類の有無についてのみ説明して、書類の記載内容は説明しなかった。

【問 31】 宅地建物取引業者Ａが、Ｂ所有の甲宅地の売買の媒介を依頼され、Ｂと媒介契約を締結した場合における次の記述のうち、宅地建物取引業法（以下この問において「法」という。）の規定によれば、誤っているものはどれか。

1　ＡがＢとの間で締結した媒介契約が専任媒介契約である場合、Ａが法第34条の２第１項の規定により媒介契約書面を作成するときは、ＢがＡ以外の宅地建物取引業者の媒介又は代理によって売買又は交換の契約を成立させたときの措置について同書面に記載しなければならない。

2　Ａは、甲宅地について買受けの申込みがあった場合、Ｂとの間で締結した媒介契約が一般媒介契約であるときでも、その旨をＢに報告しなければならない。

3　Ａは、甲宅地の売買価額についてＢに対して意見を述べるときは、その根拠を示さなければならないが、法第34条の２第１項の規定による媒介契約書面には売買すべき価額を記載すれば足り、その根拠までは記載する必要はない。

4　ＡがＢとの間で締結した契約が専属専任媒介契約である場合、ＡＢ間で「Ａは、当該専任媒介契約に係る業務の処理状況を７日（Ａの休業日を除く。）に１回Ｂに報告する」旨の特約をしたとき、当該特約は有効である。

【問 32】 次の記述のうち、宅地建物取引業法（以下この問において「法」という。）の規定によれば、誤っているものはどれか。

1 宅地建物取引業者は、その業務に関する帳簿を各事業年度の末日をもって閉鎖するものとし、閉鎖後5年間（当該宅地建物取引業者が自ら売主となる新築住宅に係るものにあっては、10年間）当該帳簿を保存しなければならない。

2 甲県知事の免許を受けた宅地建物取引業者が、甲県内に案内所を設置して、契約の締結及び申込みの受付けを行う場合、当該宅地建物取引業者は、当該案内所について甲県知事のみに法第50条第2項の届出をすれば足りる。

3 宅地建物取引業者がするべき帳簿への記載については、帳簿の記載事項を事務所のパソコンのハードディスクに記録し、必要に応じて当該事務所においてパソコンやプリンターを用いて明確に紙面に表示することにすれば、当該記録をもって帳簿への記載に代えることができる。

4 宅地建物取引業者は、その事務所ごとに、帳簿を備えなければならず、取引の関係者から請求があったときは、正当な理由がある場合を除き、これを閲覧させなければならない。

【問 33】 宅地建物取引業者（消費税課税事業者）の媒介により建物の賃貸借契約が成立した場合における次の記述のうち、宅地建物取引業法（以下この問において「法」という。）の規定によれば、誤っているものはどれか。なお、借賃及び権利金（権利設定の対価として支払われる金銭であって返還されないものをいう。）に係る消費税は考慮しないものとする。

1 宅地建物取引業者が居住用建物以外の建物の貸借の媒介を行う場合において、権利金の授受があるときは、当該宅地建物取引業者が受領できる報酬額は、借賃の1.1月分又は権利金の額を売買代金の額とみなして算出した金額のいずれか高い方の額を上限としなければならない。

2 宅地建物取引業者は、媒介報酬の限度額まで受領できるが、このほかに法第37条の規定に基づく契約内容を記載した書面を作成した対価として、依頼者に対して文書作成費を請求することはできない。

3 宅地建物取引業者は、国土交通大臣が定める限度額を超えて報酬を受領してはならないが、依頼者が厚意で支払う謝金は、この限度額とは別に受領することができる。

4 宅地建物取引業者が事業用建物の貸借の媒介を行う場合、当該宅地建物取引業者は、依頼者の双方から受ける報酬の合計額が借賃の1.1月分以内であれば、依頼者の双方からどのような割合で報酬を受領してもよい。

【問　34】　宅地建物取引業者でないＡと宅地建物取引業者Ｂは、Ｂを売主とする宅地の売買契約を締結し、Ｂは、Ａから手付金を受領した。この場合における宅地建物取引業法第37条の２の規定に基づく売買契約の解除（クーリング・オフ）に関する次の記述のうち、正しいものはどれか。

1　Ａは、ホテルのロビーにおいて買受けの申込みをし、その際にＢとの間でクーリング・オフによる契約の解除をしない旨の合意をする旨を了承し、後日、Ｂの事務所において合意にもとづく売買契約を締結した。この場合、Ａがクーリング・オフによる当該契約の解除を申し入れたとしても、Ｂは、当該合意に基づき、Ａからの契約の解除を拒むことができる。

2　クーリング・オフについてＢがＡに告げるときに交付すべき書面には、Ａは書面により買受けの申込みの撤回又は売買契約の解除を行うことができる旨を記載しなければならないが、Ａの氏名及び住所は、記載する必要はない。

3　Ａがクーリング・オフによる契約の解除をしたことにより、Ｂに損害が生じた場合には、Ｂは、Ａから受領した手付金をもって、その損害の賠償に充当することができる。

4　Ａが、レストランでＢに対して買受けの申込みをして売買契約を締結した場合、「Ｂからマンションの引渡しを受け、かつ、代金の全部を支払うまでは、Ａは、契約締結日から何日を経過しても、クーリング・オフによって契約を解除することができる」とする旨のＡＢ間の特約は、有効である。

【問　35】　宅地建物取引業法第35条に規定する重要事項の説明を宅地建物取引業者Aが行う場合における次の記述のうち、正しいものはどれか。なお、説明の相手方は宅地建物取引業者ではないものとする。

1　Aが、建物の貸借の媒介をする際にインターネットを使ったテレビ会議システムによって重要事項の説明を行う場合、Aは、重要事項説明書については、重要事項の説明をする際に重要事項説明書を画面上で視認できるようにすれば足りる。

2　Aは、宅地の売買の媒介において、重要事項説明書に記載すべき事項を電磁的方法によって提供することについて買主の承諾を得ていれば、後に買主から書面等で電磁的方法による提供を受けない旨の申出があったとしても、電磁的方法によって提供することができる。

3　Aが、宅地の売買の媒介をする場合、当該宅地が所在する市町村の長が提供する図面（水害ハザードマップ）に当該宅地の位置が表示されているときは、Aは、当該図面におけるその宅地の所在地を重要事項として説明しなければならない。

4　Aは、宅地建物取引士でなくても、宅地建物の取引に20年間携わってきたベテランであり、宅地建物の取引について精通している者であるときは、自ら重要事項説明書に記名することができる。

【問　36】　宅地建物取引業者Aが、自ら売主として宅地建物取引業者ではない買主Bとの間で、建築工事完了前のマンションの売買契約を代金5,000万円で締結するにあたり、宅地建物取引業法第41条の規定に基づく手付金等の保全措置（以下この問において「保全措置」という。）が必要な場合における次の記述のうち、同法の規定によれば、正しいものはどれか。

1　Aが、1,000万円の手付金を受領するにあたり、銀行と保証契約を締結して保全措置を講じている場合、Aは、Bに対し所有権移転登記を行えば、当該マンションの引渡し前に、当該保証委託契約を解除することができる。

2　Aが、500万円の手付金を受領するにあたり保全措置を講じている場合、Bが契約の履行に着手していないときでも、Aは、手付の倍額である1,000万円を現実に提供してBとの契約を解除することはできない。

3　AがBから手付金として1,000万円を受領しようとする場合において、保全措置を講じる必要がないとされる額を超えた部分についてのみ保証することを内容とする保証委託契約をAと銀行との間であらかじめ締結したときは、Aは、手付金として1,000万円を受領することができる。

4　Aが、保全措置を講じてBから手付金700万円を受領した場合、Bから媒介を依頼されていた宅地建物取引業者Cは、Bから媒介報酬を受領するにあたり、あらかじめ保全措置を講じなければ、媒介報酬を受領することはできない。

【問 37】 宅地建物取引業者A（甲県知事免許）の業務に関する次の記述のうち、宅地建物取引業法の規定に違反するものはいくつあるか。

ア　Aは、建物の所有者から期間を6か月とする借地借家法第38条に規定する定期建物賃貸借の媒介を依頼されたが、同室の賃貸借に係る広告をする際に、単に建物の賃貸借である旨を表示して、定期建物賃貸借である旨を表示しなかった。

イ　Aは、アンケート調査をすることを装って電話をして、その目的がマンションの売買の勧誘であることを告げずにマンションの売買の勧誘を行った。

ウ　Aは、建物の販売に際して、買主が手付として必要な額を持ち合わせていなかったので、買主に対して銀行から手付金の借入れのあっせんをすることによって、当該契約の締結を誘引した。

エ　Aは、マンションの所有者から当該マンションの貸借の媒介の依頼を受けた際に、依頼者に対して、媒介契約書面の交付及び同書面の交付に代わる電磁的方法による同書面に記載すべき事項の提供のいずれもしなかった。

1　一つ
2　二つ
3　三つ
4　四つ

【問 38】 宅地建物取引業者A（国土交通大臣免許）と、宅地建物取引業者B（甲県知事免許）に対する監督処分に関する次の記述のうち、宅地建物取引業法（以下この問において「法」という。）の規定によれば、正しいものはどれか。

1　Bの事務所の所在地を確知することができないために甲県知事がその旨を公告した場合、当該公告の日から2週間以内にBからの申出がなければ、甲県知事は、Bの免許を取り消すことができる。

2　Aが、乙県の区域内の業務に関し乙県知事から指示を受け、その指示に従わなかった場合で情状が特に重いときには、乙県知事は、Aの免許を取り消すことができる。

3　Bが、不正の手段により免許を受けたことが発覚した場合でも、Bが行方不明のときは、Bに対する聴聞手続を行うことができないので、甲県知事は、Bの免許を取り消すことができない。

4　国土交通大臣は、Aが宅地建物取引業法第36条の契約締結時期の制限に関する規定に違反したために、Aに対して業務停止処分をしようとするときは、あらかじめ、内閣総理大臣に協議しなければならない。

【問 39】 個人である宅地建物取引業者Ａが行う業務に関する次の記述のうち、宅地建物取引業法（以下この問において「法」という。）の規定によれば、正しいものはどれか。

1 Ａは、宅地建物取引業に係る広告をするときは、取引態様の別を明示しなければならないので、報酬の発生しない自ら売買の場合でも、「自ら当事者としての売買」である旨を明示しなければならない。

2 Ａが、建物の売却の媒介の依頼を受け、依頼者との間で一般媒介契約を締結した場合において、当該媒介契約の内容を記載した書面を作成するとき、Ａは、契約の有効期間に関する事項の記載を省略することができる。

3 Ａが宅地建物取引業保証協会の社員である場合、Ａは、取引の相手方等に対し、契約成立後、遅滞なく、法第35条の2に規定する供託所等に関する説明をしなければならないが、相手方が宅地建物取引業者であるときは、その必要はない。

4 Ａは、マンションの販売をする際に、取引の相手方からの問い合わせに対して「このマンションは立地条件も良く、近隣のマンションの価格動向からしても、数年後に値上がりをするのは間違いありません」と回答したとしても、宅地建物取引業法の規定に違反することはない。

【問　40】　宅地建物取引業者Ａが建物の売買について媒介を行う場合に関する次の記述のうち、正しいものはどれか。なお、この問において、「35条書面」とは、宅地建物取引業法第35条の規定に基づく重要事項を記載した書面を、「37条書面」とは、同法第37条の規定に基づく契約の内容を記載した書面をいい、電磁的方法により提供する場合を考慮しないものとする。

1　Ａが、他の宅地建物取引業者Ｂと共同で媒介を行う場合、35条書面にＡが調査して記入した内容に誤りがあったときは、Ａだけでなく、Ｂも業務停止処分を受けることがある。

2　Ａは、宅地の売買の媒介を行う場合、当該宅地に抵当権の登記があっても、契約日までに登記が抹消される予定であるときは、35条書面に抵当権の登記がある旨を記載する必要はない。

3　Ａは、37条書面に買主の代金債務に係る保証人の住所・氏名を記載する必要はないが、当該媒介に係る報酬の額を記載しなければならない。

4　Ａは、35条書面、37条書面のいずれについても、その交付は、Ａの事務所において行わなければならない。

【問　41】　宅地建物取引業者Ａ（甲県知事免許）の営業保証金に関する次の記述のうち、宅地建物取引業法の規定によれば、誤っているものはいくつあるか。

ア　Ａが、甲県内に２つの支店を新設した場合、Ａは、新設した日から２週間以内に、これらの支店に係る営業保証金として1,000万円を本店の最寄りの供託所に供託しなければならない。

イ　Ａは、営業保証金が還付されたことにより、営業保証金の不足額を供託したときは、供託書の写しを添付して、その日から２週間以内にその旨を甲県知事に届け出なければならない。

ウ　Ａが、宅地建物取引業者ではないＢの賃貸する居住用建物について賃料の収受を委託され、当該建物の管理に関する委託契約をＢと締結していた場合、Ａが、当該建物の賃借人から収受した賃料を期日が過ぎてもＢに支払わなかったとき、Ｂは、Ａが供託した営業保証金からその債権の弁済を受けることができる。

エ　Ａが、営業保証金を金銭と有価証券で供託している場合、その本店を移転したため、その最寄りの供託所に変更が生じたときは、Ａは、金銭の部分については、営業保証金を供託している供託所に対し、移転後の本店の最寄りの供託所への営業保証金の保管替えを請求しなければならず、有価証券の部分については、移転後の本店の最寄りの供託所に新たに供託しなければならない。

1　一つ
2　二つ
3　三つ
4　四つ

【問　42】　宅地建物取引士Aに関する次の記述のうち、宅地建物取引業法（以下この問において「法」という。）の規定によれば、正しいものはいくつあるか。

ア　Aは、宅地建物取引の専門家として、常に最新の法令等を的確に把握し、これに合わせて必要な実務能力を磨くとともに、知識を更新するよう努めなければならない。

イ　Aは、法第35条に規定する重要事項の説明をする際には、宅地建物取引士証を提示しなければならないが、この義務に違反したときは、10万円以下の過料に処せられる。

ウ　Aが刑法第204条の傷害罪により罰金刑に処せられ登録を消除された場合、Aは、登録が消除された日から5年を経過するまでは、新たな登録を受けることができない。

エ　Aが転居をして、その住所に変更があった場合、Aは、宅地建物取引士資格登録簿の変更の登録を申請しなければならないが、宅地建物取引士証の書換え交付の申請をする必要はない。

1　一つ
2　二つ
3　三つ
4　なし

【問 43】 宅地建物取引業の免許（以下この問において「免許」という。）に関する次の記述のうち、宅地建物取引業法の規定によれば、正しいものはいくつあるか。

ア 被保佐人であるAは、宅地建物取引業を適正に営むに当たって必要な認知、判断及び意思疎通を適正に行うことができるとしても、免許を受けることができない。

イ 法人である宅地建物取引業者B社の代表取締役が、道路交通法の規定に違反して罰金の刑に処せられた場合、B社の免許は取り消される。

ウ 宅地建物取引業者C（甲県知事免許）が、免許の有効期間の満了後も引き続き宅地建物取引業を営もうとするときは、免許の有効期間の満了の日の60日前から30日前までの間に免許申請書を提出しなければならない。

エ D社の政令で定める使用人Eは、刑法第234条（威力業務妨害）の罪により、懲役1年、執行猶予2年の刑に処せられた後、D社を退任し、新たにF社の政令で定める使用人に就任した。この場合においてF社が免許を申請しても、Eの執行猶予期間が満了していなければ、F社は免許を受けることができない。

1 一つ

2 二つ

3 三つ

4 なし

【問　44】　宅地建物取引業者Ａ社が、自ら売主として、宅地建物取引業者ではない買主Ｂと建物の売買契約を締結した場合に関する次の記述のうち、宅地建物取引業法及び民法の規定に違反するものはどれか。

1　ＡＢ間の売買契約が、宅地建物取引業者Ｃの媒介によるものである場合において、当該建物の種類・品質に関する契約内容の不適合について、Ｃは一切担保責任を負わない旨を定めた。

2　当該建物が中古の建物（代金3,000万円）であり、Ａ社が、売買契約の締結前に申込証拠金５万円をＢから受領していた場合において、Ａ社は、契約締結時に、保全措置を講ずることなく、手付金としてＢから300万円を受領するとともに、当該申込証拠金を代金に充当した。

3　ＡＢ間の売買契約が割賦販売契約である場合において、Ｂが賦払金の支払をしないときは、Ａ社は、30日以上の期間を定めて、書面による催告をすることにより、Ｂとの売買契約の解除をすることができる旨を定めた。

4　ＡＢ間で、当事者の債務の不履行を理由とする契約の解除に伴う損害賠償額の予定及び違約金の額を定めなかった場合、Ｂの債務不履行によってＡ社に代金額の20％を超える1,000万円の損害が生じたので、Ａ社は、その損害の証明をして、Ｂに対して1,000万円の損害賠償を請求した。

【問　45】　特定住宅瑕疵担保責任の履行の確保等に関する法律に基づく住宅販売瑕疵担保保証金の供託又は住宅販売瑕疵担保責任保険契約の締結（以下この問において「資力確保措置」という。）に関する次の記述のうち、正しいものはどれか。

1　住宅販売瑕疵担保責任保険契約は、新築住宅の買主が保険料を支払うことを約し、住宅瑕疵担保責任保険法人と締結する保険契約である。

2　宅地建物取引業者が住宅販売瑕疵担保保証金を供託する場合、その保証金の額を算定する基準となる新築住宅の販売戸数については、住宅販売瑕疵担保責任保険契約を締結して保険証券等を買主に交付している新築住宅の戸数も含まれる。

3　宅地建物取引業者が住宅販売瑕疵担保保証金を供託する場合、当該住宅の床面積が55㎡以下であるときは、新築住宅の合計戸数の算定に当たって、2戸をもって1戸と数えることになる。

4　宅地建物取引業者は、住宅販売瑕疵担保責任保険契約の締結をした場合、当該住宅の給水設備又はガス設備の瑕疵によって生じた損害についても保険金の支払を受けることができる。

【問　46】　独立行政法人住宅金融支援機構（以下この問において「機構」という。）に関する次の記述のうち、誤っているものはどれか。

1　機構は、証券化支援事業（買取型）において、銀行、保険会社、農業協同組合、信用金庫、信用組合などが貸し付けた住宅ローンの債権を買い取ることができる。

2　機構は、証券化支援事業（買取型）における民間金融機関の住宅ローンについて、借入金の元金の返済を債務者本人の死亡時に一括して行う高齢者向け返済特例制度を設けている。

3　機構は、民間金融機関により貸付けを受けた住宅ローン債務者の債務不履行により元利金を回収することができなかったことで生じる損害を補填する住宅融資保険を引き受けている。

4　機構は、住宅のエネルギー消費性能の向上を主たる目的とする住宅の改良に必要な資金の貸付けを業務として行っている。

【問　47】　宅地建物取引業者が行う広告に関する次の記述のうち、不当景品類及び不当表示防止法（不動産の表示に関する公正競争規約を含む。）の規定によれば、誤っているものはどれか。

1　分譲マンションの広告をする場合、当該マンションの近くには学校、病院、公園があって、宅地建物取引業者において良好な住居環境であると思慮されるときは、広告において「好環境、立地条件が最高のマンション」と表示することができる。

2　リゾートマンションの分譲広告をする場合、当該物件が海（海岸）、湖沼若しくは河川の岸若しくは堤防から直線距離で300m以内に所在している場合は、当該マンションについてこれらの名称を用いることができる。

3　造成工事が完了した宅地の分譲広告をする際に、当該宅地の面積を測量したところ150.8㎡だったときは、1㎡に満たない部分は切り捨てて「面積150㎡」と表示することができる。

4　自動車による所要時間について、道路距離を明示して、走行に通常要する時間を表示する場合、表示された時間が有料道路の通行を含むときは、その旨を明示しなければならないが、その道路が高速自動車国道であって、周知のものであるときは、有料である旨の表示を省略することができる。

【問 48】 次の記述のうち、正しいものはどれか。

1　年次別法人企業統計調査（令和４年度。令和５年９月公表）によれば、令和４年度における不動産業の経常利益は、５兆9,392億円であり、前年度比2.0％増となり、３年連続の増益となった。

2　建築着工統計調査報告（令和５年計。令和６年１月公表）によれば、令和５年の新設住宅着工戸数は819,623戸であり、前年比では4.6％増となり、３年連続の増加となった。

3　令和６年地価公示（令和６年３月公表）によれば、令和５年１月以降の１年間の地価は、全国平均では、全用途平均・住宅地・商業地・工業地のいずれも３年連続で上昇し、上昇率が拡大した。

4　公益財団法人不動産流通推進センターの統計（令和６年１月公表）によれば、令和５年の全国の指定流通機構の新規登録件数の合計は、4,259,525件であり、前年比0.6％減となっている。

【問 49】 土地に関する次の記述のうち、最も不適当なものはどれか。

1　臨海部の低地は、水利、海陸の交通に恵まれており、快適な住環境を得られるうえ、防災上の措置も不要であることから、住宅として適している。

2　地すべり地は、地すべり地形と呼ばれる馬蹄形の独特の地形を呈し、棚田等の水田として利用されることもある。

3　土石流は、流域内で豪雨に伴う斜面崩壊の危険性の大きい場所に起こりやすい。

4　旧河道は、蛇行が進んで流路が短絡したこと等によって形成され、砂の層でできている場合が多く、地震時に液状化が起こりやすいので、宅地として選定する場合は注意が必要である。

【問　50】　建築物の材料に関する次の記述のうち、最も不適当なものはどれか。

1　コンクリートとは、セメントと水を練ったセメントペーストによって砂、砂利等の骨材を固めたものであり、剛性が強く自由な形成が可能という長所があるが、ひび割れが生じやすい、解体・廃棄が困難であるという短所がある。

2　常温、常圧において、鉄筋と普通コンクリートを比較すると、熱膨張率はほぼ等しい。

3　木材は軽量で加工性が良いという長所があるが、可燃性、腐朽性があるという短所がある。

4　木造建物を造る際には、強度や耐久性において、水分を多く含んだ湿潤な材料を使用するのが好ましい。

抜きとり式分冊の使い方

下記のように本を分解してご利用ください。

色紙を残して、各冊子を取り外します。

※色紙と各冊子が、のりで接着されています。乱暴に扱いますと、破損する危険性
　がありますので、丁寧に取り外すようにしてください。

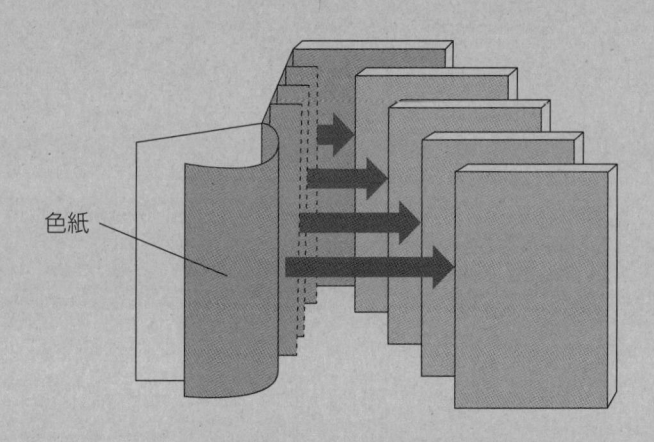

色紙

※抜き取るさいの損傷についてのお取替えはご遠慮願います。

第 3 回

問　題

制 限 時 間＝2時間
合格基準点＝36点

【問　1】　次の1から4までの記述のうち、民法の規定及び下記判決文によれば、正しいものはどれか。

（判決文）

　不法行為による損害賠償額を定める場合、被害者にも過失があるときは、過失相殺がなされるが、ここで考慮される被害者の過失とは、単に被害者本人の過失のみでなく、ひろく被害者側の過失をも包含する趣旨と解すべきである。被害者本人が幼児である場合において、被害者側の過失とは、例えば被害者に対する監督者である父母ないしはその被用者である家事使用人などのように、被害者と身分上ないしは生活関係上一体をなすとみられるような関係にある者の過失をいい、両親より幼児の監護を委託された者の被用者のような被害者と一体をなすとみられない者の過失はこれに含まれないものと解すべきである。

1　不法行為の被害者が幼児であった場合、当該幼児の監督者である父母に過失があったときは、損害賠償額を定めるにあたって、被害者側に過失があるとして、過失相殺がなされることがある。
2　不法行為の被害者が幼児であった場合、両親から幼児の監護を委託された者の被用者に過失があったときは、その過失が被害者側の過失とされる。
3　不法行為の被害者に過失があったときは、裁判所は、これを考慮し損害賠償額を定めることができるが、ここでいう被害者の過失とは、損害の公平な分担という見地からは、被害者本人の過失に限られる。
4　不法行為の被害者が幼児であって、当該幼児に責任能力がない場合、被害者の過失を考慮することはできないので、損害賠償額を定めるにあたって、過失相殺がなされることはない。

【問　2】　消滅時効に関する次の記述のうち、民法の規定及び判例によれば、誤っているものはどれか。

1　未成年者が法定代理人の同意を得ないでした債務の承認は、取り消すことができ、取り消されるとその債務の消滅時効は更新しない。

2　確定判決によって確定した権利は、10年より短い時効期間の定めがあるものであっても、その時効期間は10年となる。

3　相続財産に関して相続財産管理人が選任された時から6か月を経過するまでの間は、相続財産に関する時効の完成が猶予される。

4　債務者が時効の完成後に債務の承認をした場合でも、債務者が時効完成の事実を知らなかったのであれば、債務者は完成した消滅時効を援用することができる。

【問　3】　AがBの代理人としてB所有の甲土地についてCとの間で売買契約を締結した場合に関する次の記述のうち、民法の規定によれば、誤っているものはどれか。

1　BがAに対し、甲土地に抵当権を設定する代理権を与えていたが、その代理権が消滅した後に、AがCとの売買契約を締結した場合、甲土地を売り渡す代理権がAにあるとCが信ずべき正当な理由があるときは、BC間の本件売買契約は有効となる。

2　Aが甲土地の売買契約についてBから代理権を与えられていない場合、当該契約締結時に、Aが未成年者であったときは、Aは、無権代理人としての責任を負わない。

3　Aが甲土地の売買契約についてBから代理権を与えられていない場合、Cが、Bに対し、相当の期間を定めて、その期間内に当該売買契約を追認するかどうかを確答すべき旨の催告をしたが、Bがその期間内に確答をしない場合、Bは、追認を拒絶したものとみなされる。

4　Aが甲土地の売買契約についてBから代理権を与えられていない場合、Bが本件売買契約を追認しない間は、Cは、契約の時において、Aに甲土地を売り渡す具体的な代理権がないことを知っていた場合であっても、本件売買契約を取り消すことができる。

【問　4】　Aは、Bとの間でA所有の甲土地の売買契約を締結し、代金の3分の2の支払いを受けるのと引換えに所有権移転登記手続と引渡しを行った。その後、Bが残代金を支払わないので、Aは甲土地の売買契約を解除した。この場合において、民法の規定及び判例によれば、次のアからエまでの記述のうち、Bから甲土地を買い受けたCが甲土地の登記を備えなければその所有権の取得が認められないものを全て掲げたものは、次の1から4のうちどれか。

ア　Aの解除前に、BがCに甲土地を売却し、BのAに対する残代金債務の不履行をCが知らなかった場合

イ　Aの解除前に、BがCに甲土地を売却し、BのAに対する残代金債務の不履行をCが知っていた場合

ウ　Aの解除後に、BがCに甲土地を売却し、BのAに対する残代金債務の不履行及びAB間の契約が解除されたことをCが知らなかった場合

エ　Aの解除後に、BがCに甲土地を売却し、BのAに対する残代金債務の不履行及びAB間の契約が解除されたことをCが知っていた場合

1　ア、イ、ウ、エ
2　ア、イ
3　イ、エ
4　エ

【問　5】　Aは、AのBに対する利息付きの金銭債権を担保するため、更地であるC所有の甲土地に抵当権の設定を受け、その登記をした。この場合、民法の規定及び判例によれば、次の記述のうち、誤っているものはどれか。

1　Cが、Aの承諾を得ることなく甲土地上に乙建物の建築を始めた場合、Aは、Cに対して乙建物の建築工事の差止めを請求することができない。

2　Cから甲土地を買い受けたDは、Aに対し民法第383条所定の書面を送付して抵当権の消滅を請求することができる。

3　Aの抵当権の設定の時から5年を経過した場合、Bが、Aに元本及び満期となった後の2年分の利息を弁済すれば、この額が利息を含めた被担保債権の全額に満たないときでも、Aの抵当権は消滅する。

4　AのBに対する債権の消滅時効が完成した場合、Cは、これを援用してAの債権及びAの抵当権の消滅を主張することができる。

【問　6】　弁済に関する次の記述のうち、民法の規定によれば、誤っているものはどれか。

1　金銭債務の弁済をするについて正当な利益を有しない第三者は、債務者の意思に反して弁済をすることができないが、債権者の意思に反して弁済することはできる。

2　弁済をする者は、弁済を受領する者に不相当な負担を課するものでないときは、受取証書の交付に代えて、その内容を記録した電磁的記録の提供を請求することができる。

3　受領権者以外の者であって取引上の社会通念に照らして受領権者としての外観を有するものに対してした弁済は、その弁済をした者が善意であり、かつ、過失がなかったときには、有効となる。

4　債権者の預金又は貯金の口座に対する払込みによってする弁済は、債権者がその預金又は貯金に係る債権の債務者に対してその払込みに係る金額の払戻しを請求する権利を取得した時に、その効力を生ずる。

【問　7】　不法行為に関する次の記述のうち、民法の規定及び判例によれば、誤っているものはどれか。

1　名誉を違法に侵害された者は、裁判所に対し、損害賠償に代えて、名誉を回復するのに適当な処分を求めることができ、これに加えて、人格権としての名誉権に基づいて、加害者に侵害行為の差止めを求めることができる。

2　他人の不法行為に対し、自己の権利又は法律上保護される利益を防衛するため、やむを得ず加害行為をした者は、その損害を賠償する責任を負わず、不法行為をした者に対して自己に生じた損害の賠償を請求することができる。

3　不法行為による損害賠償の支払債務は、被害者が損害賠償を請求する意思を表明すると同時に遅滞に陥るので、その時以降から完済までの遅延損害金を支払わなければならない。

4　人の生命又は身体を害する不法行為による損害賠償請求権は、被害者又はその法定代理人が損害及び加害者を知った時から5年間行使しないときは、時効によって消滅する。

【問　8】　Aが所有する甲建物について、令和6年8月1日にBとの間で売買契約が成立し、同年8月31日にAが甲建物を引き渡し、その2週間後の同年9月14日にBが代金を支払うことが合意された。この場合に関する次の記述のうち、民法の規定によれば、誤っているものはどれか。

1　甲建物が同年8月15日にBの責めに帰すべき事由による火災によって滅失した場合、Bの代金支払債務は存続し、BはAとの契約を解除することもできない。

2　Bが、同年8月31日に甲建物の引渡しを受けることを拒んでいたところ、同年9月10日に甲建物が地震によって滅失した場合、Bの代金支払債務は存続し、Bはその履行を拒絶することはできない。

3　甲建物が同年8月15日にAB双方の責めに帰すことのできない事由による火災によって滅失した場合、Bは、代金支払債務の履行を拒むことができる。

4　Aが、同年8月31日に甲建物をBに引き渡した後、同年9月10日に甲建物が地震によって滅失した場合、Bは、代金支払債務の履行を拒絶することができる。

【問　9】　AがBから事業のために1,000万円を借り入れていたところ、Aがそれぞれ
Aの子である相続人C及びDを残して死亡した場合のAの相続に関する次の記述のう
ち、民法の規定及び判例によれば、誤っているものはどれか。

1　C及びDが相続を放棄した場合であっても、BはAの相続財産の清算人の選任を家
　庭裁判所に請求することによって、Aに対する貸金債権の回収を図ることが可能とな
　ることがある。

2　C及びDが単純承認をした場合、C及びDは、AのBに対する借入金債務の存在を
　知らなかったとしても、それぞれの相続分に応じてBに対する当該借入金債務を相続
　する。

3　CとDの間で遺産分割協議が成立する前であれば、Bは、C又はDに対して、
　1,000万円の支払いを請求することができる。

4　C又はDは、Aの相続を放棄しようとするときは、自己のために相続の開始があっ
　たことを知った時から3か月以内に、家庭裁判所にその旨を申述しなければならな
　い。

【問　10】　令和6年5月17日に、Aが、下記ケース①及びケース②の契約を締結した場合に関する次の1から4までの記述のうち、民法の規定によれば、正しいものはどれか。なお、AB間、AC間には特約は存在しないものとする。

（ケース①）　AがBとの間で、A所有の倉庫をBに無償で使用させることを内容とする使用貸借契約を締結した場合
（ケース②）　AがCとの間で、A所有の車庫をCに有償で使用させることを内容とする賃貸借契約を締結した場合

1　ケース①の契約は、AとBが契約に合意し、Aが倉庫を引き渡したときに効力を生ずるが、ケース②の契約は、AとCが契約に合意すれば効力が生ずる。
2　契約の終了時において、ケース①の契約では、Bは、倉庫の通常の使用及び収益によって生じた借用物の損耗並びにその経年変化（以下、通常損耗という。）について、原状に回復させる義務を負わないが、ケース②の契約では、Cは、車庫としての使用及び収益による通常損耗を原状に回復させる義務を負う。
3　ケース①の契約及びケース②の契約のいずれにおいても、Aの死亡によって契約は終了しないが、ケース①の契約では、Bが死亡すると契約は終了し、ケース②の契約では、Cが死亡しても契約は存続する。
4　通常の必要費は、ケース①の契約ではBが負担し、ケース②の契約ではAが負担するが、Cが必要費を支出したときは、契約が終了したときに、Aに対して償還を請求することができる。

【**問　11**】　借地借家法第22条の定期借地権（以下この問において「定期借地権」という。）、同法第23条の事業用定期借地権（以下この問において「事業用定期借地権」という。）及び同法第24条の建物譲渡特約付借地権（以下この問において「建物譲渡特約付借地権」という。）に関する次の記述のうち、借地借家法の規定によれば、誤っているものはどれか。

1　存続期間を20年とする事業用定期借地権を設定した場合、借地借家法第13条の規定による建物の買取請求をすることはできないが、存続期間を50年とする定期借地権を設定した場合には、特約で排除されていなければ、建物買取請求権を行使することができる。

2　定期借地権を設定する場合には、建物の築造による存続期間の延長がなく、建物買取請求権を行使しないこととする旨を定めることができるが、その特約は公正証書によってしなければならない。これに対して、建物譲渡特約付借地権を設定する場合には、その設定契約は、公正証書による等書面によるか、電磁的記録によってしなければならない。

3　事業用定期借地権を設定する場合、その存続期間を10年以上30年未満と定めることができるが、建物譲渡特約付借地権は、その存続期間を30年以上としなければならない。

4　定期借地権及び建物譲渡特約付借地権は、専ら事業の用に供する建物を所有する目的で設定することができる。

【問　12】　借地借家法第38条の定期建物賃貸借（以下この問において「定期建物賃貸借」という。）に関する次の記述のうち、民法、借地借家法の規定及び判例によれば、正しいものはどれか。

1　賃貸人が、契約を締結する前に、賃借人に対し、定期建物賃貸借には更新がなく期間の満了により終了することについての説明をしなかった場合、当該定期建物賃貸借契約は無効となる。

2　定期建物賃貸借の契約書面と契約の対象となる賃貸借は契約の更新がなく、期間の満了により終了する旨を説明するための書面は、別個独立の書面でなければならない。

3　定期建物賃貸借契約においては、一定の期間賃料を増額しない旨の特約も一定の期間賃料を減額しない旨の特約も無効となる。

4　居住の用に供する床面積200㎡未満の建物の定期建物賃貸借契約が締結された場合、転勤等のやむを得ない事情により、建物を自己の生活の本拠として使用することが困難となった賃借人は、当該定期建物賃貸借契約の解約の申入れをすることができ、解約の申入れの日から3か月を経過することによって、契約は終了する。

【問　13】　建物の区分所有等に関する法律に関する次の記述のうち、誤っているものはどれか。

1　規約は、区分所有者の特定承継人に対しても、その効力を有するが、集会の決議は、区分所有者の特定承継人に対しては、その効力を有しない。

2　共用部分の保存行為は、規約に別段の定めがなければ、集会の決議に基づかず、各区分所有者が単独ですることができる。

3　規約を保管する者は、利害関係人の請求があったときは、正当な理由がある場合を除いて、規約の閲覧を拒むことはできない。

4　最初に建物の専有部分の全部を所有する者は、公正証書により、建物の共用部分を定める規約を設定することができる。

【問 14】 不動産の登記に関する次の記述のうち、不動産登記法の規定によれば、誤っているものはどれか。

1　登記は、原則として、当事者の申請又は官庁若しくは官公署の嘱託がなければすることができないが、表示に関する登記は、登記官が職権ですることができる。

2　新たに生じた土地又は表題登記がない土地の所有権を取得した者は、その所有権の取得の日から2週間以内に、表題登記を申請しなければならない。

3　仮登記の登記上の利害関係人は、仮登記の登記名義人の承諾があれば、単独で仮登記の抹消の申請をすることができる。

4　登記の申請を共同してしなければならない者の一方に登記手続をすべきことを命ずる確定判決による登記は、当該申請を共同してしなければならない者の他方が単独で申請することができる。

【問 15】 都市計画法に関する次の記述のうち、正しいものはどれか。

1　特別用途地区は、当該地区の特性にふさわしい土地利用の増進、環境の保護等の特別の目的の実現を図るため定める地区であり、用途地域の内外を問わず指定することができる。

2　高層住居誘導地区は、住居と住居以外の用途とを適正に配分し、利便性の高い高層住宅の建設を誘導するために定める地区であり、第一種中高層住居専用地域及び第二種中高層住居専用地域においても定めることができる。

3　市街化区域及び区域区分が定められていない都市計画区域については、少なくとも道路、公園及び医療施設を定めるものとされている。

4　市街地開発事業は、市街化区域又は区域区分が定められていない都市計画区域内において、一体的に開発し、又は整備する必要がある土地の区域について定めることとされている。

【問 16】 都市計画法に関する次の記述のうち、正しいものはどれか。なお、この問において「都道府県知事」とは、地方自治法に基づく指定都市、中核市及び施行時特例市にあってはその長をいうものとする。

1 準都市計画区域内において開発許可を受けた者が、開発区域の規模を2,000㎡に縮小しようとする場合は、都道府県知事の許可を受けなければならない。

2 用途地域の定めがある土地のうち開発許可を受けた開発区域内においては、開発行為に関する工事完了の公告があった後は、都道府県知事の許可がなければ、当該開発許可に係る予定建築物以外の建築物を新築することができない。

3 都道府県知事は、市街化区域内の土地の区域における開発行為について開発許可をする場合において必要があると認めるときは、当該開発区域内の土地について、建築物の建蔽率、建築物の高さ、壁面の位置その他建築物の敷地、構造及び設備に関する制限を定めることができる。

4 開発許可を受けた開発区域内の土地であっても、当該許可に係る開発行為に同意していない土地の所有者は、その権利の行使として建築物を建築することができる。

【問　17】　建築基準法（以下この問において「法」という。）に関する次の記述のうち、誤っているものはどれか。

1　建築物の建築面積は、建築物の外壁又はこれに代わる柱の中心線で囲まれた部分の水平投影面積によるが、地階で、地盤面上1m以下にある部分は、建築物の建築面積に算入されない。

2　住宅の居住のための居室には、採光のための窓その他の開口部を設け、その採光に有効な部分の面積は、その居室の床面積に対して、7分の1以上としなければならないが、照明設備の設置、有効な採光方法の確保その他これらに準ずる措置が講じられているものにあっては、10分の1までの範囲内において国土交通大臣が別に定める割合とすることができる。

3　準防火地域内にある看板、広告塔、装飾塔その他これらに類する工作物で、建築物の屋上に設けるもの又は高さ3mを超えるものは、その主要な部分を難燃材料で造り、又は覆わなければならない。

4　法第56条第1項第2号の規定による隣地斜線制限は、第一種低層住居専用地域、第二種低層住居専用地域、及び田園住居地域においては適用されない。

【問　18】　建築基準法（以下この問において「法」という。）に関する次の記述のうち、誤っているものはどれか。

1　建築物の敷地が道路、川又は海その他これらに類するものに接する場合、又は建築物の敷地とこれに接する隣地との高低差が著しい場合には、法第56条の2第1項に規定する日影による中高層建築物の高さの制限（日影規制）が緩和される。

2　建築物の建築をしようとする場合、又は建築物の除却をしようとする場合、都道府県知事に届出をする必要があるが、当該建築物の床面積の合計が10㎡以内であるときは、届出をする必要はない。

3　高さ25mの建築物には、原則として、非常用の昇降機を設けなければならないが、避雷設備については、これを設ける必要はない。

4　建築物の敷地が第二種住居地域と近隣商業地域の内外にわたる場合で、当該敷地の過半が第二種住居地域に属するとき、法第48条の建築物の用途制限に関する規定については、第二種住居地域に関する規定が適用される。

【問　19】　宅地造成及び特定盛土等規制法に関する次の記述のうち、誤っているものはどれか。なお、この問において「都道府県知事」とは、地方自治法に基づく指定都市、中核市及び施行時特例市にあっては、その長をいうものとする。

1　都道府県知事は、宅地造成等工事規制区域内の土地の区域内において、特定盛土等又は土石の堆積が行われた場合には、これに伴う災害により市街地等区域の居住者等の生命又は身体に危害を生ずるおそれが特に大きいと認められる区域を、特定盛土等規制区域として指定することができる。

2　特定盛土等規制区域内において行われる特定盛土等であって、当該盛土をした土地の部分に高さが2mを超える崖を生ずることとなるものに関する工事については、災害の発生のおそれがないと認められる一定の工事を除き、工事主は、当該工事に着手する前に、都道府県知事の許可を受けなければならない。

3　特定盛土等規制区域内において行われる高さが5mを超える土石の堆積であって、当該土石の堆積を行う土地の面積が1,500㎡を超えるものに関する工事については、災害の発生のおそれがないと認められる一定の工事を除き、工事主は、当該工事に着手する前に、都道府県知事の許可を受けなければならない。

4　特定盛土等規制区域内において行われる特定盛土等又は土石の堆積に関する工事の許可を受けた者は、一定の期間ごとに、当該特定盛土又は土石の堆積に関する工事の実施の状況等を都道府県知事に報告しなければならない。

【問　20】　土地区画整理法に関する次の記述のうち、正しいものはどれか。

1　施行者は、施行地区内の宅地について仮換地を指定する場合において、従前の宅地について抵当権を有する者があるときは、その仮換地について仮にそれらの権利の目的となるべき宅地又はその部分を指定しなければならない。

2　換地計画において換地を定める場合においては、換地及び従前の宅地の位置、地積、土質、水利、利用状況、環境等が照応するように定めなければならない。

3　個人施行者は、換地計画を定めようとする場合においては、その換地計画を2週間公衆の縦覧に供しなければならない。

4　土地区画整理事業の施行により設置された公共施設は、換地処分があった旨の公告があった日の翌日において、原則として、施行者の管理に属する。

【問 21】 農地法（以下この問において「法」という。）に関する次の記述のうち、誤っているものはどれか。

1 耕作する目的で農地の所有権を取得する場合、当該農地が、その所有権を取得しようとする者の住所のある市町村以外の市町村に所在するときは、都道府県知事の許可を受けなければならない。

2 土地区画整理法に基づく土地区画整理事業により道路を建設するために、市街化区域外にある農地を転用しようとする場合、法第4条第1項の許可を受ける必要はない。

3 市街化区域外にある農地を宅地に転用する目的で土地収用法の規定に基づいて収用する場合には、法第5条第1項の許可を受ける必要はない。

4 農地の賃貸借は、その登記がなくても農地の引渡しがあったときは、これをもってその後にその農地について所有権を取得した者に対抗することができる。

【問 22】 国土利用計画法第23条の届出（以下この問において「事後届出」という。）に関する次の記述のうち、誤っているものはどれか。なお、この問において「都道府県知事」とは、地方自治法に基づく指定都市にあってはその長をいうものとする。

1 Aが、Bの所有する市街化調整区域内の5,000㎡の土地についてBと売買契約を締結した場合、Aは、事後届出をするときは、当該契約の当事者の氏名、土地の利用目的等のほか、当該土地の売買価格についても届け出なければならない。

2 Cが、市街化区域内の2,000㎡の土地について、1区画あたり200㎡として10区画に区画割して分譲する売買契約を締結した場合、各買主は、事後届出をしなければならない。

3 D市が、区域区分の定めのない都市計画区域内にあるEの所有する5,000㎡の土地を非常災害に際し必要な応急措置を講ずるために当該土地が所在する市町村の長の認定を受けて買い受ける場合、D市は、事後届出をする必要はない。

4 都道府県知事は、事後届出があった場合において、その届出をした者に対し、その届出に係る土地に関する権利の移転又は設定後における土地の利用目的について、当該土地を含む周辺の地域の適正かつ合理的な土地利用を図るために必要な助言をすることができる。

【問　23】　登録免許税に関する次の記述のうち、誤っているものはどれか。

1　個人が相続により土地の所有権を取得した場合において、当該個人が当該相続による当該土地の所有権の移転の登記を受ける前に死亡したときは、当該個人を当該土地の所有権の登記名義人とするために受ける登記については、登録免許税は課されない。

2　不動産の売買による所有権移転登記をする際の課税標準は、当該不動産の売買価格であり、当該不動産に地上権が存する場合には、地上権が存するものとした場合の価額による。

3　登記を受ける者が二人以上あるときは、これらの者は、連帯して登録免許税を納付する義務を負う。

4　登記されている地上権又は賃借権の権利者が、その目的となっている土地を取得して所有権移転登記を受けるときの税率は、通常の税率の100分の50となる。

【問　24】　固定資産税に関する次の記述のうち、誤っているものはどれか。

1　住宅用地のうち小規模住宅用地に対して課する固定資産税の課税標準は、当該小規模住宅用地に係る固定資産税の課税標準となるべき価格の６分の１の額である。

2　市町村の区域内において所有する土地の課税標準となるべき価格が30万円未満の場合には、原則として、固定資産税は課されないが、同一の者が同一の市町村の区域内に複数の土地を所有している場合には、それぞれの土地の課税標準となるべき額の合計額で課税の可否が判断される。

3　固定資産税は、固定資産の所有者に課されるのが原則であるが、固定資産が賃貸されている場合には、当該固定資産の賃借人に課される。

4　質権又は100年より長い存続期間の定めのある地上権の目的である土地についての固定資産税の納税義務者は、その質権者又は地上権者である。

【問 25】 地価公示法に関する次の記述のうち、正しいものはどれか。

1 標準地は、自然的及び社会的条件からみて類似の利用価値を有すると認められる地域において、土地の利用状況、環境等が最も優れていると認められる一団の土地について選定するものとされている。

2 正常な価格とは、土地について、自由な取引が行われるとした場合におけるその取引において通常成立すると認められる価格をいい、当該土地に地上権が存する場合には、これが存するものとして通常成立すると認められる価格をいう。

3 土地鑑定委員会は、標準地の価格等の公示をしたときは、速やかに、関係市町村（特別区等を含む。）の長に対して、公示した事項のうち当該市町村が属する都道府県に存する標準地に係る部分を記載した書面及び当該標準地の所在を表示する図面を送付しなければならない。

4 地価公示において官報で公示される事項には、標準地の単位面積当たりの価格及び価格判定の基準日が含まれるが、標準地及びその周辺の土地の利用の現況は含まれない。

【問　26】 宅地建物取引業者Aが行う業務に関する次の記述のうち、宅地建物取引業法の規定に違反しないものはいくつあるか。

ア　Aの従業者は、宅地の販売の勧誘に際し、買主に対し「この付近に鉄道の駅ができる」と説明したが、実際には新駅設置計画は存在せず、当該従業者の思い込みであったことが判明し、契約の締結には至らなかった。

イ　建物の貸借の媒介において、申込者が自己都合で申込みを撤回し賃貸借契約が成立しなかったため、Aは、既に受領していた預り金から媒介報酬に相当する金額を差し引いて、申込者に返還した。

ウ　Aは、建物の販売をする際の広告において、当該建物について著しく事実に反する表示をしたが、その広告はインターネットを利用して行うものであった。

エ　Aの従業者は、宅地建物取引業に係る契約締結の勧誘を行うに際して、勧誘に先だってAの商号・名称、契約締結の勧誘が目的である旨は告げたが、自己の氏名は告げなかった。

1　一つ
2　二つ
3　三つ
4　なし

【問　27】　宅地建物取引業の免許（以下この問において「免許」という。）に関する次の記述のうち、宅地建物取引業法の規定によれば、正しいものはどれか。

1　賃貸住宅の管理業者であるA社が、貸主から住宅の管理業務とあわせて入居者募集の依頼を受けて、貸借の媒介を反復継続して行う場合、A社は免許を必要とするが、A社に当該業務を依頼する貸主は、免許を必要としない。

2　Bが、リゾートクラブ会員権（宿泊施設等のリゾート施設の全部又は一部の所有権を会員が共有するもの）の売買の媒介を、不特定多数の者に反復継続して行う場合、Bは免許を受ける必要がない。

3　免許を受けている個人Cが死亡したことによって、Cが所有していた宅地を相続したDが、相続後に当該宅地を20区画に区画割して不特定多数人に売却する場合、Dは、免許を受ける必要はない。

4　Eが、競売により取得した土地を10区画に区割りして、別荘用地として不特定多数の者に反復継続して販売する場合、その販売の代理を宅地建物取引業者に依頼するのであれば、Eは免許を受ける必要がない。

【問　28】　甲県知事の宅地建物取引士資格登録（以下この問において「登録」という。）を受けている宅地建物取引士Aに関する次の記述のうち、宅地建物取引業法（以下この問において「法」という。）の規定によれば、誤っているものはどれか。

1　Aが、宅地建物取引士証の有効期間の更新を受けようとするときは、甲県知事に申請し、その申請前6か月以内に行われる甲県知事の指定する講習を受講しなければならない。

2　Aは、宅地建物取引業の業務に従事するときは、宅地又は建物の取引の専門家として、購入者等の利益の保護及び円滑な宅地又は建物の流通に資するよう、公正かつ誠実に法に定める事務を行うとともに、宅地建物取引業に関連する業務に従事する者との連携に努めなければならない。

3　Aが有効期間の更新をしなかったために宅地建物取引士証が失効した場合でも、そのことにやむを得ない事由があり、新たな宅地建物取引士証の交付を申請するまでの比較的短期間であれば、Aは、法第35条に規定する重要事項の説明をすることができる。

4　Aが、心身の故障により宅地建物取引士の事務を適正に行うことができない者となった場合、A又はAの法定代理人若しくは同居の親族が、その日から30日以内に、その旨を甲県知事に届け出なければならない。

【問　29】　次の記述のうち、宅地建物取引業法（以下この問において「法」という。）の規定によれば、誤っているものはどれか。

1　宅地建物取引業者は、自ら貸主として締結したマンションの賃貸借契約については、法第49条に規定されている業務に関する帳簿（以下この問において「帳簿」という。）に、法定の事項を記載する必要はない。

2　宅地建物取引業者は、その事務所ごとに、公衆の見やすい場所に、国土交通省令で定める標識を掲げなければならないが、免許証は掲げる必要はない。

3　宅地建物取引業者が契約の締結をし、又は契約の申込みを受ける案内所には、そこでの業務に従事する者の数にかかわらず、1名以上の成年者である専任の宅地建物取引士を設置しなければならない。

4　宅地建物取引業者は、その事務所ごとに、その業務に関する帳簿を備えなければならず、その帳簿には月末ごとに、取引の年月日、その取引に係る宅地又は建物の所在及び面積その他一定の事項を記載しなければならない。

【問　30】　宅地建物取引業者Aが建物の売買又は貸借の媒介を行う際にする宅地建物取引業法第35条に規定する重要事項の説明に関する次の記述のうち、正しいものはいくつあるか。ただし、買主及び借主は宅地建物取引業者ではないものとする。

ア　Aは、中古住宅の売買の媒介を行う場合、当該中古住宅が種類又は品質に関して契約内容に適合しない場合におけるその不適合を担保すべき責任の履行に関する保証保険の契約を締結する予定であるときは、その旨を説明しなければならないが、当該保証保険の概要については説明する必要はない。

イ　Aが、貸借の媒介を行う場合、当該建物が住宅の品質確保の促進等に関する法律に規定する住宅性能評価を受けた新築住宅であるときは、Aは、その旨について説明しなければならないが、当該評価の内容までを説明する必要はない。

ウ　Aが、建物の貸借の媒介を行う場合、契約の期間は説明する必要があるが、契約の更新については説明する必要はない。

エ　Aは、建物の貸借の媒介をする場合には、取引の対象となる建物が土砂災害警戒区域等における土砂災害防止対策の推進に関する法律により指定された土砂災害警戒区域内にあるときでも、その旨を説明する必要はない。

1　なし
2　一つ
3　二つ
4　三つ

【問　31】　宅地建物取引業者Ａ（甲県知事免許）の営業保証金に関する次の記述のうち、宅地建物取引業法の規定によれば、誤っているものはいくつあるか。

ア　Ａが、マンションを分譲するために甲県内に案内所を設置する場合、当該案内所において契約の締結を予定する場合には、Ａは、当該案内所に係る営業保証金を供託しなければならない。

イ　Ａと宅地建物取引業に関する取引をして、その取引によって生じた債権を有する宅地建物取引業者は、Ａが供託した営業保証金から還付を受けることができる。

ウ　Ａが宅地建物取引業保証協会（弁済業務を開始している）の社員となった場合、Ａは、Ａに係る営業保証金について還付を受ける権利を有する者に対して、6か月以上の期間を定めて申し出るべき旨の公告をすることなく、その営業保証金を取り戻すことができる。

エ　Ａが本店の他に支店を2か所設置して営業している宅地建物取引業者である場合、支店でＡと宅地建物取引業に関する取引をして営業保証金から還付を受ける権利を有する者は、500万円を限度として、営業保証金から還付を受けることができる。

1　一つ
2　二つ
3　三つ
4　四つ

【問　32】　宅地建物取引業者Ａ社が、Ｂから自己所有の宅地の売買の媒介を依頼された場合における次の記述のうち、宅地建物取引業法（以下この問において「法」という。）の規定によれば、正しいものはどれか。

1　Ａ社がＢとの間に締結した媒介契約が一般媒介契約である場合、その有効期間を6か月と定めたときは、3か月に短縮される。

2　Ａ社がＢとの間で締結した専属専任媒介契約をＢの申出によって更新する場合、当初の契約期間が2か月であるときは、更新後の媒介契約の期間も2か月としなければならない。

3　Ａ社は、Ｂとの間で締結した媒介契約が専属専任媒介契約である場合、法第34条の2第1項の規定による媒介契約書面を作成するときは、当該宅地に係る都市計画法その他法令に基づく制限で主要なものについて同書面に記載しなければならない。

4　Ａ社は、Ｂとの間で締結した媒介契約が専任媒介契約である場合、当該宅地に関する所定の事項を指定流通機構に登録したときは、遅滞なく、登録を証する書面を依頼者に引き渡すか、又は同書面の引渡しに代えて、依頼者の承諾を得て、当該書面において証されるべき事項を電磁的方法により提供しなければならない。

【問　33】　宅地建物取引業保証協会（以下この問において「保証協会」という。）に関する次の記述のうち、宅地建物取引業法の規定によれば、正しいものはどれか。なお、保証協会の社員である宅地建物取引業者と宅地建物取引業に関して取引をした者は、宅地建物取引業者ではないものとする。

1　150万円の弁済業務保証金分担金を保証協会に納付して当該保証協会の社員となった者と宅地建物取引業に関し取引をした者は、その取引により生じた債権に関し、2,500万円を限度として、当該保証協会が供託した弁済業務保証金から弁済を受ける権利を有する。

2　宅地建物取引業者が保証協会の社員となる前に、当該宅地建物取引業者と宅地建物取引業に関し取引をした者は、その取引により生じた債権に関し、弁済業務保証金について弁済を受ける権利を有しない。

3　保証協会は、保証協会の社員である宅地建物取引業者と宅地建物取引業に関し取引をした者から認証の申出があった場合、その認証に係る事務を処理するときは、認証申出に係る債権額の順序に従って行う。

4　保証協会に加入している宅地建物取引業者が、事務所を増設しようとする場合、当該宅地建物取引業者は、当該事務所を増設する日までに、当該事務所に係る弁済業務保証金分担金を保証協会に納付しないときは、保証協会の社員の地位を失う。

【問　34】　宅地建物取引業者Ａが、宅地又は建物の売買又は貸借の媒介をする場合に、Ａが行う宅地建物取引業法第35条の規定に基づく重要事項の説明に関する次の記述のうち、同条の規定に違反しないものはどれか。なお、買主及び借主は宅地建物取引業者ではないものとする。

1　Ａは、中古マンションの貸借の媒介において、当該マンションの所有者が負担しなければならない通常の管理費用の額について、借主に説明しなかった。

2　Ａは、宅地の売買契約を締結するまでの間に、買主に対し、口頭で重要事項の説明をし、重要事項説明書については、買主の承諾を得て、売買契約締結後ただちに、買主に交付した。

3　Ａは、鉄筋コンクリート造の中古マンションの売買の媒介をする際に、当該マンションについて建物状況調査が実施されていたが、実施されたのは1年6か月前だったので、建物状況調査については「実施されていません」と説明した。

4　Ａは、宅地の貸借の媒介において、当該宅地が都市計画法の第一種低層住居専用地域内にあり、建築基準法第56条第1項第1号に基づく道路斜線制限があるときに、その概要を説明しなかった。

【問 35】 宅地建物取引業者Ａが、自ら売主として、宅地建物取引業者でないＢと宅地の売買契約を締結した場合における、宅地建物取引業法第37条の２の規定に基づく、いわゆるクーリング・オフに関する次の記述のうち、誤っているものはどれか。

1 Ｂは、自宅の近くの喫茶店で買受けの申込みを行い、後日、Ａの事務所において売買契約を締結した。この場合、Ｂは、Ａからクーリング・オフについて何も告げられていなくても、既に宅地の引渡しを受け、かつ、代金の全部を支払ったときには、契約の解除をすることができない。

2 Ｂは、令和６年７月１日にＡが設置したテント張りの案内所において買受けの申込みをし、その際にクーリング・オフについて書面で告げられ、契約を締結した。Ｂは、同年７月９日までであれば、契約の解除をすることができる。

3 Ｂが、Ｂの勤務先において売買契約に関する説明をＡから受ける旨を申し出たが、上司に制止されたため、急遽、勤務先近くの喫茶店で説明を受け、その場で買受けの申込みを行った場合、Ｂは、クーリング・オフによる解除をすることができる。

4 Ｂが、レストランで買受けの申込み及び契約の締結をしたので、クーリング・オフによる当該契約の解除を申し入れた場合、Ａは、受領した金銭等を速やかにＢに返還しなければならず、特約を定めている場合であっても、損害賠償の請求や違約金の請求をすることはできない。

【問 36】 宅地建物取引業者Aが、自ら売主として買主Bとの間で、建物の売買契約を締結する場合に行う、宅地建物取引業法第41条又は第41条の2の規定に基づく手付金等の保全措置（以下この問において「保全措置」という。）に関する次の記述のうち、同法の規定によれば、正しいものはどれか。

1 Aが、宅地建物取引業者でないBとの間で建築工事完了前のマンションを3,000万円で販売する契約を締結した場合、当該マンションの引渡しをする前にBが1,000万円の中間金を支払う旨の定めをしたが、Aが保全措置を講じないことを理由に、Bが当該中間金を支払わないときは、Aは、Bの当該行為は債務不履行にあたるとして、Bとの契約を解除することができる。

2 Aが、宅地建物取引業者でない買主Bとの間で建築工事完了前のマンションを5,000万円で販売する契約を締結した場合、AがBから手付金として1,000万円を受領しようとする場合、Aは、当該手付金について指定保管機関と手付金等寄託契約を締結し、かつ、当該手付金等寄託契約を証する書面をBに交付することにより保全措置を講ずることができる。

3 Aが、宅地建物取引業者でない買主Bとの間で建築工事が完了した一戸建て建物を5,000万円で販売する契約を締結した場合、Aは、当該建物の引渡しをした後に中間金として2,000万円をBから受領するときには、既に受領している手付金200万円を合わせた全額について保全措置を講じなければならない。

4 Aが、宅地建物取引業者である買主Bとの間で建築工事が完了した一戸建て建物を5,000万円で販売する契約を締結した場合、Aは、保全措置を講じなくても、当該建物の引渡し前に2,000万円を手付金としてBから受領することができる。

【問 37】 宅地建物取引業者Ａが行う業務に関する次の記述のうち、宅地建物取引業法の規定に違反しないものはいくつあるか。

ア　Ａは、宅地の売買に関する広告をするにあたり、当該宅地の形質について、実際のものよりも著しく優良であると人を誤認させる表示をしたが、当該宅地に関する注文はなく、売買も成立しなかった。

イ　Ａは、宅地の売却を希望するＢと一般媒介契約を締結したが、当該媒介契約に係る業務の処理状況については、定期的な報告をすることは不要とのＢからの申出があったので、買い受けの申込みがあったときに遅滞なく報告することにして、業務の処理状況の定期的な報告はしなかった。

ウ　Ａは、Ｃが所有する宅地の売却に係る媒介を依頼され、Ｃと専任媒介契約を締結したが、短期間で売買契約を成立させることができると判断したので、指定流通機構へ登録せずに、当該専任媒介契約締結の日の９営業日後に当該売買契約を成立させた。

エ　Ａは、宅地の売買に関してインターネットで広告をしたところ、その１週間後に当該宅地の売買契約が成立したが、その後に当該広告を見た者から購入希望の申出があったときは、電話等で売却済みである旨を知らせることとして、当該広告を継続して掲載した。

1　一つ
2　二つ
3　三つ
4　四つ

【問 38】 次の記述のうち、宅地建物取引業法の規定によれば、正しいものはどれか。

1 甲県知事の免許を受けている宅地建物取引業者Aが、免許の更新の申請を怠り、その有効期間が満了した場合、Aは、遅滞なく、甲県知事に免許証を返納しなければならない。

2 新たに宅地建物取引業の免許を受けようとするBは、当該免許の申請をしていても、当該免許を受けるまでの間は、免許申請中である旨を明示しても、免許取得後の営業に備えて広告をすることはできない。

3 C社の取締役Dが、暴力団員による不当な行為の防止等に関する法律に規定する暴力団員に該当することが判明して、C社の免許が取り消された場合、その後にDがC社を退任したとしても、当該取消しの日から5年を経過していないときは、C社は免許を受けることができない。

4 宅地建物取引業者Eは、都市計画法第29条第1項の許可を必要とする宅地について開発行為を行い買主に売却する場合、買主が宅地建物取引業者であれば、その許可を受ける前であっても当該宅地の売買の予約を締結することができる。

【問　39】　宅地建物取引業者Ａが宅地建物取引業法第37条の規定により交付すべき書面（以下この問において「37条書面」という。）に関する次の記述のうち、宅地建物取引業法の規定によれば、正しいものはどれか。なお、37条書面の作成及び交付に代わる電磁的方法による提供については考慮しないものとする。

1　Ａが媒介により中古の戸建住宅の売買契約を締結させた場合、Ａは、引渡しの時期及び移転登記の申請の時期について37条書面に記載しなければならず、売主及び買主が宅地建物取引業者であっても、その双方に当該書面を交付しなければならない。

2　Ａが、宅地の売買の媒介をする際に、当該売買契約締結直前に、当該宅地の一部に私道に関する負担があることに気づいた場合、すでに買主に重要事項の説明を行った後だったときは、37条書面に私道に関する負担に関する事項を記載して売主及び買主に交付すれば、追加の重要事項の説明をする必要はない。

3　Ａが売主を代理して中古マンションの売買契約を締結した場合において、当該契約に、当該マンションが種類又は品質に関して契約の内容に適合しない場合におけるその不適合を担保すべき責任についての定めがあるにもかかわらず、売主及び買主から当該定めについての記載をしないでほしいとの希望があったときでも、Ａは、その内容を37条書面に記載した上で、売主及び買主に対して当該書面を交付してその定めの内容を説明しなければならない。

4　Ａは、建物の売買の媒介をする場合、当該建物の代金額を37条書面に記載しなければならないが、消費税相当額については記載しなくてもよい。

【問 40】 宅地建物取引業者Ａが、自ら売主として、宅地建物取引業者でない買主Ｂとの間で宅地又は建物（代金5,000万円）の売買契約を締結する場合における次の記述のうち、宅地建物取引業法の規定によれば、正しいものはいくつあるか。

ア　ＡＢ間で売買契約を締結するにあたって、ＡがＢから手付を受領した場合、「当該手付は違約手付であって、Ｂは手付の放棄によって契約を解除することはできない」旨の特約を定めた場合、Ｂは、Ａが契約の履行に着手していなくても、手付の放棄による契約の解除をすることはできない。

イ　ＡＢ間の売買契約が建物の割賦販売契約である場合、Ａは、代金額の半額を受領するまでは、Ｂが当該建物に抵当権の設定登記をする等の代金債務に係る担保措置を講じても、当該建物の所有権移転登記をしないことができる。

ウ　ＡＢ間で債務不履行が生じた場合に備えて、Ａの債務不履行を理由とするときは代金額の10分の3、Ｂの債務不履行を理由とするときは代金額の10分の2を、それぞれ損害賠償として相手方に支払う旨の損害賠償額の予定を定めることができる。

エ　ＡＢ間の売買契約がＣの所有する農地（用途地域内）を目的物とするものであり、ＡＣ間で農地法第5条の許可を受けることを停止条件として売買契約が締結されていた場合、Ａは、農地法第5条の許可があった後であれば、Ｂとの売買契約を締結することができる。

1　一つ
2　二つ
3　三つ
4　なし

【問　41】　宅地建物取引業者A（甲県知事免許）と、Aの事務所に勤務する専任の宅地建物取引士B（甲県知事登録）に関する次の記述のうち、宅地建物取引業法（以下この問において「法」という。）の規定によれば、正しいものはどれか。

1　Aが、一団の宅地の分譲をするために契約の締結をする案内所を設置する場合、そこでの業務に従事する者が6名であるときは、Aは、当該案内所に少なくとも2名の成年者である専任の宅地建物取引士を設置しなければならない。

2　Aが合同会社である場合、Aが株式会社に組織変更したとしても、宅地建物取引業者としての営業についての変更はないので、Bは、変更の登録を申請する必要はない。

3　BがAを退職することによって、Aの事務所に設置すべき成年者である専任の宅地建物取引士が法定数に不足するに至った場合、Aは、30日以内に法の規定に適合させるため必要な措置を執らなければならない。

4　Aが破産手続開始の決定を受けたことにより、その破産管財人がその旨を甲県知事に届け出た場合、Aの免許は取り消される。

【問　42】　法人である宅地建物取引業者A社（甲県知事免許）に関する次の記述のうち、正しいものはいくつあるか。

ア　A社の取締役が刑法第247条（背任）の罪により刑に処せられた場合でも、その刑が罰金刑であれば、A社の免許が取り消されることはない。

イ　A社が建設業の許可を受けて建設業も営むこととした場合、A社の代表役員は、当該許可を受けた日から30日以内に、その旨を甲県知事に届け出なければならない。

ウ　A社が株主総会の決議により解散することとなった場合、その清算人は、当該解散の日から30日以内に、その旨を甲県知事に届け出なければならない。

エ　A社が破産手続開始の決定を受けた場合、A社の代表役員が、その日から30日以内に、その旨を甲県知事に届け出なければならない。

1　なし
2　一つ
3　二つ
4　三つ

【問　43】　宅地建物取引業者Ａ（甲県知事免許）及び宅地建物取引士Ｂ（甲県知事登録）に対する監督処分及び罰則に関する次の記述のうち、宅地建物取引業法（以下この問において「法」という。）の規定によれば、正しいものはどれか。

1　Ａが、自ら所有しているマンションについて、賃借人と賃貸借契約を締結するにあたり、法第35条に規定する重要事項の説明をしなかった場合、Ａは、甲県知事から業務停止処分を受けることがある。

2　Ｂが、不正の手段により宅地建物取引士の登録を受けたことが発覚して、その登録が消除された場合には、Ｂの宅地建物取引士資格試験合格も取り消される。

3　Ａが、法第32条（誇大広告の禁止）の規定に違反した場合、Ａは、6か月以下の懲役又は100万円以下の罰金に処せられることがある。

4　Ｂが、乙県内の業務に関し、他人に自己の名義の使用を許し、当該他人がその名義を使用して宅地建物取引士である旨の表示をした場合、Ｂは、乙県知事から指示処分を受けることはあるが、事務禁止処分を受けることはない。

【問 44】 宅地建物取引業者A及び宅地建物取引業者B（共に消費税課税事業者）が受け取る報酬に関する次の記述のうち、正しいものはどれか。

1　Aが売主から媒介の依頼を受けて、Bが買主から代理の依頼を受けて、共同して宅地の売買契約を成立させた場合、Aが売主に不当に高額の報酬を要求する行為をしたとしても、実際に受領した額が、国土交通大臣が定めた限度額の範囲内であれば、Aが宅地建物取引業法違反となることはない。

2　Aは、国土交通大臣の定める限度額を超えて報酬を受領してはならないので、依頼者からの依頼に基づくことなく広告をした場合には、その広告が貸借の契約の成立に寄与したとしても、報酬とは別に、その広告料金に相当する額を受領することはできない。

3　Aは売主から代理の依頼を受け、Bは買主から媒介の依頼を受けて、共同して代金4,000万円の宅地の売買契約を成立させた場合、Aは売主から277万2,000円、Bは買主から138万6,000円の報酬をそれぞれ受けることができる。

4　Aは貸主から、Bは借主から、それぞれ代理の依頼を受けて、共同して居住用建物の賃貸借契約を成立させた場合、貸主及び借主の承諾を得ていなければ、Aは貸主、Bは借主それぞれから、借賃の0.55か月分までしか報酬を受けることができない。

【問　45】　特定住宅瑕疵担保責任の履行の確保等に関する法律に基づく住宅販売瑕疵担保保証金の供託又は住宅販売瑕疵担保責任保険契約の締結（以下この問において「資力確保措置」という。）に関する次の記述のうち、正しいものはどれか。

1　住宅販売瑕疵担保責任保険契約は、新築住宅を自ら売主として販売する宅地建物取引業者が、買主の代理人となって住宅瑕疵担保責任保険法人と締結する保険契約であり、当該住宅の売買契約を締結した日から10年間、当該住宅の瑕疵によって生じた損害について保険金が支払われる。

2　宅地建物取引業者は、基準日において住宅販売瑕疵担保保証金の額が、当該基準日に係る基準額を超えることとなったときは、その免許を受けた国土交通大臣又は都道府県知事の承認を受けて、その超過額を取り戻すことができる。

3　宅地建物取引業者は、有価証券及び金銭で住宅販売瑕疵担保保証金の供託をしている場合において、主たる事務所を移転したためその最寄りの供託所が変更したときは、遅滞なく、住宅販売瑕疵担保保証金の供託をしている供託所に対し、費用を予納して、移転後の主たる事務所の最寄りの供託所への住宅販売瑕疵担保保証金の保管替えを請求しなければならない。

4　宅地建物取引業者は、自ら売主として建設業者である買主との間で新築住宅の売買契約を締結し、当該住宅を引き渡す場合、資力確保措置を講じる必要はない。

【問　46】　独立行政法人住宅金融支援機構（以下この問において「機構」という。）に関する次の記述のうち、誤っているものはどれか。

1　機構は、証券化支援事業（買取型）において、住宅の改良（中古住宅の購入と併せて行う改良工事を除く。）に必要な資金の貸付けに係る貸付債権について譲受けの対象としている。

2　機構は、民間金融機関の長期固定金利の住宅ローンに対して保険を付した上で、それを担保として発行された債券等について、期日どおりの元利払いを保証することを業務として行っている。

3　機構は、災害により住宅が滅失した場合において、それに代わるべき建築物の建設又は購入に必要な資金の貸付けを業務として行っている。

4　機構は、市街地の土地の合理的な利用に寄与する一定の建築物の建設に必要な資金の貸付けを業務として行っている。

【問 47】 宅地建物取引業者が行う広告に関する次の記述のうち、不当景品類及び不当表示防止法（不動産の表示に関する公正競争規約を含む。）の規定によれば、正しいものはどれか。

1 一団の宅地の分譲広告をする場合、当該一団の宅地と駅その他の施設との間の道路距離又は所要時間は、取引する区画のうちそれぞれの施設ごとにその施設から最も近い区画を起点として算出した数値を表示すれば足り、その施設から最も遠い区画を起点として算出した数値を表示する必要はない。

2 新築賃貸マンションの賃料について、広告のスペースからして全ての住戸の賃料を表示することが困難な場合は、標準的な1住戸1か月当たりの賃料を表示することができる。

3 建物の販売広告をする場合、住宅の居室等の広さを畳数で表示する場合においては、畳1枚当たりの広さは1.62平方メートル（各室の壁心面積を畳数で除した数値）以上の広さがあるという意味で用いなければならないが、当該建物が中古のものであるときは、それ未満の広さであっても1畳と表示することができる。

4 建築工事完了前のマンションの外観写真を表示する場合、取引する建物を施工する者が過去に施工した建物であり、かつ、取引する建物と構造、階数、仕様が同一であって、規模、形状、色等が類似するものの写真については、当該写真が他の建物である旨及び取引する建物と異なる部位を写真に接する位置に明示することによって、これを表示することができる。

【問　48】　次の記述のうち、正しいものはどれか。

1　年次別法人企業統計調査（令和4年度。令和5年9月公表）によれば、令和4年度における不動産業の売上高は、46兆2,682億円であり、全産業の売上高に占める割合は2.9％となっている。

2　令和4年度宅地建物取引業法の施行状況調査（令和5年10月公表）によれば、令和5年3月末における宅地建物取引業者の全事業者数は129,604業者であり、9年ぶりの減少となった。

3　令和6年地価公示（令和6年3月公表）によれば、令和5年1月以降の1年間の地価を圏域別にみると、三大都市圏平均では、住宅地、商業地のいずれについても昨年と比べて上昇となっているが、地方圏平均では、商業地は昨年と比べて上昇となっているものの、住宅地は下落となっている。

4　建築着工統計調査報告（令和5年計。令和6年1月公表）によれば、令和5年の新設住宅着工戸数は、持家は減少したが、貸家と分譲住宅が増加したため、全体では前年と比べて増加となった。

【問　49】　土地に関する次の記述のうち、最も不適当なものはどれか。

1　切土斜面は、掘削後時間とともに安定化が進むので、切土掘削直後の斜面安定が確認できれば以後は安心である。

2　扇状地は、一般的に、水はけもよく、十分な支持力があれば宅地として利用できるが、谷の出口に広がる扇状地の場合は、土石流災害のおそれがある。

3　干拓地や埋立地は一般に宅地には適さないが、埋立地は干拓地と異なり、海面より高いことが多いので、干拓地よりは安全といえる。

4　山麓の地形の中で、地すべりによってできた地形は、一見なだらかで、水はけもよく、住宅地として好適のように見えるが、末端の急斜面部等は斜面崩壊の危険度が高い。

【問　50】　建物の構造等に関する次の記述のうち、最も不適当なものはどれか。

1　木造建築物の筋かいには原則として欠込みをしてはならないが、たすき掛けにするためにやむを得ない場合は、必要な補強をすることによって許される。

2　木造建築物の構造耐力上主要な部分である柱で最下階の部分に使用するものの下部には、原則として、土台を設けなければならない。また、土台は、原則として、基礎に緊結しなければならない。

3　鉄筋コンクリート構造の中性化は、構造体の耐久性や寿命に影響する。

4　鉄骨造の建築物の構造耐力上主要な部分の材料は、炭素鋼若しくはステンレス鋼としなければならず、鋳鉄としてはならない。

抜きとり式分冊の使い方

下記のように本を分解してご利用ください。

色紙を残して、各冊子を取り外します。

※色紙と各冊子が、のりで接着されています。乱暴に扱いますと、破損する危険性
　がありますので、丁寧に取り外すようにしてください。

色紙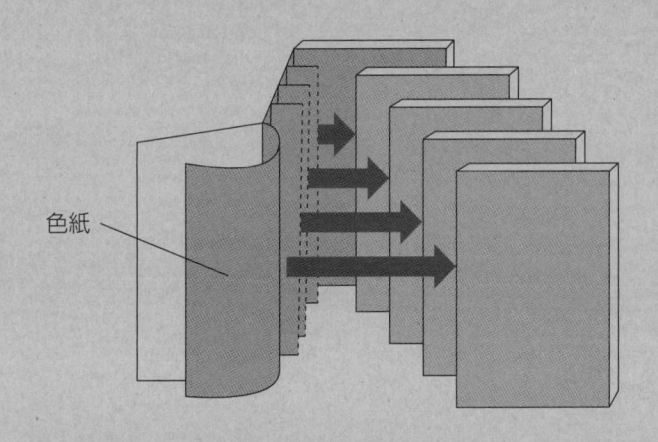

※抜き取るさいの損傷についてのお取替えはご遠慮願います。

第　４　回

問　　題

制 限 時 間＝２時間
合格基準点＝37点

【問　1】 次の1から4までの記述のうち、民法の規定、判例及び下記判決文によれば、明らかに誤っているものはどれか。

（判決文）
　債権譲渡契約にあっては、譲渡の目的とされる債権がその発生原因や譲渡に係る額等をもって特定される必要があることはいうまでもなく、将来の一定期間内に発生し、又は弁済期が到来すべき幾つかの債権を譲渡の目的とする場合には、適宜の方法により右期間の始期と終期を明確にするなどして譲渡の目的とされる債権が特定されるべきである。しかしながら、債権譲渡契約の締結時において譲渡される債権の発生の可能性が低かったことは、債権譲渡契約の効力を当然に左右するものではないと解するのが相当である。

1　債権譲渡の目的とされる債権がその発生原因や譲渡に係る額等によって特定されていない場合、当該債権譲渡契約は無効となる。
2　将来発生する債権の譲渡契約は、将来安定して発生することが確実に期待される債権を目的とする限りにおいて有効とすべきであり、将来発生する可能性が低い債権の譲渡契約は当然に無効となる。
3　将来の一定期間内に発生し、又は弁済期が到来する幾つかの債権を譲渡の目的とする場合には、適宜の方法によりその期間の始期と終期を明確にするなどして譲渡の目的とされる債権を特定するべきである。
4　将来発生する可能性の低い債権を譲り受ける者は、その債権が見込みどおり発生しなかった場合に被る不利益については、譲渡人の契約上の責任の追及により清算することとして、契約を締結するものと見るべきである。

【問　2】　Aのした意思表示に関する次の記述のうち、民法の規定及び判例によれば、誤っているものはどれか。

1　Aは、Bの強迫によって、その所有する甲土地をBに1億円で売却する契約を締結した。その後にBから甲土地を買い受けたCがBの強迫の事実を知らず、かつ、知らなかったことについて過失がないときでも、Aは、AB間の売買契約を取り消して、Cに対して甲土地の所有権を主張することができる。

2　Aは、Dと通謀して、その所有する乙土地について、売買契約を仮装し、Dに所有権移転登記をしたが、Dは、AD間の事情について善意無過失のEに乙土地を譲渡した。この場合、Eは、所有権移転登記をしなければ、Aに対して乙土地の所有権を主張することができない。

3　Aは、その所有する丙建物をFに売却する契約を締結したが、Aの売却の意思表示は錯誤に基づくものであって、その錯誤は法律行為の目的及び取引上の社会通念に照らして重要なものであった。その後、Fが、AF間の事情について善意無過失のGに丙建物を譲渡した場合、Aは、錯誤を理由にAF間の売買契約を取り消しても、そのことをGに対抗することができない。

4　Aが、真意ではないのにその所有する丁建物をHに贈与する旨の意思表示をしたが、Hは、過失によって、Aの意思表示が真意でないことを知らなかった。その後、Hから丁建物を買い受けたIが、AH間の事情を知らなかったのであれば、そのことについて過失があったとしても、Aは、贈与契約の無効をIに対抗することができない。

【問 3】 甲土地を、A、B及びCが、Aが3分の2、BとCがそれぞれ6分の1の持分で共有している場合に関する次の記述のうち、民法の規定によれば、誤っているものはどれか。なお、A、B及びCの間には持分の割合以外の別段の合意はないものとする。

1 Aが甲土地の全部を使用している場合、Aは、自己の持分を超える使用の対価をB及びCに償還しなければならない。

2 Aは、B及びCの同意を得なければ、甲土地の形状又は効用の著しい変更を伴う変更行為をすることができないが、自己の持分への抵当権の設定は、B及びCの同意を得ることなくすることができる。

3 Cが、A、B及びCの合意に基づいて甲土地を使用している場合において、甲土地の形状又は効用の著しい変更を伴わない改良工事がCの使用に特別の影響を及ぼすときであっても、Aの決定により、当該改良工事を行うことができる。

4 A、B及びCは、善良な管理者の注意をもって、共有物を使用しなければならない。

【問　4】　Aは、Bに建物の建築を注文し、完成した甲建物の所有権を取得した。その後、Aは、甲建物をCに賃貸して、Cが甲建物に居住していたところ、強風のために屋根瓦が落下して通行人Dが負傷した。この場合、民法の規定によれば、Dの損害賠償請求が認められるものを全て掲げたものは、次の1から4のうちどれか。

ア　Cが、屋根瓦が落下することがないように必要な注意をしていた場合におけるCに対する損害賠償請求

イ　Cが、屋根瓦が落下することがないようにすべき必要な注意を怠っていた場合におけるAに対する損害賠償請求

ウ　A及びCのいずれも、屋根瓦が落下することがないように必要な注意をしていた場合におけるAに対する損害賠償請求

エ　屋根瓦が落下したのはBの手抜き工事が原因である場合におけるBに対する損害賠償請求

1　ア、イ
2　イ、ウ
3　ウ、エ
4　ア、エ

【問　5】　担保物権に関する次の記述のうち、民法の規定及び判例によれば、誤っているものはどれか。

1　留置権は、その目的物の売却、賃貸、滅失又は損傷によって債務者が受けるべき金銭その他の物に対しても、行使することができる。

2　不動産の工事をする者が、工事を始める前にその費用の予算額を登記して、工事を行った場合、債務者に対して有する工事費用に関する債権のために、当該不動産上に先取特権が成立するが、この先取特権は、常に当該不動産に設定された抵当権に優先する。

3　債権を目的とする質権は、当事者の合意によって成立するが、先取特権は、当事者の合意がなくても、一定の要件を満たせば法律上当然に成立する。

4　不動産質権は、その設定行為により10年を超える存続期間を定めた場合であっても、その期間は10年に短縮される。

【問　6】　保証に関する次の記述のうち、民法の規定及び判例によれば、正しいものはどれか。

1　AからBが100万円を借り入れ、Cがその借入金返済債務についてBと連帯して保証した場合において、Aが、Cに対して履行を請求したときでも、Bに対してその効力を生じない。

2　Aが自己の所有する土地をBに売却し、Bの代金支払債務についてCがAとの間で保証契約を締結した場合において、Cの保証債務にBと連帯して債務を負担する特約がないときは、Bに対する履行の請求その他の事由による時効の完成猶予及び更新は、Cに対してはその効力を生じない。

3　連帯保証人が2人いる場合においては、連帯保証人はその頭数に応じて等しい割合で保証の責任を負う。

4　主たる債務者が債権者に対して相殺権を有する場合、保証人は、相殺権の行使により主たる債務者がその債務を免れるべき限度において、主たる債務者の相殺権を行使することができる。

【問　7】　宅地建物取引業者でもなく事業者でもないＡＢ間で、Ａ所有の甲建物について売買契約が締結されたが、甲建物には、その品質において契約の内容に適合しない部分（以下この問において「契約不適合部分」という。）があった。この場合に関する次の記述のうち、民法の規定によれば、誤っているものはどれか。なお、甲建物に契約不適合部分があった点について、Ｂの責めに帰すべき事由はない。

1　本件売買契約において、Ａが民法に規定されている売主の担保責任を負わない旨の特約がされていた場合でも、Ａは、知りながらＢに告げなかった事実については、その責任を免れることはできない。

2　ＢがＡに甲建物の契約不適合部分の履行の追完を請求した場合、Ａは、Ｂに不相当な負担を課するものでないときは、Ｂが請求した方法と異なる方法による履行の追完をすることができる。

3　本件売買契約に、Ａの担保責任を追及できる期間について特約を設けていない場合、ＢがＡに対して契約不適合部分について担保責任を追及するには、本件売買契約締結の時から1年以内にその旨をＡに通知しなければならない。

4　Ａが甲建物の契約不適合部分の履行の追完を拒絶する意思を明確にＢに対して表示した場合、Ｂは、履行の追完の催告をすることなく、直ちに代金の減額を請求することができる。

【問　8】 自己が単独で所有する甲建物に居住しているAが死亡し、Aには妻B、子C、Dがいる場合のAの相続に関する次の記述のうち、民法の規定によれば、正しいものはどれか。

1　BがAとの間の子を懐妊していて胎児Eがいる場合、Eには相続権はないので、Bの相続分は2分の1、C及びDの相続分は各4分の1である。

2　Bが遺産分割協議によって配偶者居住権を取得した場合、Bは、甲建物を従前の用法に従い、自己の財産におけるのと同一の注意をもって使用・収益しなければならない。

3　Bが、Aの死亡の前に、A、C及びDに対して直接、書面で遺留分を放棄する意思表示をしたときは、その意思表示は有効である。

4　Bが家庭裁判所に限定承認をする旨の申述をするには、必ずCとDと共同して行わなければならない。

【問　9】 請負契約に関する次の記述のうち、民法の規定によれば、正しいものはどれか。

1　請負契約が仕事の完成前に解除された場合において、請負人が既にした仕事の結果のうち可分な部分の給付により注文者が利益を受けるときは、請負人は、注文者が受ける利益の割合に応じて報酬を請求することができる。

2　請負人が種類又は品質に関して契約の内容に適合しない契約の目的物を注文者に引き渡した場合、注文者は、その目的物の引渡しを受けたときから1年以内に履行の追完の請求をしなければならない。

3　建物の建築請負契約において、請負人が品質に関して契約の内容に適合しない建物を注文者に引き渡した場合、注文者は、修補請求、報酬減額請求および損害賠償請求をすることができるが、請負契約を解除することはできない。

4　請負人が、種類又は品質に関して契約の内容に適合しない仕事の目的物を注文者に引き渡した場合において、その不適合が、注文者の与えた指図によって生じた場合には、請負人は、請負契約に基づく担保責任を負うことはない。

【問　10】　Aがその所有する甲建物をBに賃貸し、Bが当該賃貸借契約に基づいて甲建物を使用収益している場合に関する次の記述のうち、民法の規定によれば、正しいものはどれか。

1　甲建物の修繕が必要である場合において、BがAに対し、修繕が必要である旨を通知したときは、Bは、直ちに甲建物の修繕をすることができる。

2　AがBから敷金の交付を受けていた場合、Bは、Aに対し、賃貸借契約継続中に賃料の支払いが困難になったときは、敷金を賃料債務の弁済に充当するよう請求することができる。

3　甲建物の一部が滅失したことにより使用及び収益をすることができなくなった場合、それがBの責めに帰することができない事由によるものであるときは、その使用及び収益をすることができなくなった部分の割合に応じて、当然に賃料が減額される。

4　甲建物の基礎部分全体が白アリの被害により強度不足となり、甲建物を使用収益することができなくなった場合、Aは、同等の建物を調達して賃貸借契約を継続する義務を負う。

【問 11】 賃貸借契約に関する次の記述のうち、借地借家法の規定によれば、誤っているものはどれか。

1 借地権の当初の存続期間が満了し、借地契約を更新する場合において、当事者間でその期間を更新の日から10年と定めたときは、その定めは効力がなく、更新後の存続期間は、更新の日から20年となる。

2 借地権の存続期間が満了した時に借地上に建物が残っている場合において、借地権者から更新の請求があっても、借地権設定者の承諾がなければ、借地契約は更新されない。

3 借地権の当初の存続期間中に借地上の建物の滅失があった場合、借地権者は地上権の放棄又は土地の賃貸借の解約の申入れをすることはできない。

4 借地権者が賃借権の目的である土地の上の建物を第三者に譲渡しようとする場合において、その第三者が賃借権を取得しても借地権設定者に不利となるおそれがないにもかかわらず、借地権設定者がその賃借権の譲渡を承諾しないときは、裁判所は、借地権者の申立てにより、借地権設定者の承諾に代わる許可を与えることができる。

【問　12】　借地借家法第38条の規定の適用のある建物賃貸借（以下この問において「定期建物賃貸借」という。）をする場合と、同法第38条の規定の適用がない建物賃貸借（以下この問において「普通建物賃貸借」という。）をする場合に関する次の記述のうち、同法の規定によれば、誤っているものはどれか。

1　定期建物賃貸借をする場合においても、普通建物賃貸借をする場合においても、契約の存続期間は50年を超えることができる。

2　定期建物賃貸借の存続期間が1年以上である場合において、賃貸人が期間の満了にあたって賃借人に対し期間の満了により建物の賃貸借が終了する旨の通知をしなくても、賃貸借契約は終了するが、期間の定めのある普通建物賃貸借においては、賃貸人は、期間の満了の1年前から6か月前までの間に賃借人に対し期間の満了により建物の賃貸借が終了する旨の通知をしなければ、従前の契約と同一の条件で契約を更新したものとみなされる。

3　定期建物賃貸借をする場合においても、普通建物賃貸借をする場合においても、その対象となる建物が事業の用に供するものであるか否かにかかわらず、有効に契約をすることができる。

4　定期建物賃貸借をする場合には、書面または契約の内容を記録した電磁的記録によって契約を締結しなければならないが、普通建物賃貸借をする場合は、書面によって契約を締結する必要はなく、口頭でもすることができる。

【問　13】　建物の区分所有等に関する法律に関する次の記述のうち、正しいものはどれか。

1　区分所有者の承諾を得て専有部分を占有する者は、会議の目的たる事項について利害関係を有する場合には、集会に出席して議決権を行使することができる。

2　一部共用部分の管理に関する事項で区分所有者全員の利害に関係しないものについては、区分所有者全員の規約で定めることができる。

3　規約は、管理者がないときは、建物を使用している区分所有者又はその代理人が保管しなければならず、その保管者の選任は、集会の決議によらなければならない。

4　専有部分が数人の共有に属するときは、各共有者は、集会において、その持分に応じて議決権を行使することができる。

【問　14】　不動産の登記に関する次の記述のうち、不動産登記法の規定によれば、誤っているものはどれか。

1　相続によって所有権の移転の登記の申請義務を負う者は、登記官に対し、所有権の登記名義人について相続が開始した旨及び自らが当該所有権の登記名義人の相続人である旨を申し出ることができる。

2　所有権の登記名義人は、建物の床面積に変更があったときは、当該変更のあった日から1か月以内に、変更の登記を申請しなければならない。

3　相続により法定相続分に基づいて取得した所有権の移転登記をした者は、その後の遺産分割によって法定相続分を超えて所有権を取得したときは、当該遺産の分割の日から3年以内に、所有権の移転の登記を申請しなければならない。

4　登記することができる権利には、抵当権、賃借権が含まれるが、配偶者居住権は含まれない。

【問　15】　都市計画法に関する次の記述のうち、正しいものはどれか。

1　市町村が定めた都市計画が、都道府県が定めた都市計画と抵触するときは、その限りにおいて、市町村が定めた都市計画が優先する。

2　準都市計画区域において、その都市計画として高度地区を定める場合は、建築物の高さの最低限度を定めることとされている。

3　市街化区域については、少なくとも用途地域を定めるものとし、市街化調整区域については、原則として用途地域を定めないものとされている。

4　地区計画の区域のうち、地区整備計画が定められている区域内において、土地の区画形質の変更、建築物の建築を行った者は、その日から30日以内に、行為の種類、場所、設計又は施行方法等を市町村長に届け出なければならない。

【問 16】 都市計画法の開発許可に関する次の記述のうち、誤っているものはどれか。

1 都市計画区域でも準都市計画区域でもない区域内においてゴルフコースの建設の用に供する目的で行う3ha（30,000㎡）の土地の区画形質の変更は、開発許可が必要である。

2 準都市計画区域内において、農業を営む者が居住する建築物の建築の用に供する目的で行う500㎡の土地の区画形質の変更は開発許可が不要である。

3 市街化区域内において市街地開発事業の施行として行う開発行為であっても、その規模が1ha（10,000㎡）であるときは、開発許可を受ける必要がある。

4 建築物の建築又は特定工作物の建設を目的としない土地の区画形質の変更であれば、それが市街化区域内で行うもので、その規模が1,000㎡を超えるときでも、開発許可が不要である。

【問 17】 建築基準法（以下この問において「法」という。）に関する次の記述のうち、正しいものはどれか。

1 法の改正により、現に存する建築物が改正後の規定に適合しなくなった場合、当該建築物の所有者又は管理者は速やかに当該建築物を改正後の法の規定に適合させなければならない。

2 住宅又は老人ホーム等に設ける機械室その他これに類する建築物の部分（給湯設備等の建築設備を設置するための一定のもの）で、特定行政庁が支障がないと認めるものの床面積は、建築物の容積率の算定の基礎となる延べ面積には算入しない。

3 近隣商業地域内において、法第56条の2に規定する日影による中高層建築物の高さの制限の規制を受ける建築物は、その軒高が7mを超えるもの又は地上階数が3以上のものである。

4 第一種低層住居専用地域、第二種低層住居専用地域又は田園住居地域において、その都市計画で外壁の後退距離の限度を定める場合、その限度は、10m又は12mとされている。

【問 18】 建築基準法（以下この問において「法」という。）に関する次の記述のうち、誤っているものはどれか。

1 住宅の居室には、採光又は換気のための窓その他の開口部を設けなければならないが、その採光及び換気に有効な開口部の面積の算定については、ふすま、障子その他随時開放することができるもので仕切られた二室は、一室とみなされる。

2 敷地の前面道路の幅員が12m未満である場合、当該敷地内の建築物の容積率は、前面道路（2以上あるときは幅員が最大のもの）の幅員のメートルの数値に一定の数値を乗じたものと用途地域で定められた容積率のうち、制限の厳しいもの以下でなければならない。

3 その敷地の周囲に広い空地を有する建築物で、特定行政庁が交通上、安全上、防火上及び衛生上支障がないと認めて建築審査会の同意を得て許可したものの敷地は建築基準法上の道路に2m以上接する必要はない。

4 防火地域内にある延べ面積が180㎡の平屋建ての鉄筋コンクリート造の住宅を増築して階数を2とする場合、増築する部分の床面積が8㎡であれば、法第6条第1項の確認（建築確認）を受ける必要はない。

【問　19】　宅地造成及び特定盛土等規制法（以下この問において「法」という。）に関する次の記述のうち、誤っているものはどれか。なお、この問において「都道府県知事」とは、地方自治法に基づく指定都市、中核市及び施行時特例市にあっては、その長をいうものとする。

1　宅地造成等工事規制区域（以下この問において「規制区域」という。）の指定の際、当該規制区域内において行われている宅地造成等に関する工事の工事主は、その指定があった日から14日以内に、当該工事について都道府県知事の許可を受けなければならない。

2　規制区域内において行われる宅地造成等に関する工事の許可を受けた工事主は、当該許可に係る土地の見やすい場所に、氏名又は名称等の一定の事項を記載した標識を掲げなければならない。

3　規制区域内において行われる宅地造成又は特定盛土等について当該規制区域の指定後に都市計画法第29条第１項又は第２項の許可を受けたときは、当該宅地造成又は特定盛土等に関する工事については、法の規定による宅地造成等に関する工事の許可を受けたものとみなされる。

4　造成宅地防災区域内の造成宅地の所有者、管理者又は占有者は、宅地において行う宅地造成又は特定盛土等に伴う災害で相当数の居住者等に危害を生ずるものが生じないよう、その造成宅地について擁壁等の設置又は改造その他必要な措置を講ずるように努めなければならない。

【問　20】　土地区画整理法に関する次の記述のうち、誤っているものはどれか。

1　施行地区内の宅地について存する地役権は、土地区画整理事業の施行により行使する利益のなくなった場合を除き、換地処分のあった旨の公告があった日の翌日以後においては、換地の上に存する。

2　換地処分に係る公告があった日後においては、施行地区内の土地及び建物に関しては、土地区画整理事業による変動の登記がされるまでは、他の登記をすることができないが、登記の申請人が確定日付のある書類によりその公告前に登記原因が生じたことを証明した場合においては、この限りでない。

3　土地区画整理組合が施行する土地区画整理事業の換地計画においては、一定の土地を換地として定めないで、その土地を保留地として定めることができるが、その目的は、土地区画整理事業の施行の費用に充てるために限られない。

4　仮換地を指定したことにより、使用し、又は収益することができる者のなくなった従前の宅地については、当該宅地を使用し、又は収益することができる者のなくなった日から換地処分の公告がある日までは、施行者が当該宅地を管理する。

【問　21】　農地法（以下この問において「法」という。）に関する次の記述のうち、正しいものはどれか。

1　耕作目的で農地の所有権を取得する場合でも、その農地が市街化区域内にあるときは、あらかじめ農業委員会に届出をすれば、法第3条第1項の許可を受ける必要はない。

2　市町村が、その設置する道路に供するため、その区域内にある市街化調整区域内の農地を農地以外のものにする場合には、法第4条第1項の許可を受ける必要はない。

3　農業者が、市街化調整区域内にある自己所有の農地を自己の住宅用地として転用する場合でも、その農地が相続によって取得したものであるときは、法第4条第1項の許可を受ける必要はない。

4　宅地に転用する目的で市街化区域外の農地を購入する場合は、法第3条第1項の許可を受けた上で、法第4条第1項の許可を受ける必要がある。

【問　22】　国土利用計画法第23条の届出（以下この問において「事後届出」という。）に関する次の記述のうち、誤っているものはどれか。なお、この問において「都道府県知事」とは、地方自治法に基づく指定都市にあってはその長をいうものとする。

1　Aが所有する準都市計画区域に所在する10,000㎡の一団の土地について、宅地建物取引業者Bが抵当権の実行による競売で取得した場合、Bは、事後届出をする必要はない。

2　市街化区域に所在する2,000㎡の土地の売買契約を締結したCが事後届出をする場合、土地売買等の契約に係る土地に関する権利の移転又は設定の対価が金銭以外のものであるときは、これを時価を基準として金銭に見積もった額を届け出なければならない。

3　事後届出を受けた都道府県知事が土地の利用目的を変更すべき旨の勧告をする場合、原則として、届出があった日から起算して3週間以内にしなければならない。

4　Dが、Eが所有する市街化区域に所在する2,000㎡の土地について、Eから買い受ける売買契約の予約をした場合、Dは、本契約を締結したときに事後届出をすれば足り、当該予約については事後届出をする必要はない。

【問　23】　令和6年4月1日以降に住宅取得資金の贈与を受けた場合の相続時精算課税の特例に関する次の記述のうち、誤っているものはどれか。

1　住宅取得のための資金の贈与を受けた者について、その年の所得税法に定める合計所得金額が2,000万円を超えている場合でも、この特例の適用を受けることができる。

2　住宅取得のための資金の贈与を受けた年の12月31日までに住宅用の家屋を新築若しくは取得又は増改築等をしなければ、この特例の適用を受けることはできない。

3　贈与を受けた資金によって取得する住宅用家屋が既存のものである場合、その築年数は問わないが、新耐震基準に適合している住宅用家屋であることがこの特例の適用要件となっている。

4　20歳未満の子がその親から住宅取得資金の贈与を受けた場合にも、この特例の適用を受けることができる場合がある。

【問　24】　不動産取得税に関する次の記述のうち、正しいものはどれか。

1　令和6年4月に家屋を取得した場合の不動産取得税の標準税率は、当該家屋が住宅のときは3％であり、住宅以外の家屋のときは4％である。

2　令和6年4月に、床面積が250㎡である新築住宅を取得した場合、当該取得に係る不動産取得税の課税標準の算定については、当該住宅の価格から1,200万円が控除される。

3　家屋が新築された日から2年を経過して、なお、当該家屋について最初の使用又は譲渡が行われない場合においては、当該家屋が新築された日から2年を経過した日において家屋の取得がなされたものとみなし、当該家屋の所有者を取得者とみなして、これに対して不動産取得税が課される。

4　令和6年4月に宅地を取得した場合、当該取得に係る不動産取得税の課税標準は、当該宅地の価格の3分の1の額とされる。

【問　25】　不動産の鑑定評価に関する次の記述のうち、不動産鑑定評価基準によれば、正しいものはどれか。

1　鑑定評価の手法の適用に当たっては、原価法、取引事例比較法、収益還元法のうちいずれか一つ適切な手法を選択して適用すべきであり、複数の鑑定評価の手法を適用することはできない。

2　原価法は、価格時点における対象不動産の再調達原価を求め、この再調達原価について減価修正を行って対象不動産の試算価格を求める手法であるので、建設資材、工法等の変遷により、対象不動産の再調達価格を求めることが困難な場合には、原価法を適用することはできない。

3　収益還元法は、文化財の指定を受けた建造物等の一般的に市場性を有しない不動産も含めてすべての不動産について適用すべきものである。

4　取引事例比較法の適用にあたって必要な取引事例は、原則として近隣地域又は同一需給圏内の類似地域に存する不動産に係るもののうちから選択するものとされているが、必要やむを得ない場合には、近隣地域の周辺の地域に存する不動産に係るもののうちから選択することができる。

【問　26】　宅地建物取引業者に関する次の記述のうち、宅地建物取引業法の規定によれば、正しいものはどれか。

1　宅地建物取引業者Ａが国土交通省令で定めるところにより事務所ごとに備える従業者名簿には、従業者の氏名を記載しなければならないが、当該従業者が退職したときは、その氏名を削除すれば足り、従業者でなくなった年月日を記載する必要はない。

2　個人である宅地建物取引業者Ｂが、法人Ｃ社を設立して、その代表取締役に就任する場合、Ｃ社は、Ｂの宅地建物取引業の免許を承継することができる。

3　法人である宅地建物取引業者Ｄ社（甲県知事免許）が、法人である宅地建物取引業者Ｅ社（国土交通大臣免許）に吸収合併されて消滅した場合、Ｄ社の代表役員であった者は、その日から30日以内に、その旨を国土交通大臣に届け出なければならない。

4　法人である宅地建物取引業者Ｆ社の事務所の専任の宅地建物取引士Ｇが新たに宅地建物取引業を営もうとする場合、Ｇは、Ｆ社が行う宅地建物取引業の業務に関与していたとしても、宅地建物取引業の免許を受けなければならない。

【問　27】　宅地建物取引業者Ａ社が、Ｂから自己所有の甲宅地の売買の媒介を依頼された場合における次の記述のうち、宅地建物取引業法（以下この問において「法」という。）の規定によれば、正しいものはどれか。

1　Ａ社は、Ｂとの間で締結した媒介契約が一般媒介契約である場合、法第34条の2第1項の規定による媒介契約書面を作成するときは、指定流通機構への登録に関する事項を記載する必要はない。

2　Ａ社がＢとの間で締結した媒介契約が専任媒介契約である場合、Ｂは、甲宅地の売買について、他の宅地建物取引業者に重ねて媒介の依頼をすることはできないが、自己が探索した相手方と甲宅地の売買契約を締結することはできる。

3　Ａ社がＢとの間で締結した媒介契約が専属専任媒介契約である場合、Ａ社は、法第34条の2第1項に規定する書面（媒介契約書面）を作成するときは、同書面に記名をする必要があるが、押印は省略することができる。

4　Ａ社がＢとの間で締結した媒介契約が専任媒介契約である場合、指定流通機構に登録した甲宅地について売買契約が成立したときは、Ａ社は、遅滞なく、甲宅地の所在・規模・形質、取引価格、売買契約の成立した年月日を指定流通機構へ通知しなければならない。

【問　28】　宅地建物取引業者が、宅地建物取引業法第35条の規定に基づく重要事項を記載した書面（以下この問において「35条書面」という。）又は同法第37条の規定に基づく契約の内容を記載した書面（以下この問において「37条書面」という。）を作成する場合に関する次の記述のうち、正しいものはいくつあるか。

ア　宅地建物取引業者が、自ら売主として宅地建物取引業者でない者との間で宅地の売買契約を締結する場合、当該契約に損害賠償額の予定があっても、その額が代金額の10分の2以下であれば、当該宅地建物取引業者は、35条書面及び37条書面のいずれにも、損害賠償額の予定の内容について記載する必要はない。

イ　宅地建物取引業者が、宅地の売買を媒介する場合、当該宅地の代金額を35条書面に記載しなければならないが、37条書面には記載する必要はない。

ウ　宅地建物取引業者が、建物の貸借の媒介をする場合、当該貸借が定期建物賃貸借であるときは、35条書面にはその旨を記載する必要はないが、37条書面には記載しなければならない。

エ　宅地建物取引業者が建物の貸借の媒介をする場合、当該建物が種類又は品質に関して契約の内容に適合しない場合におけるその不適合を担保すべき責任に関する特約がある場合、当該宅地建物取引業者はその内容について、37条書面に記載しなければならない。

1　一つ
2　二つ
3　三つ
4　なし

【問　29】　宅地建物取引業者Aが、自ら売主として、宅地建物取引業者でない買主Bとの間で締結した建物の売買契約（代金3,000万円）に関する次の記述のうち、宅地建物取引業法の規定によれば、正しいものはいくつあるか。

ア　当該建物が未完成であり、AからBに所有権の移転登記がなされていない場合において、Aは、保全措置を講ずれば、手付金としてBから1,000万円を受領することができる。

イ　当該建物がCの所有物である場合、Aは、Cとの間で当該建物を取得する契約の予約をしていれば、Bとの間で当該建物の売買契約を締結することができる。

ウ　当該建物についてBへの所有権移転登記がされている場合、Aは、建物の引渡し前にBから中間金1,000万円を受領するときには、保全措置を講じる必要がある。

エ　Aは、Bとの間で当事者の債務の不履行を理由とする契約の解除に伴う損害賠償の予定額を500万円としたときでも、違約金の額を500万円とする特約を定めることができる。

1　一つ
2　二つ
3　三つ
4　なし

【問　30】　宅地建物取引士に関する次の記述のうち、宅地建物取引業法（以下この問において「法」という。）の規定によれば、正しいものはいくつあるか。

ア　甲県で行われた宅地建物取引士資格試験に合格したAが宅地建物取引士の登録を申請する場合、その後に乙県に転居して乙県内に居住しているときは、乙県知事に対して登録の申請を行わなければならない。

イ　宅地建物取引士Bが、取引の関係者から宅地建物取引士証の提示を求められた場合、宅地建物取引士証の携帯を失念していた等の合理的な理由があれば、Bは、従業者証明書の提示をもって宅地建物取引士証の提示に代えることができる。

ウ　甲県知事の登録を受けている宅地建物取引士Cは、乙県内に所在する宅地建物取引業者の事務所の業務に従事しようとするときは、法第68条の規定により事務の禁止処分を受け、その禁止の期間が満了していないときであっても、乙県知事に対し、甲県知事を経由して、登録の移転を申請することができる。

エ　甲県知事の登録を受けているDが婚姻することによってその本籍に変更があった場合、Dは、その日から30日以内に、甲県知事に対して変更の登録を申請しなければならない。

1　なし
2　一つ
3　二つ
4　三つ

【問　31】　宅地建物取引業者が行う業務に関する次の記述のうち、宅地建物取引業法の規定（以下この問において「法」という。）によれば、誤っているものはどれか。

1　宅地建物取引業者が行う広告に関して法第32条で禁止されている誇大広告に該当するか否かについては、不動産の表示に関する公正競争規約がその判断基準となることがある。

2　宅地建物取引業者は、宅地又は建物の売買に関する広告をする際に取引態様の別を明示した場合において、当該広告を見た者から売買に関する注文を受けたとき、注文をしてきた者が宅地建物取引業者であるときでも、改めて取引態様の別を明示しなければならない。

3　営業保証金を供託している宅地建物取引業者は、売買等の契約が成立するまでの間に、取引の相手方等（宅地建物取引業者を除く。）に対して営業保証金を供託した主たる事務所の最寄りの供託所及びその所在地を説明しなければならないが、供託している額については説明する必要はない。

4　宅地建物取引業者は、業務について全部の停止を命ぜられている期間中であっても、その業務停止処分の期間が終了した後に契約の締結を行うのであれば、宅地又は建物の販売に関する広告をすることができる。

【問　32】　宅地建物取引業法第35条に規定する重要事項の説明における次の記述のうち、宅地建物取引業法の規定によれば、誤っているものはどれか。なお、説明の相手方は宅地建物取引業者ではないものとする。

1　宅地建物取引業者は、売買の媒介においても、あらかじめ重要事項説明書及び添付書類を送付した上で、重要事項の説明を、インターネットを使ったテレビ会議システムにより行うことができるが、その際に、説明をする宅地建物取引士は、宅地建物取引士証を提示して、説明を受ける者が当該宅地建物取引士証を画面上で視認できたことを確認しなければならない。

2　宅地建物取引業者ではない売主と宅地建物取引業者である買主が、媒介業者を介さず建物の売買契約を締結する場合、買主である宅地建物取引業者は、売主に対して重要事項の説明をする必要はない。

3　宅地建物取引業者は、中古マンションの売買の媒介をする場合、当該マンションの台所、便所、浴室その他の当該建物の設備の整備の状況について説明する必要はない。

4　重要事項の説明の当日に宅地建物取引業者の事務所の専任の宅地建物取引士が不在の場合、当該宅地建物取引業者は、あらかじめ、その事務所の宅地建物取引士に作成させた重要事項説明書を用いて、宅地建物取引士ではない他の従業者をして重要事項の説明を行わせることができる。

【問　33】　宅地建物取引業者Ａ（甲県知事免許）の営業保証金に関する次の記述のうち、宅地建物取引業法の規定によれば、正しいものはどれか。

1　Ａが、甲県内に２つの支店を新設し、これらの支店に係る営業保証金を供託した場合、Ａは、その供託をした旨の届出をするまでは、これらの支店において業務を開始することはできないが、これらの支店で扱う物件の広告をすることはできる。

2　Ａが一部の事務所を廃止したため、供託すべき営業保証金の額に超過額を生じた場合、Ａは、Ａに係る営業保証金について還付を受ける権利を有する者に対して６か月以上の期間を定めて申し出るべき旨の公告をすることなく、その営業保証金を取り戻すことができる。

3　Ａは、宅地建物取引業を営むにあたって、営業保証金を金銭又は国土交通省令で定める有価証券をもって本店の最寄りの供託所に供託した後に、甲県知事の免許を受けなければならない。

4　有価証券で営業保証金を供託しているＡが、主たる事務所を移転したためその最寄りの供託所が変更した場合において、営業保証金を移転後の主たる事務所の最寄りの供託所に新たに供託して、移転前の主たる事務所の最寄りの供託所に供託した営業保証金を取り戻そうとするときは、Ａは、公告をする必要はない。

【問 34】 宅地建物取引業保証協会（以下この問において「保証協会」という。）に関する次の記述のうち、宅地建物取引業法の規定によれば、正しいものはどれか。

1　保証協会は、弁済業務保証金分担金の納付を受けたときは、その日から1週間以内に、その納付を受けた額に相当する額の弁済業務保証金を、当該宅地建物取引業者の本店の最寄りの供託所に供託しなければならない。

2　還付充当金の未納により保証協会の社員の地位を失った宅地建物取引業者は、その地位を失った日から1週間以内に弁済業務保証金分担金を納付すれば、その地位を回復する。

3　保証協会は、社員が社員の地位を失ったときは、当該社員であった者に係る宅地建物取引業に関する取引により生じた債権に関し弁済業務保証金から還付を受ける権利を有する者に対し、認証を受けるため申し出るべき旨を公告しなければならない。

4　保証協会から還付充当金を納付すべきことの通知を受けた社員は、その通知を受けた日から2週間以内に、その通知された額に相当する額の営業保証金を主たる事務所の最寄りの供託所に供託しなければならない。

【問 35】 宅地建物取引業者が建物の売買の媒介を行う際にする宅地建物取引業法第35条に規定する重要事項の説明に関する次の記述のうち、正しいものはどれか。ただし、買主は宅地建物取引業者ではないものとする。

1 　中古建物の売買の媒介を行う場合、当該建物が指定確認検査機関による耐震診断を受けたものであるときには、当該建物の新築の工事に着手したのが平成20年であっても、その内容を説明しなければならない。

2 　新築建物の売買の媒介において、飲用水、電気及びガスの供給並びに排水のための施設が整備されていないときは、その整備の見通し及びその整備についての特別の負担に関する事項を買主に説明しなければならない。

3 　新築マンションの売買の媒介において、代金に関する金銭の貸借のあっせんがある場合、当該あっせんの内容は説明しなければならないが、当該あっせんに係る金銭の貸借が成立しないときの措置については説明する必要はない。

4 　中古建物の売買の媒介において、当該建物について石綿の使用の有無の調査の結果が記録されていないときは、宅地建物取引業者は当該調査をして、その内容を重要事項として買主に説明しなければならない。

【問 36】 次の記述のうち、宅地建物取引業法（以下この問において「法」という。）の規定によれば、正しいものはどれか。

1 宅地建物取引業者が一団の宅地の分譲に係る展示会の会場で見学者の案内のみを行う場合、当該宅地建物取引業者は、その展示会場に法第50条第1項の標識を掲示しなければならない。

2 宅地建物取引業者は、その事務所ごとに、従業者名簿を備え、その従業者名簿には、従業者の氏名、住所、従業者証明書の番号その他国土交通省令で定める事項を記載しなければならない。

3 宅地建物取引業者は、従業者に、その従業者であることを証する証明書を携帯させなければ、その者をその業務に従事させてはならないが、この従業者には、宅地建物取引業者の代表者及び非常勤の役員は含まれない。

4 宅地建物取引業者が案内所を設置して、そこで契約の締結を行う場合は、当該宅地建物取引業者は、当該案内所での業務を開始してから10日以内に、法第50条第2項の規定に基づく届出をしなければならない。

【問　37】　宅地建物取引業者Aが、自ら売主として宅地建物取引業者ではない買主Bとの間で、建築工事完了前のマンションの売買契約を代金5,000万円で締結する場合における、宅地建物取引業法第41条の規定に基づく手付金等の保全措置（以下この問において「保全措置」という。）に関する次の記述のうち、同法の規定によれば、誤っているものはどれか。

1　Aは、銀行との間で、保全措置を講じた上で、Bから手付金として1,000万円を受領した場合、Aが資金調達に困り工事請負代金を支払うことができず、当該マンションの引渡しが不可能となったときは、Bは、手付金の全額の返還を当該銀行に請求することができる。

2　Aは、Aが受領する手付金の返還債務を連帯して保証することを委託する契約をAの代表取締役との間であらかじめ締結したときは、Bから1,000万円を手付金として受領することができる。

3　Aは、Bから手付金200万円について保全措置を講じないで受領し、その後引渡し前に、中間金800万円を受領する場合は、すでに受領した手付金と中間金の合計額1,000万円について保全措置を講じなければならない。

4　Aが、Bとの契約締結にあたって手付金200万円を受領している場合、当該マンションの建築工事完了後で引渡し前にBから中間金として300万円を受領するときに、Aは、保全措置を講ずる必要がある。

【問　38】　宅地建物取引業法（以下この問において「法」という。）に関する次の記述のうち、正しいものはどれか。

1　宅地建物取引業者は、業務上取り扱ったことについて知り得た秘密については、たとえ正当な理由があっても、これを他に漏らしてはならず、このことは宅地建物取引業を廃業した後においても同様である。

2　宅地建物取引業者は、販売する意思のない宅地について広告をしたとしても、当該広告における当該物件の内容について全く誤りがなかったときは、宅地建物取引業法の規定に違反することはない。

3　被保佐人であっても宅地建物取引業の免許を受けられることがあるが、被保佐人である宅地建物取引業者は、自らが宅地建物取引業の業務に関し行った行為については、行為能力の制限によって取り消すことができない。

4　宅地建物取引業者は、その従業者がマンションの販売の勧誘をする際に、相手方が明確に買う意思がない旨を表明したとしても、当該勧誘をした従業者とは別の従業者であれば、その者に再度同じ相手方に勧誘をさせることができる。

【問 39】 宅地建物取引業法の規定に基づく監督処分に関する次の記述のうち、正しいものはいくつあるか。

ア 宅地建物取引業者A（甲県知事免許）が、その業務に関して道路交通法に違反して、宅地建物取引業者として不適当と認められるとき、Aは、甲県知事から指示処分を受けることがある。

イ 乙県知事は、宅地建物取引業者B（乙県知事免許）に対して免許取消処分又は業務停止処分をするときには、聴聞を行わなければならないが、指示処分をするときには、聴聞を行う必要はない。

ウ 丙県知事は、宅地建物取引業者C（丙県知事免許）に対し、丙県の区域内における業務に関し取引の関係者に損害を与えたことを理由として指示処分をしたときには、その旨を丙県の公報等により公告しなければならない。

エ 国土交通大臣は、宅地建物取引業者D（丁県知事免許）に対し、宅地建物取引業の適正な運営を確保するため必要な勧告をしたときは、遅滞なく、その旨を丁県知事に通知しなければならない。

1 一つ
2 二つ
3 三つ
4 なし

【問　40】　宅地建物取引業の免許（以下この問において「免許」という。）に関する次の記述のうち、宅地建物取引業法の規定によれば、正しいものはいくつあるか。

ア　宅地建物取引業者A（甲県知事免許）が、甲県知事から業務停止処分を受けた場合、Aは、免許の更新の申請をしても、その業務停止処分期間中は、免許の更新を受けることができない。

イ　宅地建物取引業者B（乙県知事免許）が丙県内に支店を設置して宅地建物取引業を営んでいる場合において、免許換えの申請を怠っていることが判明したとき、Bは、乙県知事から業務停止処分を受けることがある。

ウ　信託業法第3条の免許を受けた信託会社Cが、宅地建物取引業法第65条第2項の規定により宅地建物取引業に係る業務停止処分を受けた場合において、Cは、その処分に違反したときは、免許取消処分を受ける。

エ　宅地建物取引業者D（丁県知事免許）が、宅地建物取引業法第32条（誇大広告の禁止）の規定に違反して罰金刑に処せられた場合、丁県知事は、Dの免許を取り消さなければならない。

1　なし
2　一つ
3　二つ
4　三つ

【問 41】 宅地建物取引士Ａ（甲県知事登録）が、宅地建物取引業者Ｂ（国土交通大臣免許）の本店の専任の宅地建物取引士としてその業務に従事している場合に関する次の記述のうち、宅地建物取引業法（以下この問において「法」という。）の規定によれば、正しいものはどれか。

1　Ｂの本店の従業者は12名（営業部門7名・一般管理部門5名）であり、そのうち専任の宅地建物取引士はＡを含めて4名である。この場合、ＡがＢを退職したときは、Ｂは、2週間以内に、本店の専任の宅地建物取引士を補充する等の法の規定に適合させるために必要な措置を執らなければならない。

2　Ａが、宅地建物取引士としての事務を禁止する処分を受け、その禁止期間中に自らの申請により登録が消除された場合、Ａは、乙県で宅地建物取引士資格試験に合格したときは、当該期間が満了していないときでも、乙県知事の登録を受けることができる。

3　Ａが、乙県内に所在するＢの支店に転勤したことにより、乙県知事への登録の移転の申請をするとともに宅地建物取引士証の交付の申請をした場合、乙県知事から交付される新たな宅地建物取引士証の有効期間は、登録の移転申請前の宅地建物取引士証の有効期間が経過するまでの期間である。

4　Ａが、宅地建物取引士としてすべき事務の禁止処分を受け、宅地建物取引士証を甲県知事に提出した場合、その後に事務禁止期間が満了したときは、甲県知事は、Ａからの請求の有無にかかわらず、速やかに、当該宅地建物取引士証をＡに返還しなければならない。

【問　42】　宅地建物取引業者Ａ（甲県知事免許）に関する次の記述のうち、宅地建物取引業法及び住宅の品質確保の促進等に関する法律の規定によれば、正しいものはどれか。

1　Ａは、新築住宅を売却する場合、住宅の構造耐力上主要な部分及び雨水の浸入を防止する部分について、引き渡した時から10年間の瑕疵担保責任を負わなければならないが、買主が宅地建物取引業者の場合は、この責任を負う必要がない。

2　Ａは、甲県知事から免許取消処分を受けた場合でも、当該処分の前に宅地の売買に関する広告をしていたときは、当該処分の後に、当該宅地の売買契約を締結することができる。

3　Ａは、自ら売主となる建物の売買契約において、宅地建物取引業者ではない買主から手付を受領していたところ、買主から手付の放棄による契約の解除の申出があったが、すでに建物の引渡し及び所有権移転登記義務の履行に着手していたので、買主の申出を断ったとしても、宅地建物取引業法の規定に違反することはない。

4　Ａは、その事務所ごとに、従業者名簿を備えなければならず、当該名簿については、従業者の個人情報に係る事項も記載されているので、最終の記載をした日から５年間保存した後、速やかに廃棄しなければならない。

【問 43】 宅地建物取引業者Aが、自ら売主として宅地建物取引業者でない買主Bとの間で締結した宅地の売買契約について、Bが宅地建物取引業法第37条の2の規定に基づき、いわゆるクーリング・オフによる契約の解除をする場合における次の記述のうち、正しいものはどれか。

1 　Bは、Aが設置したテント張りの案内所において、買受けの申込みをしたが、その際にAからクーリング・オフできる旨を告げられなかった。この場合、Aは、免許権者から監督処分を受けることがある。

2 　Bが、喫茶店で買受けの申込み及び契約の締結をした場合、Aからクーリング・オフによる契約の解除ができる旨及びその方法について何も説明を受けなかった場合には、Bは、書面によることなくクーリング・オフによる契約の解除をすることができる。

3 　Bは、令和6年8月1日に自ら指定した取引先銀行内において買受けの申込みをし、契約を締結した。Bが同年8月5日に売買契約の解除を申し出た場合、Aは、既に支払われている中間金は返金しなければならないが、手付金については返還を拒むことができる。

4 　Bが、自ら指定した知人の宅地建物取引業者C（CはAから当該宅地の売却について代理又は媒介の依頼を受けていない。）の事務所で買受けの申込みをし、その際にAからクーリング・オフについて何も告げられず、翌日、Cの事務所で契約を締結した場合、Bは契約を解除することができる。

【問 44】 宅地建物取引業者Ａ（消費税の課税事業者）が、Ｂ所有の建物（価額5,500万円消費税相当額を含む。）について、売主のＢからは媒介の依頼を、買主のＣからは代理の依頼を受け、Ｂを売主、Ｃを買主とする建物の売買契約を成立させた。この場合に関する次の記述のうち、宅地建物取引業法の規定によれば、正しいものはどれか。

1　Ａが、媒介に係る報酬として、Ｂから受領することができる報酬額の上限は、1,881,000円である。

2　Ａが、代理に係る報酬として、Ｃから受領することができる報酬額の上限は、3,432,000円である。

3　Ａは、媒介に係る報酬としてＢから1,716,000円、代理に係る報酬としてＣから3,432,000円をそれぞれ受領することができる。

4　Ａは、媒介に係る報酬としてＢから1,881,000円、代理に係る報酬としてＣから1,551,000円をそれぞれ受領することができる。

【問　45】　特定住宅瑕疵担保責任の履行の確保等に関する法律に基づく住宅販売瑕疵担保保証金の供託又は住宅販売瑕疵担保責任保険契約の締結（以下この問において「資力確保措置」という。）に関する次の記述のうち、正しいものはどれか。

1　住宅販売瑕疵担保責任保険契約を締結している宅地建物取引業者が特定住宅販売瑕疵担保責任を履行した場合、当該保険契約は新築住宅の買主を保護するためのものであるため、当該責任を履行した宅地建物取引業者は、その履行によって生じた損害を当該保険によって塡補することはできない。

2　住宅瑕疵担保保証金を供託している宅地建物取引業者は、自ら売主となる新築住宅の買主に対し、当該新築住宅の売買契約を締結した後、遅滞なく、その住宅販売瑕疵担保保証金の供託をしている供託所の所在地その他国土交通省令で定める事項について、これらの事項を記載した書面を交付して、又は買主の承諾を得て電磁的方法により提供して、説明しなければならない。

3　新築住宅を自ら売主として販売する宅地建物取引業者が、住宅販売瑕疵担保保証金の供託をする場合、国土交通省令の定めるところにより、それぞれの事務所の最寄りの供託所に、金銭のほか、一定の有価証券で行うことができる。

4　自ら売主として新築住宅を宅地建物取引業者でない買主に引き渡した宅地建物取引業者は、基準日に係る資力確保措置の状況の届出をしなければ、当該基準日の翌日から起算して50日を経過した日以後においては、新たに自ら売主となる新築住宅の売買契約を締結してはならない。

【問 46】 独立行政法人住宅金融支援機構（以下この問において「機構」という。）に関する次の記述のうち、誤っているものはどれか。

1　機構は、貸付けを受けた者が景況の悪化や消費者物価の上昇により元利金の支払が困難になった場合でも、元利金の支払の免除をすることはできない。

2　機構は、地震に対する安全性の向上を主たる目的とする住宅の改良に必要な資金の貸付けを業務として行っている。

3　機構は、住宅の建設又は購入に必要な資金の貸付けに係る金融機関の貸付け債権の譲受けを業務として行っているが、当該住宅の建設又は購入に付随する土地又は借地権の取得に必要な資金の貸付けに係る貸付け債権については、譲受けの対象としていない。

4　機構は、貸付けを行った者とあらかじめ契約を締結して、その者が死亡した場合に支払われる生命保険の保険金を当該貸付けに係る債務の弁済に充当する団体信用生命保険に関する業務を行っている。

【問 47】 宅地建物取引業者が行う広告に関する次の記述のうち、不当景品類及び不当表示防止法（不動産の表示に関する公正競争規約を含む。）の規定によれば、正しいものはどれか。

1　分譲マンションの広告に住宅ローンについて記載する場合、返済例だけでなく、提携ローン又は紹介ローンの別、融資限度額についても表示しなければならない。

2　宅地の分譲広告をする場合において、電車、バス等の交通機関の所要時間を表示するときは、朝の通勤ラッシュ時の所要時間を明示しなければならないが、この場合において、平常時の所要時間をその旨を明示して併記することができる。

3　宅地の分譲広告をする場合、当該宅地の南側に高層マンションの建築計画があり、当該宅地の日照に影響を及ぼすおそれがあるときでも、当該マンションが他の宅地建物取引業者の分譲に係るものであるときは、その旨を表示しなくてもよい。

4　新築分譲マンションの販売広告で完成予想図により周囲の状況を表示する場合、完成予想図である旨及び周囲の状況はイメージであり実際とは異なる旨を表示すれば、実際に所在しない箇所に商業施設を表示するなど現況と異なる表示をすることができる。

【問　48】　次の記述のうち、誤っているものはどれか。

1　令和6年版土地白書（令和6年6月公表）によれば、土地取引について、売買による所有権移転登記の件数でその動向を見ると、令和5年の全国の土地取引件数は、約129万件であり、2年連続で減少したものの、ほぼ横ばいで推移している。

2　令和6年地価公示（令和6年3月公表）によれば、令和5年1月以降の1年間の全国の地価は、全用途平均、住宅地、商業地、工業地のいずれも昨年より上昇して、その上昇率は三大都市圏平均の方が地方圏平均よりも高い。

3　年次別法人企業統計調査（令和4年度。令和5年9月公表）によれば、令和4年度における不動産業の売上高は、46兆2,682億円であり、2年ぶりの減収となっている。

4　建築着工統計調査報告（令和5年計。令和6年1月公表）によれば、令和5年の新設住宅着工は、着工戸数及び着工床面積ともに、前年に比べて増加して、2年ぶりの増加となった。

【問　49】　土地に関する次の記述のうち、最も不適当なものはどれか。

1　丘陵地を切土と盛土により造成した地盤の場合は、その境目では地盤の強度が異なるため、不同沈下が起こりやすい。

2　台地は一般に水はけがよく地盤が安定しているので宅地に適しているが、その縁辺部は崖崩れのおそれがあるので、注意が必要である。

3　急傾斜地では等高線の間隔は疎になり、傾斜が緩やかな土地では等高線の間隔は密になっている。

4　砂礫質の土地は、水はけがよく、建物の基礎の支持力が発揮されやすい。これに対して、粘土質の土地は、地盤が軟弱で、地震に弱い。

【問 50】 建物の構造等に関する次の記述のうち、最も適当なものはどれか。

1　制震構造は、制震ダンパーなどを設置して、揺れを制御する構造であるのに対して、免震構造は、建物の下部構造と上部構造との間に積層ゴムなどを設置し、地震による揺れを減らす構造である。

2　鉄骨造の骨組みの一種であるラーメン式とは、細長い鋼材を三角形に組み合わせた集合体で柱、梁部材を形成し、壁体の要所に筋かいを組み入れる構造をいう。

3　鉄筋コンクリート造は、圧縮力に強い鉄筋と引っ張り力に強いコンクリートを使うことで、強度の高い構造の建物を建築することができる。

4　枠組壁工法は、軸組工法に比べて、工期が短く、価格も安いという長所を有するが、耐震性に劣るという短所も有する。

直前予想問題

解答解説

合格基準点 = 35点

第1回　解答一覧・得点計画表

問題番号	分野	テーマ	ランク	正解
1	権利関係	判決文（無権代理と表見代理）	A	2
2		意思表示	A	2
3		時効	A	4
4		共有	C	1
5		根抵当権	B	4
6		各種契約	B	3
7		相続	B	3
8		契約全般	B	4
9		請負	B	1
10		不法行為（使用者責任）	A	4
11		借地借家法（借地権）	B	2
12		借地借家法（借家権）	B	1
13		区分所有法	A	2
14		不動産登記法	A	3
15	法令上の制限	都市計画法（都市計画）	A	1
16		都市計画法（開発許可）	B	2
17		建築基準法	C	3
18		建築基準法	B	3
19		盛土規制法（宅地造成等工事規制区域）	B	1
20		土地区画整理法	A	4
21		農地法	A	2
22		国土利用計画法（事後届出）	A	4
23	税・その他	登録免許税（住宅用家屋の所有権移転登記の軽減措置）	A	3
24		不動産取得税	A	1
25		地価公示法	B	4

問題番号	分野	テーマ	ランク	正解
26	宅建業法	用語の定義	A	3
27		案内所等	C	3
28		宅地建物取引士	A	3
29		重要事項の説明	B	4
30		媒介契約	B	2
31		業務上の規制	A	4
32		37条書面	A	2
33		営業保証金	A	4
34		宅建業者・宅建士	B	1
35		業務上の規制	A	1
36		保証協会	A	1
37		手付金等の保全措置	A	3
38		重要事項の説明	B	1
39		業務上の規制	A	3
40		8種規制（契約内容不適合責任の特約）	A	1
41		免許複合	A	2
42		クーリング・オフ	A	4
43		報酬	A	2
44		監督処分・罰則	B	4
45		住宅瑕疵担保履行法	A	2
46	税・その他	住宅金融支援機構	A	2
47		景表法	B	1
48		統計	B	4
49		土地	A	2
50		建物	A	3

第1回	A	B	C	計	得点目標	あなたの得点		
						日付　／	日付　／	日付　／
権利関係	6	7	1	14	8			
法令上の制限	4	3	1	8	5			
宅建業法	14	5	1	20	16			
税・その他	5	3	0	8	6			
計	29	18	3	50	35			
得点目標	29	6	0	35	第1回			

あなたの得点	日付　／	
	日付　／	
	日付　／	

問1　解答 2　判決文（無権代理と表見代理）　　　　ランク A

1　正　　　　　　　　　　　　　　　【代理権消滅後の表見代理】 教P192

　本肢の前段は、代理権消滅後の表見代理が成立する場合の記述である。そして、判決文は、「表見代理が成立すると認められる場合であっても・・・相手方としては、表見代理を主張して本人の責任を問うことができるが、これを主張しないで、無権代理人に対し無権代理人の責任を問うこともできる」としているので、本肢の後段の記述は判決文が述べている通りである。したがって、本肢は、明らかに誤りとはいえない。

2　誤　　　　　　　　【表見代理が成立する場合の無権代理人の責任】 記載なし

　判決文は「表見代理は、善意の相手方を保護する制度である」として、「表見代理が成立すると認められる場合であっても・・・相手方としては、表見代理を主張して本人の責任を問うことができるが、これを主張しないで、無権代理人に対し無権代理人の責任を問うこともできる」としている。したがって、無権代理人は、表見代理が成立することを証明したとしても、その責任を免れることはできないので、本肢は、明らかに誤りである。

3　正　　　　　　　　　　　　　　　　　　【無権代理人の責任】 教P194

　本肢は、無権代理人の責任についての民法の条文通りの記述である。したがって、明らかに誤りとはいえない。なお、従来、無権代理人は、相手方が善意・有過失の場合は、無権代理人の責任を負わないとされていたが、令和2年の民法改正によって、自己に代理権がないことを知っていたときは、責任を負うことになった。

4　正　　　　　　　　　　　　　　　　　【権限外の表見代理】 教P197

　本肢は、権限外の行為の表見代理についての民法の条文通りの記述である。したがって、明らかに誤りとはいえない。

　これを機会に無権代理・表見代理の基本事項を整理しておくと良いです。

➡「問題集」CH02 問題9 ～ 問題14 ⟫

問2　解答 2　意思表示　　　　　　　　　　　　　　　　ランク A

1　誤　　　　　　　　　　　　　【第三者の強迫による取消し】 教P176

　第三者の強迫による意思表示は、相手方の善意・悪意、過失の有無にかかわらず、取り消すことができる。

2　正　　　　　　　　　　　　　　　　　【詐欺による取消しにおける第三者の保護】教P175

詐欺による意思表示の取消しは、善意・無過失の取消前の第三者には対抗できない。したがって、第三者に過失がある場合には、表意者は意思表示の取消しを第三者に対抗できる。

3　誤　　　　　　　　　　　　　　　　　　　　　　　　　　　　　【第三者による詐欺】教P175

第三者の詐欺によって意思表示をした場合、表意者は、相手方がその事実を知っている(悪意のとき)か、知ることができたとき(善意・有過失のとき)には、取り消すことができる。

4　誤　　　　　　　　　　　　　　　　　　　　　　　　　　　　　【代理人による詐欺】教P185

代理人が詐欺を行った場合、代理人は本人から選任され、本人のために代理行為を行っていることから、本人自身が詐欺を行った場合と同視され、当該詐欺によって契約を締結したBは、代理人の詐欺についての本人Aの善意・悪意にかかわらず取り消すことができる。

> 第三者が強迫を行った場合には、相手方の善意・悪意に関係なく、表意者は意思表示を取り消すことができますが、第三者が詐欺を行った場合の取消しは、相手方が、詐欺の事実について悪意または善意・有過失であることが必要となります。注意しましょう。

●「問題集」CH02　問題4 〜 問題8　≫

問3　解答4　時効　　　　　　　　　　　　　　　　　　　　　　　　ランク A

1　正　　　　　　　　　　　　　　　　　　　　　　　　　　　　　【消滅時効の期間】教P203

その通り。なお、債権の消滅時効の期間については、権利を行使することができる時から10年間行使しないときという客観的起算点に加え、令和2年の民法改正によって、権利を行使することができることを知った時から5年間行使しないときという主観的起算点が追加されている。

2　正　　　　　　　　　　　　　　　　　　　　　　　　　　　　【協議を行う旨の合意】教P207

協議を行う旨の「合意」があり、それが「書面または電磁的記録」でされている場合には、一定期間時効の完成が猶予される。さらに、この猶予期間中に、再度この合意がなされた場合には、さらにその時から一定期間時効の完成が猶予される。この協議を行う旨の合意による時効の完成猶予の制度は、令和2年の民法改正によって新たに規定さ

れたものである。

3　正　　　　　　　　　　　　　　【催告による時効の完成猶予】教P206

　催告があったときは、その時から6か月を経過するまでの間は、時効は完成しないが、先にされた催告によって時効の完成が猶予されている間にされた再度の催告は、時効の完成猶予の効力を有しない。

4　誤　　　　　　　　　　　　【裁判上の請求による時効完成の猶予】教P205

　訴えが提起されると、「裁判上の請求」として、その裁判が終了するまでは時効の完成が猶予される。そして、確定判決または確定判決と同一の効力を有するものによって権利が確定したときは、時効が更新される。また、訴えが却下されるなど、確定判決または確定判決と同一の効力を有するものによって権利が確定することなく、その事由が終了した場合は、その終了の時から6か月は時効の完成が猶予される。

> 書面等での協議を行う旨の合意による時効の完成猶予は、この猶予期間中にさらに同じ方式による合意がなされた場合にも、完成猶予の効力が認められています。ただし、時効の完成が猶予されなかったとすれば時効が完成すべき時から通じて5年を超えることができません。

➡ 「問題集」CH02 問題15〜問題18 ➡➡

問4　解答 1　共有　　　　　　　　　　　　　　ランク C

ア　誤　　　　　【共有者の一人が死亡し相続人がいない場合の共有持分の帰属】教P360

　共有者の一人が死亡し相続人がいない場合、その持分は国庫に帰属するはずであるが、法律関係が煩雑になることから、その持分は、他の共有者に帰属するとされている。

イ　正　　　　　　　　　　【所在等不明共有者がいる場合の共有物の管理】教P362

　共有者の中に所在が不明な共有者がいる場合、所在が不明な共有者以外の共有者の請求によって、裁判所は、所在が不明な共有者以外の共有者の持分価格の過半数で共有物の形状または効用の著しい変更を伴わない管理に関する事項を決定することができる旨の裁判をすることができる。

ウ　正　　　　　　　　　　　　【裁判による共有物の分割の請求】教P364

　共有物の分割について共有者間に協議が調わないとき、または協議をすることができないときは、その分割を裁判所に請求することができる。「協議をすることができないとき」には、共有者の中に所在が不明な共有者がいる場合も含まれる。

エ　正　　　　　　　　　　　　　　　　【所在等不明共有者の持分の取得】　教P365

　　不動産が数人の共有に属する場合において、共有者の中に所在を知ることができない共有者がいるときは、裁判所は、共有者の請求により、その共有者に所在を知ることができない共有者の持分を取得させる旨の裁判をすることができる。

以上より、誤っているものは、アの一つなので、正解は1である。

> 「所在等不明共有者」には、相続が繰り返される等の事情により、その共有者の存在を知ることができない場合やその共有者を特定できない場合における当該共有者が含まれます。

→ 「問題集」 CH02 問題80～問題81 →→

問5　解答 4　根抵当権　──────────────────── ランク B

1　正　　　　　　　　　　　　　　　　【根抵当権の元本の確定請求】　記載なし

　　元本確定期日の定めがない場合、根抵当権設定者は、根抵当権の設定の時から3年を経過したときは、担保すべき元本の確定を請求することができる。この場合、元本は、その請求の時から2週間後に確定する。

2　正　　　　　　　　　　　　　　　　　　【根抵当権の随伴性】　教P600

　　根抵当権は、元本確定前は個別の債権に随伴しないので、根抵当権者から被担保債権の範囲に属する債権を元本の確定前に取得した者は、その債権について根抵当権を取得しない。

3　正　　　　　　　　　　　　　【根抵当権の被担保債権の範囲の変更】　教P604

　　元本の確定前においては、根抵当権の被担保債権の範囲の変更をすることができるが、この変更をするには、後順位抵当権者その他の第三者の承諾を得る必要はない。

4　誤　　　　　　　　　　　　　　【根抵当権の被担保債権の範囲】　教P604

　　根抵当権の被担保債権の範囲については、利息等について最後の2年分に制限するという規定はなく、確定した元本、利息、債務不履行によって生じた損害賠償等の全部について、極度額を限度として、その根抵当権を行使することができる。

根抵当権は、設定行為で定めるところにより、一定の範囲に属する不特定の債権を極度額の限度において担保する抵当権です。根抵当権の基本的な仕組みを理解するとともに、普通抵当権との違いを押さえておきましょう。

「問題集」CH02 問題92～問題97

問6 解答 3 各種契約 ランク B

ア 請求できない　【贈与者の担保責任】記載なし

　贈与者は、贈与の目的である物または権利を、贈与の目的として特定した時の状態で引き渡し、または移転することを約したものと推定される。よって、BがAに対して負っている義務は「瑕疵のある甲建物そのもの」を引き渡すことである。したがって、Bには、甲建物を修補する義務はない。

イ 請求できない　【使用貸借の貸主の担保責任】記載なし

　使用貸借の貸主は、使用貸借の目的である物または権利を、使用貸借の目的として特定した時の状態で引き渡し、または移転することを約したものと推定される。よって、BがAに対して負っている義務は「瑕疵のある甲建物そのもの」を引き渡すことである。したがって、Bには、甲建物を修補する義務はない。

ウ 請求できる　【賃貸人の担保責任】記載なし

　賃貸人は、賃借人に引き渡した目的物が品質に関して契約の内容に適合しないものであるときは、賃借人に対し、目的物の修補等による履行の追完の責任を負う。したがって、Bは、甲建物を修補する義務を負う。

エ 請求できる　【請負人の担保責任】教P337

　請負人は、注文者に引き渡した目的物が品質に関して契約の内容に適合しないものであるときは、注文者に対し、目的物の修補等による履行の追完の責任を負う。したがって、Bは、甲建物を修補する義務を負う。

以上より、AがBに対して修補を請求できるものはウ、エなので、正解は3である。

贈与と使用貸借は無償(タダ)の契約なので、目的物の修補等の責任を負いませんが、賃貸借と請負は有償の(お金を払う)契約なので、目的物の修補等の責任を負います。

問7 解答 **3** 相続 ━━━━━━━━━━━━━━━━━━━ ランク **B**

1 誤 【廃除された者の代襲相続】教P349

　被相続人Aの子Bは、Aの遺言によって、Aの相続から廃除されているので、相続人とはならない。しかし、被相続人の子が、廃除によって相続権を失ったときは、その者の子がこれを代襲して相続人となる。したがって、Cだけでなく、Bの子Dも代襲相続によって相続人となる。

2 誤 【同時死亡の推定・代襲相続】教P349

　AとBの死亡の先後が不明であるときは、AとBは同時に死亡したものと推定される。そして、Aと子Bが同時に死亡した場合、子BはAの相続人とならないが、その子DがBを代襲して相続する。したがって、Aの死亡についての相続人は、子CとBの子Dである。

3 正 【放棄した場合の代襲相続】教P354

　相続の放棄をした者は、その相続に関しては、初めから相続人とならなかったものとみなされる。そして、相続の放棄があった場合には、代襲相続は発生しない。したがって、Bが相続を放棄している本肢では、DはAを相続することはできず、Cのみが相続人となる。

4 誤 【欠格事由にあたる者の代襲相続】教P349

　詐欺または強迫によって被相続人に遺言をさせた者は、相続人となることができない。したがって、Bは相続欠格事由に該当する。被相続人の子が相続欠格事由に該当し、相続権を失ったときは、その者の子がこれを代襲して相続人となる。したがって、Cだけでなく、Bの子Dも代襲相続によって相続人となる。

代襲相続について押さえておきましょう。相続人の①死亡、②欠格、③廃除の場合は代襲相続が起こりますが、④放棄の場合は、代襲相続は起こりません。放棄するとその者は最初から相続人ではなかったと扱われるからです。

➡「問題集」CH02 問題74～問題79 ➤

問8 解答 **4** 契約全般 ━━━━━━━━━━━━━━━━ ランク **B**

1 正 【他人物贈与】記載なし

　贈与契約は、当事者の一方がある財産を無償で相手方に与える意思を表示し、相手方がそれを受諾することによって成立する。贈与の目的物は、「ある財産」とされており、

8

自己が所有する財産ではない物も、贈与契約の対象とすることができる。

2 正 　　　　　　　　　　　　　　　　　　　　　　　　【消費貸借契約】記載なし

消費貸借契約は、契約の成立にあたって目的物の交付を要する要物契約であるが、書面でする消費貸借契約は、当事者の一方が金銭その他の物を引き渡すことを約し、相手方がその受け取った物と種類、品質および数量の同じ物をもって返還することを約することによって、その効力を生ずる諾成契約である。書面による消費貸借契約は、令和2年の法改正により新設されたものである。

3 正 　　　　　　　　　　　　　　　【権利移転の対抗要件を備えさせる売主の義務】教P240

売主は、買主に対して、登記、登録その他の売買の目的である権利の移転についての対抗要件を備えさせる義務を負っている。

4 誤 　　　　　　　　　　　　　　　　　　　　【履行の割合に応じた報酬請求権】教P615

報酬の支払いの特約がある委任契約において、委任事務の履行をすることができなくなったことについて、受任者に帰責事由がある場合でも、受任者は、既にした履行の割合に応じて報酬を請求することができる。

> 金銭消費貸借契約において、利息の特約がない場合には、貸主は、利息として金銭の請求をすることはできませんが、借主が、返還債務の履行を怠ったときは、遅延損害金として、法定利率による金額を請求することができます。

問9　解答 1　請負 --- ランク B

1 正 　　　　　　　　　　　　　　　【注文者の損害賠償請求権と報酬債権の相殺】記載なし

注文者の瑕疵の修補に代わる損害賠償請求権と請負人の報酬請求権とは、同時履行の関係に立つが、判例は、相互に現実の履行をすべき特別の利益は認められないとして、注文者は、瑕疵の修補に代わる損害賠償請求権を自働債権、請負人の報酬請求権を受働債権として相殺できるとしている。

2 誤 　　　　　　　　　　　　　　　　　　　　　　【完成前の請負契約の解除】教P338

請負人が仕事を完成しない間は、注文者は、いつでも損害を賠償して契約の解除をすることができるが、請負人にはこのような解除権は認められていない。

3 誤 　　　　　　　　　　　　　　　　　　　　　　　　　【報酬の支払時期】教P336

請負人に対する報酬は、仕事の目的物の引渡しを要する場合には、仕事の完成時では

なく、仕事の目的物の引渡しと同時に支払わなければならない。

4　誤　　　　　　　　　　　　　　　　　　　　　【目的物の滅失と危険負担】記載なし

　仕事の目的物が、当事者双方の責めに帰することができない事由により滅失し、その
ことにより請負人が期限までに仕事を完成することができない場合、注文者は、報酬の
支払いを拒むことができる。

> 令和2年の民法改正により、「請負の目的が建物その他の土地の工作物である場
> 合には、完成された建物に瑕疵があっても、注文者は契約を解除できない」とする
> 条文は削除されました。注意しましょう。

❯ 「問題集」CH02 問題68〜問題69 ❯

問 10　解答 4　不法行為（使用者責任）　　ランク A

1　正　　　　　　　　　　　　　　　　　　　【使用者の被用者に対する求償】教P343

　使用者が被害者に対して、生じた損害の賠償をした場合、使用者は、被用者に対して
求償することができる。この求償は、信義則上相当と認められる限度に制限されるとす
るのが判例である。また、他の共同不法行為者に対しても、過失の割合にしたがって定
められる負担部分について求償を認めるのが判例である。

2　正　　　　　　　　　　　　　　　　　　　　　　　【共同不法行為】教P344

　数人が共同の不法行為によって他人に損害を加えたときは、各自が連帯してその損害
を賠償する責任を負うので、被害者は、損害全額の賠償を、加害者全員にそれぞれ請求
することができる。

3　正　　　　　　　　　　　　　　　　　　　　　　　【使用者の免責】教P343

　使用者は、被用者の選任およびその事業の監督について相当の注意をしたときは、損
害を賠償する責任を負わないとされているので、Cが、Dの選任およびその監督につい
て相当の注意をしていたときは、Eに対して損害を賠償する責任を負わない。

4　誤　　　　　　　　　　　　　　　　　　　　　　　【外形標準説】教P342

　加害者である被用者の行為が、外形上は使用者の事業の範囲内に属すると認められる
が、職務権限内で適法に行われたものでなかった場合、被害者が、そのことを重大な過
失によって知らなかったときには、使用者は責任を免れるとされている。

使用者責任が認められる前提として、被用者の行為が不法行為の要件を満たしていることが必要になりますが、それが他の者との共同不法行為である場合でも、使用者責任が認められます。

「問題集」CH02 問題70〜問題73 ≫

問 11　解答 2　借地借家法（借地権）-------------------- ランク B

1　誤　　　　　　　　　【建物競売等による土地賃借権の譲渡】教P313〜315

借地上の建物に抵当権が設定されると、抵当権の効力は借地権にも及ぶため、建物の抵当権が実行されると、借地権も一緒に競売される。その場合、借地権が土地の賃借権であるときは、賃貸人（借地権設定者）の承諾がなければ、競落人は借地権を取得することができない。なお、賃貸人（借地権設定者）の承諾に代わる裁判所の許可の制度もある。

2　正　　　　　　　　　　　　　　　　　　【借地条件の変更】記載なし

借地条件がある場合において、付近の土地の利用状況の変化その他の事情の変更によって、借地条件の変更が相当であるにもかかわらず当事者間に協議が調わないときは、裁判所は当事者の申立てにより、その借地条件を変更することができる。

3　誤　　　　　　　　　　　　　　　　　　【地代等増額請求権】教P326

借賃の増額について当事者間に協議が調わないときは、その請求を受けた者は、増額を正当とする裁判が確定するまでは、相当と認める額の借賃を支払うことをもって足りるとされている。従来と同額の賃料を支払わなければならないわけではない。

4　誤　　　　　　　　　　　　　　　　　　【借地上の建物の再築】記載なし

最初の借地契約期間の場合には、借地権者が借地権設定者に対し、残存期間を超えて存続する建物を再築する旨の通知をしたにもかかわらず、その通知を受けた後2か月以内に借地権設定者より異議がない場合は、再築の承諾があったものとみなされる。しかし、更新後においては、このような承諾の擬制は適用されず、借地権設定者の承諾を受けるか裁判所の許可を受けなければならない。

肢4については、最初の契約期間中の場合と更新後の場合とに分けて整理しておきましょう。

「問題集」CH02 問題54〜問題59 ≫

1　正　　　　　　　　　　　　　　　　　　　　【取り壊し予定の建物の賃貸借】教P332

　法令または契約により一定の期間を経過した後に建物を取り壊すことが明らかな場合に、建物の賃貸借をするときは、建物を取り壊すこととなる時に賃貸借が終了する旨を定めることができる。そして、この特約は、建物を取り壊すべき事由を記載した書面によってしなければならない。また、令和4年5月18日施行の法改正により、この特約がその内容等を記録した電磁的記録によってされたときは、その特約は、書面によってされたものとみなすとされている。

2　誤　　　　　　　　　　　　　　　　　　　　【定期建物賃貸借の設定条件】教P331

　借地借家法38条の定期建物賃貸借を締結するにあたり、賃貸人であるAが建物を一定期間使用することができない事情がある等の本肢のような事情は必要とされていない。

3　誤　　　　　　　　　　　　　【期間の定めのある賃貸借の中途解約をする権利】教P318

　一時使用目的の建物賃貸借には借地借家法の規定は適用されず、民法が適用される。民法上賃貸借契約に期間の定めがあるときは、賃借人は、契約に定めた時期に建物の返還をしなければならず、賃借人からの中途解約は認められないのが原則であるが、中途解約を認める旨の特約を定めることはできる。

4　誤　　　　　　　　　　　【定期建物賃貸借の事前説明書の電磁的方法による交付】教P331

　定期建物賃貸借契約を締結するには、賃貸人は賃借人に対し、あらかじめ、契約の更新がなく、期間満了によって賃貸借が終了することにつき、書面を交付して説明しなければならない。この書面の交付については、令和4年5月18日施行の法改正により、書面の交付に代えて、当該書面に記載すべき事項を電磁的方法により提供することができることとなったが、この方法を用いるには、賃借人の承諾が必要となる。

> 令和4年5月18日施行の法改正により、契約書面に電磁的記録を用いることができるようになった点と、定期建物賃貸借契約の事前説明書面の交付に代えて電磁的方法によって提供するには、賃借人の承諾が必要である点を押さえておきましょう。

⯈「問題集」CH02 問題60〜問題67 ⯈

問 13　解答 2　区分所有法　　　　　　　　　　　　　　　　ランク A

1　正　　　　　　　　　　　　　　　　　　　　【一部共用部分の共有関係】教P368

　一部共用部分は、これを共用すべき区分所有者の共有に属するが、規約で別段の定め

をすることができるので、規約により、区分所有者全員の共有とすることができる。

2 誤　　　　　　　　　　　　　　　　　　【敷地利用権の分離処分】 教P371

　敷地利用権が数人で有する所有権その他の権利である場合には、区分所有者は、原則として、その有する専有部分とその専有部分に係る敷地利用権とを分離して処分することはできないが、規約に別段の定めがあるときは分離して処分することができる。

3 正　　　　　　　　　　　　　　　　　　【管理者の選任・解任】 教P371

　区分所有者は、規約に別段の定めがない限り、集会の決議によって、管理者を選任し、または解任することができる。

4 正　　　　　　　　　　　　　　　　　【集会の招集通知の発送期間】 教P375

　集会の招集通知は、会日より少なくとも1週間前に、会議の目的たる事項を示して、各区分所有者に発しなければならない。ただし、この期間は、規約により伸縮することができる。

> 専有部分とその専有部分に係る敷地利用権との分離処分は、規約に別段の定めがあるときはすることができますが、専有部分とその専有部分に係る共用部分の持分については、規約に別段の定めがあっても分離処分することはできず、区分所有法に定めがある場合にのみすることができます。

➡ 「問題集」 CH02 問題82～問題86 ➤

問14　解答 3　不動産登記法 ----------------------------------- ランク A

1 正　　　　　　　　　　　　　　　　　【仮登記に基づく本登記の申請】 教P387

　所有権に関する仮登記に基づく本登記は、登記上の利害関係を有する第三者がある場合、当該第三者の承諾があるときに限って、申請することができる。

2 正　　　　　　　　　　　　　　　　　　【登記することができる権利】 教P384

　登記することができる権利として、不動産登記法に定められているのは、①所有権、②地上権、③永小作権、④地役権、⑤先取特権、⑥質権、⑦抵当権、⑧賃借権、⑨配偶者居住権、⑩採石権である。

3 誤　　　　　　　　　　　　　　　　【贈与を原因とする所有権移転登記】 教P383

　権利に関する登記の申請は、原則として、登記権利者および登記義務者が共同してしなければならず、贈与を原因とする所有権の移転の登記は、原則どおり、登記権利者で

ある受贈者と登記義務者である贈与者の共同申請によることとされている。

4　正　　　　　　　　　　　　　　　　　　　　　【登記原因証明情報の提供】教P385

　権利に関する登記を申請する場合、申請人は、原則として、その申請情報と併せて登記原因を証する情報（登記原因証明情報）を提供しなければならないが、表示に関する登記を申請する場合に、申請人は、その申請情報と併せて登記原因を証する情報を提供しなければならないとする規定はない。

> 共同申請によることとされている場合と、単独申請ができる場合とを確認しておきましょう。

> ➡ 「問題集」**CH02** 問題87〜問題91 ➢➢

問 15　解答 **1**　**都市計画法（都市計画）**----------------------------- **ランク A**

1　誤　　　　　　　　　　　　　　　　　　　　　　　　【区域区分】教P395

　都市計画区域について無秩序な市街化を防止し、計画的な市街化を図るため「必要があるとき」は、都市計画に、市街化区域と市街化調整区域との区分を「定めることができる」。「必ず〜定めなければならない」としている本肢は誤りである。

2　正　　　　　　　　　　　　　　　　　　　　　　　　【風致地区】教P402

　その通り。風致地区に係る規制については、①建築物の建築、宅地の造成、木竹の伐採等が規制の対象となっていること、②地方公共団体の条例で規制するという2点がポイント。

3　正　　　　　　　　　　　　　　　　　　　　　　　　【特定街区】教P402

　その通り。なお、特定街区は用途地域の定めのないところにおいても定めることができる。

4　正　　　　　　　　　　　　　　　　　　　　【第一種低層住居専用地域】教P461

　その通り。第一種低層住居専用地域において定める建築物の高さの限度は10mまたは12mである。

> 肢1の市街化区域と市街化調整区域の区分は、三大都市圏の一定の区域では必ず定めることとされています。

> ➡ 「問題集」**CH03** 問題1〜問題16 ➢➢

問 16 〔解答 2〕 都市計画法（開発許可）・・・・・・・・・・・・・・・ ランク B

1 誤　　　　　　　　　　　　　　　　　　　　【開発行為に関する工事の廃止】教P418

　開発許可を受けた者は、開発行為に関する工事を廃止したときは、遅滞なく、その旨を都道府県知事に届け出なければならない。

2 正　　　　　　　　　　　　　　　　　　【非常災害の応急措置として行う開発行為】教P412

　非常災害のため必要な応急措置として行う開発行為は、その行われる区域、規模にかかわらず開発許可は不要となる。

3 誤　　　　　　　　　　　　　　　　　　　　【開発許可を受けた地位の承継】教P418

　開発許可を受けた者から当該開発区域内の土地の所有権を買い受けた者は、都道府県知事の承認を受けて、当該開発許可を受けた地位を承継することができる。相続や法人の合併によって土地の所有権を取得した場合と異なり、開発区域内の土地の所有権を買い受けた者が開発許可を受けた地位を承継するには、都道府県知事の承認が必要である。

4 誤　　　　　　　　　　　　　　　　　　　　　　　　【公共施設の帰属】教P419

　開発許可を受けた開発行為または開発行為に関する工事により公共施設が設置されたときは、その公共施設は、工事完了の公告の日の翌日において、原則として、その公共施設の存する「市町村」の管理に属する。なお、他の法律に基づく管理者が別にあるとき、または事前の協議により管理者について別段の定めをしたときは、それらの者の管理に属するものとされている。

> 肢3について「包括承継（相続や合併）の場合」と「特定承継（売買等）の場合」との違いに注意してください。

➡ 「問題集」CH03 問題1〜問題16 ≫

問 17 〔解答 3〕 建築基準法・・・・・・・・・・・・・・・・・・・・・・・・・・・・ ランク C

1 誤　　　　　　　　　　　　　　　　　　　　　　　　　　【防火壁等】教P437

　延べ面積が1,000㎡を超える建築物は、防火上有効な構造の防火壁または防火床によって有効に区画し、かつ、各区画の床面積の合計をそれぞれ1,000㎡以内としなければならない。ただし、耐火建築物または準耐火建築物は、その必要はない。本肢の建築物は耐火建築物であるので、防火壁または防火床で区画する必要はない。

2　誤　　　　　　　　　　　　　　　　　　　　　　　　　　　【階段に代わる傾斜路】 記載なし

　階段に代わる傾斜路は、勾配は、「8分の1」をこえてはならず、表面は、粗面とし、またはすべりにくい材料で仕上げなければならない。スロープについて建築基準法（施行令）はこのように規定している。本肢は「10分の1」としている点が誤りである。

3　正　　　　　　　　　　　　　　　　　　　　　　　　　　　【居室の天井の高さ】 記載なし

　その通り。「2.1ｍ」と「平均の高さ」がポイント。

4　誤　　　　　　　　　　　　　　　　　　【建築確認（構造計算適合性判定）】 教P469

　「建築主」は、建築確認の申請にかかる建築物の計画が、特定構造計算基準に適合するかどうかの確認審査を要するものであるときは、原則として、都道府県知事の構造計算適合性判定を受けなければならない。構造計算適合性判定を求めるのは、建築主であって「建築主事ではない」ことに注意。

> 肢1については、耐火建築物だけでなく準耐火建築物についても同様に規定されていることに注意してください。

▶「問題集」CH03 問題17〜問題33 ▶

問18　解答 3　建築基準法 --- ランク B

1　正　　　　　　　　　　　　　　　　　　　　　　　【建蔽率の制限の緩和規定】 教P451

　建築物のエネルギー消費性能の向上のため必要な外壁に関する工事その他の屋外に面する建築物の部分に関する工事を行う建築物で、構造上やむを得ないものとして国土交通省令で定めるものは、特定行政庁が安全上、防火上および衛生上支障がないと認めて許可したときは、その許可の範囲内において、建蔽率の制限が緩和される。

2　正　　　　　　　　　　　　　　　　　　　　　　　　　　【客席からの出口の戸】 記載なし

　劇場、映画館、演芸場、観覧場、公会堂または集会場における客席からの出口の戸は、内開きとしてはならない。火災等の非常時に避難する際は、扉を外に向けて開こうとするのが普通であるから、内開き（内側に開けて外に出ること）にすると避難に支障をきたすのでこのように規定されている。

3　誤　　　　　　　　　　　　　　　　　　　　　　　　　　【敷地面積の最低限度】 教P625

　すべての用途地域において、当該地域における市街地の環境を確保するため必要な場合には、建築物の敷地面積の最低限度を定めることができる。その場合、その最低限度

は「200㎡」を超えてはならないとされている。

4　正　　　　　　　　　　　　　　　　　　　　　　　　　　　　【建蔽率】教P449

公園、広場、道路、川その他これらに類するものの内にある建築物で特定行政庁が安全上、防火上および衛生上支障がないと認めて許可したものについては、建蔽率の制限は適用されない。

肢1は近年の法改正点です。

→「問題集」CH03 問題17〜問題33 ▶

問19　解答1　盛土規制法（宅地造成等工事規制区域）---　ランクB

1　誤　　　　　　　　　　　　　　　　　　　【宅地造成等に関する工事の許可】教P494〜496

宅地造成等工事規制区域（以下この問において「規制区域」という）内において行われる「宅地造成等」に関する工事については、工事主は、原則として、当該工事に着手する前に、都道府県知事の許可を受けなければならない。そして、「宅地造成等」とは、宅地造成、特定盛土等または土石の堆積のことである。したがって、規制区域内では特定盛土等に関する工事を行う場合にも都道府県知事の許可が必要である。

2　正　　　　　　　　　　　　　　　　　　　　　　【許可申請の際の説明会等】教P498

その通り。盛土規制法では、工事の許可の要件として、説明会の開催等の周辺住民への事前周知が許可の要件とされた。

3　正　　　　　　　　　　　　　　　【宅地造成等に関する工事の技術的基準等】教P500

その通り。なお、一定の施設とは地滑り抑止ぐいまたはグラウンドアンカーその他の土留などである。

4　正　　　　　　　　　　　　　　　　　　　　　　【国又は都道府県が行う工事】教P499

その通り。協議が成立することをもって許可があったものとみなされるのであって、許可が不要となるわけではない。

「宅地造成等工事規制区域」は、旧宅造法の「宅地造成工事規制区域」に相当する区域と言えますが、その内容は旧法の「宅地造成工事規制区域」とは微妙に異なるので、注意が必要です。

→「問題集」CH03 問題48〜問題55 ▶

問20 　解答 4 　土地区画整理法 ----------------------------------- ランク A

1 誤 　　　　　　　　　　　　　　　　　　　　　　　　　【組合員】 教P515

組合が施行する施行地区内の宅地の所有者および借地権者は、すべて組合の組合員と
なる。したがって、元の組合員から宅地の所有権を取得した者も、組合の組合員となる。
このことは、取得した所有権が元の組合員の所有権の一部であっても同じである。

2 誤 　　　　　　　　　　　　　【組合設立に係る所有者、借地権者の同意】 教P515

組合の設立の認可の申請に際して必要とされる所有者、借地権者の同意は「4分の3
以上」ではなく「3分の2以上」である。

3 誤 　　　　　　　　　　　　　　　　　　　　　　　【仮換地指定の効果】 教P520

仮換地が指定された場合、従前の宅地について権原に基づき使用し、収益することが
できる者が使用できるのは、従前の宅地ではなく、仮換地である。つまり、仮の移転先
(仮換地)が指定された場合、その移転先の土地について、元の土地(従前の宅地)と同じよ
うに使用・収益ができるということである。

4 正 　　　　　　　　　　　　　　　　　　　　　　【使用収益開始日の指定】 教P521

施行者は、仮換地を指定した場合、仮換地に使用収益の障害となる物件が存するとき、
その他特別の事情があるときは、仮換地の使用収益開始日を、仮換地指定の効力発生日
と別に定めることができる。

> 仮換地の指定は宅建試験で頻出ですので、その要件や効果について押さえておき
> ましょう。

→「問題集」CH03 問題56〜問題61

問21 　解答 2 　農地法 ----------------------------------- ランク A

ア 正 　　　　　　　　　　　　　　　　　　　　　　　　【農地の相続】 教P490

その通り。なお、この届出をしないと、10万円以下の過料に処せられることがある。

イ 誤 　　　　　　　　　　　　　　　　　【農地に抵当権を設定する場合】 教P487

農地に抵当権を設定する場合、農地法3条の許可を受ける必要はない。抵当権を設定
しても農地を使用収益する者に変更がないからである。しかし、抵当権の実行による競
売によって農地を取得する場合には、農地法3条または5条の許可を受ける必要がある。
本肢は正しい内容と逆の記述になっている。

ウ　**誤**　　　　　　　　　　　　　　　　　　　　【4条の許可権者】　教P488〜490

　　農地を農地以外のものに転用する場合、都道府県知事（農林水産大臣が指定する市町村の区域内にあっては、指定市町村の長）の許可を受けなければならない。農地の面積が4haを超える場合でも、農林水産大臣の許可を受けるのではない。

エ　**正**　　　　　　　　　　　　　　　　　　【農地の賃貸借の存続期間】　教P290、304

　　その通り。民法において賃貸借の存続期間は50年を超えることができないとされており、このことは農地の賃貸借においても同じである。

以上より、誤っているものはイ、ウなので、正解は2である。

> 3条の許可が必要なのは農地・採草放牧地を使用収益する者に変更がある場合であることを押さえましょう。

❯「問題集」CH03 問題42〜問題47 ❯❯

問22　解答 4　国土利用計画法（事後届出）　　　　　　　ランク A

1　**誤**　　　　　　　　　　　　　　　　　　　　　【賃貸借契約】　教P476

　　賃借権の設定は、権利金等の権利設定の対価の授受がある場合に、事後届出が必要な「土地売買等の契約」に該当する。したがって、権利金（権利設定の対価）のない賃貸借契約を締結したAは、事後届出をする必要はない。

2　**誤**　　　　　　　　　　　　　　　　　【農地法5条の許可を受けた場合】　教P477

　　市街化調整区域内の5,000㎡の土地の売買契約を締結したときは、原則として、事後届出が必要となる。そして、農地法5条の許可を受けたとしても、事後届出は不要とはならない。

3　**誤**　　　　　　　　　　　　　　　　　　【勧告に従わなかった場合】　教P481

　　事後届出をした者が都道府県知事の勧告に従わなかった場合、その旨およびその勧告の内容が公表されることがある。しかし、罰則はない。罰則があるのは、事後届出をしなかった場合である。

4　**正**　　　　　　　　　　　　　　　　　　　【共有持分の取得】　教P479

　　事後届出における面積要件について、共有持分権を取得した場合は、全体の面積に共有持分を乗じて算出した面積によって判断する。よって、本肢のFは3,000㎡×1/2＝1,500㎡の土地を買い受けたことになる。そして、市街化区域内で事後届出が必要となる

面積は2,000㎡以上である。したがって、市街化区域内の1,500㎡の土地の買主であるＦは、事後届出をする必要はない。

農地法3条の許可を受けた場合、土地の利用目的に変更はないので、事後届出は不要ですが、農地法5条の許可を受けた場合は、土地の利用目的が変わるので、事後届出は不要とはなりません。

➡ 「問題集」CH03 問題34〜問題41 ≫

問23　解答 3　登録免許税（住宅用家屋の所有権移転登記の軽減措置）…　ランク A

1　正　【適用される住宅】教P535

この税率の軽減措置は、個人が自己の居住用として使用する住宅用家屋について適用がある。したがって、法人がその社宅として使用する住宅用家屋には適用されない。

2　正　【適用対象となる住宅用家屋】教P535

その通り。令和4年の税制改正によって、適用対象となる住宅用家屋については、築年数は問わないが、新耐震基準に適合していることが適用要件とされている。

3　誤　【適用される住宅の取得原因】教P534,535

この税率の軽減措置は、売買・競売による取得の場合に適用される。相続・交換・贈与等の原因による取得の場合には適用されない。

4　正　【登記をする時期】教P535

この税率の軽減措置の適用を受けるためには、住宅用家屋を取得した後、1年以内に登記をしなければならない。

この税率の軽減措置は、過去にこの措置の適用を受けた場合でも、適用要件を満たせば再度適用を受けることができます。

➡ 「問題集」CH04 問題1〜問題14 ≫

問24　解答 1　不動産取得税　ランク A

1　誤　【不動産の取得（相続・贈与）】教P530,531

不動産取得税は、相続によって不動産を取得した場合には課されないが、贈与によって取得した場合には課される。本肢は、正しい内容と逆の記述となっている。

2 正 【家屋を改築した場合】 教P530

家屋を改築して価格が増加した場合には、増加した価格を課税標準として不動産取得税が課される。

3 正 【課税標準となる不動産の価格】 教P531

その通り。例えば、代金を3,000万円とする売買契約によって不動産を取得した場合でも、実際の売買価格である3,000万円が課税標準となる不動産の価格となるのではない。

4 正 【共有物の分割】 記載なし

分割によって取得した不動産が、分割前の共有持分を超えないのであれば、実質的には不動産を取得したことにならないので、不動産取得税は課されない。

不動産の取得とは、所有権を現実に取得することをいい、登記の有無は問わないですし、有償・無償も問いません。

➡ 「問題集」 CH04 問題1 ～ 問題14 ≫

問25 解答 **4** 地価公示法 ---------------------------------- ランク **B**

1 誤 【土地取引を行う者】 教P562

都市およびその周辺の地域等において、土地の取引を行う者は、取引の対象土地に類似する利用価値を有すると認められる標準地について公示された価格を指標として取引を行うよう「努めなければならない」。あくまで努力義務なので、「行わなければならない」とする本肢は誤りである。

2 誤 【標準地が選定される公示区域】 教P563

標準地は公示区域内の土地から選定される。そして、公示区域とは、都市計画区域「その他」の土地取引が相当程度見込まれるものとして国土交通省令で定める区域をいう。したがって、公示区域は都市計画区域外の土地も含まれるので、標準地が都市計画区域外の土地から選定されることもある。

3 誤 【地価公示の回数】 教P563

地価公示は毎年1回行うものとされている。「地価の高騰等の特別の事情があるときには、年2回を限度として、行うことができる」旨の規定はない。

4　正　　　　　　　　　　　　　　　　　　　　【規準とすることの意義】教P562

その通り。対象土地と比較する標準地は、対象土地と類似する利用価値を有すると認められる1または2以上の標準地であり、対象土地と最も近接する標準地とは限られない。

> 公示区域は、都市計画区域外の土地が含まれることはありますが、国土利用計画法の規制区域は除かれます。

⟶　「問題集」CH04　問題20～問題23　⟩⟩

問26　解答 3　用語の定義 ------------------------------ ランク A

1　誤　　　　　　　　　　　　　　　　　　　　【建築請負業に付随して行う行為】教P3～5

Aの行為は、宅地（建物の敷地）の売買の媒介（あっせん）を業として（不特定多数の者に対して反復継続して）行うことなので、宅建業にあたる。したがって、Aは、免許を受ける必要がある。建築請負業に付随して行う場合でも、このことに変わりはない。

2　誤　　　　　　　　　　　　　　　【都道府県から代理の依頼を受けた場合の免許の要否】教P3～6、185

Bは、不特定多数の者に対する宅地の売買の代理を反復継続して行うので、その行為は宅建業にあたる。したがって、Bは免許を受ける必要がある。このことは、都道府県から依頼を受けた場合も同じである。

3　正　　　　　　　　　　　　　　　　　　　　　　　【用途地域内の土地】教P3～5

市街化区域内には必ず用途地域が指定される。そして、用途地域内の土地は、現に道路・公園・河川・水路・広場となっている土地を除き、すべて宅地である。したがって、用途地域（本肢では市街化区域）内の工場跡地は宅地であるので、それを不特定多数の者に反復継続して自ら売却するC社は免許を受ける必要がある。

4　誤　　　　　　　　　　　　　　　　　　　　　　　【破産管財人】教P3～5

破産管財人が破産財団の換価のために宅建業にあたる行為をする場合は、裁判所の関与のもとに行われるので、免許は不要である。しかし、破産管財人から依頼を受けた者が宅建業にあたる行為をする場合、その者については、免許は不要とはならない。したがって、破産管財人Dは免許を受ける必要はないが、Dから売買の媒介の依頼を受けたEは免許を受ける必要がある。

免許の要否の問題を解けるようになるためには、「宅地」「建物」「取引」「業」の定義を押さえて、具体的事例にあてはめられるようにすることがポイントです。

➡️「問題集」CH01 問題1 ～ 問題4 ➡️

問27 解答 3 案内所等 ランク C

ア 正 【標識の記載事項】教P69

本肢の案内所にはB社が標識を掲げる義務を負うが、当該標識にはB社の商号または名称だけでなく、依頼主である売主A社の商号または名称も記載される。

イ 誤 【案内所の届出】教P65

契約の締結または申込みを受ける案内所を設置する場合、当該案内所を設置する宅建業者は免許権者および当該案内所の所在地を管轄する都道府県知事に届出をしなければならない。そして、免許権者が国土交通大臣である場合、免許権者に対する案内所の届出は、案内所の所在地を管轄する都道府県知事を経由して行う。したがって、B社が免許権者である国土交通大臣に届出をする場合は、案内所の所在地を管轄する乙県知事を経由して届出をしなければならない。

ウ 正 【現地での標識の掲示義務】教P68、69

売買契約の目的物であるマンションの所在地には、売主であるA社が標識を掲げなければならない。媒介業者であるB社にはマンションの所在地に標識を掲げる義務はない。

エ 正 【標識・帳簿の備付・報酬の額の掲示】教P70、71、73

その通り。帳簿の設置義務、報酬の額の掲示義務があるのは、事務所である。案内所については、そこで契約行為をする場合でも、そのような義務はない。

以上より、正しいものはア、ウ、エの三つなので、正解は3である。

これを機会に案内所等に関する規制について整理しておきましょう。

➡️「問題集」CH01 問題37 ～ 問題44 ➡️

問28 解答 3 宅地建物取引士 ランク A

1 誤 【宅建士証の氏名欄における旧姓の表示】教P38

宅建士証の記載事項のうち、宅建士の氏名における旧姓の使用については、旧姓の使用を希望する者に対しては、宅建士証に旧姓を「併記する」ことが適当とされている。

したがって、本肢では、宅建士証の氏名欄には、旧姓のBと現姓であるAを併記すべきであり、Aに代えてBと記載することはできない。

---

2 **誤** 【宅建士証の提出】 教P40

事務禁止処分を受けた場合、交付を受けた都道府県知事に宅建士証を提出しなければならない。本肢では、甲県知事に宅建士証を提出しなければならない。

---

3 **正** 【宅建士証の再交付】 教P39

宅建士証の再交付を受けた後で亡失した宅建士証を発見したときは、「発見した（亡失した）宅建士証」を返納しなければならない。再交付を受けることによって、発見した（亡失した）宅建士証は失効しているからである。

---

4 **誤** 【死亡等の届出】 教P36

宅建士が死亡した場合、その相続人は、死亡の事実を「知った日」から30日以内に、その旨を登録を受けている都道府県知事に届け出なければならない。死亡した日から30日以内に届け出るのではない。

> 肢1の旧姓の併記は近年の変更点なので、これを機会に押さえておくと良いです。

⟹「問題集」CH01 問題18〜問題23 ≫

問29 解答4 重要事項の説明 ·· ランク B

1 **誤** 【重要事項の説明を行う宅建士】 教P87

当該マンションの専有部分の用途その他の利用の制限に関する規約の定めについては、規約が「案」の段階でも、説明が必要である。しかし、説明を行うのは「宅建士」であればよく、「専任の宅建士」である必要はない。

---

2 **誤** 【買主が宅建業者の場合】 教P86、87

代金以外に授受される金銭の額等は重要事項として説明すべき事項である。しかし、買主が宅建業者の場合は、重要事項説明書の交付（または、電磁的方法による提供）は必要だが、原則として、重要事項の説明は行う必要がない。

---

3 **誤** 【修繕積立金】 教P91、92

マンションの売買・交換においては、当該一棟の建物の計画的な維持修繕のための費用（計画修繕積立金等）の積立てを行う旨の規約の定めがあるときは、その内容および既に

積み立てられている額を重要事項として説明しなければならない。

4　正　　　　　　　　　　　　　　　　　　　【重要事項の説明を行う場所】　教P87

　宅建業者は、マンションの貸借の場合、当該一棟の建物およびその敷地の管理が委託されているときは、その委託を受けている者の氏名および住所等について重要事項として説明しなければならない。なお、説明をする場所に関しての規定はないので、重要事項の説明は説明をすべき相手方の自宅でもすることができる。

説明すべき内容が正しいかどうかだけでなく、手続き(説明の担当者や場所等)についても注意しましょう。

➡ 「問題集」CH01 問題55〜問題66 ≫

問30　解答 2　媒介契約　　　　　　　　　　　　　　　　　　　　ランク B

ア　正　　　　　　　　　　　　　　　　　【定期報告義務(専任媒介契約)】　教P77、79

　その通り。専任媒介契約において、業務の処理状況の定期報告義務は、2週間に1回以上とされている。

イ　誤　　　　　　　　　　　　　　　　　　　【指定流通機構への登録義務】　教P78

　専任媒介契約を締結した宅建業者は、契約締結の日から7日以内(宅建業者の休業日を「除く」)に、依頼を受けた物件に係る所定の事項を指定流通機構へ登録しなければならない。登録すべき期間制限(日数)については、宅建業者の休業日は除かれる。

ウ　誤　　　　　　　　　　　　　　　　　　　　　【指定流通機構への登録】　教P78

　専任媒介契約においては、物件に係る一定の事項等を指定流通機構へ登録しなければならない。依頼者の申出があっても、この登録を省略することはできない。もし、依頼者が登録を望まないのであれば、一般媒介契約を締結することになる。

エ　正　　　　　　　　【媒介契約書面の交付に代わる電磁的方法による提供】　教P80、81

　媒介契約書面の交付については、依頼者の承諾を得て、電磁的方法により提供することができる。

以上より、正しいものはア、エの二つなので、正解は2である。

肢エは近年の法改正点です。

➡ 「問題集」CH01 問題45〜問題50 ≫

問31　解答 4　業務上の規制 ----------------------------- ランク A

ア　誤　　　　　　　　　　　　　　　　　　【不当な履行遅延の禁止】 教P103

　宅建業法上、不当に、履行の遅延を行ってはならないとされているものは、「宅地建物の登記」、「宅地建物の引渡し」、「取引に係る対価の支払い」のみであり、媒介を依頼した他の宅建業者への報酬の支払いは規制の対象となっていない。

イ　誤　　　　　　　　　　　　　　　　【未完成物件の広告開始時期の制限】 教P84

　建築確認を受ける前には、建物の貸借の代理であっても、その取引を行う旨の広告をすることはできない。

ウ　誤　　　　　　　　　　　【手付貸与等による契約締結の誘引の禁止】 教P101

　宅建業者は、手付について貸付けその他信用の供与をすることによって契約の締結を誘引してはならない。しかし、手付の額を値引きすることは「信用の供与」にあたらない。

以上より、誤っているものはア、イ、ウの三つなので、正解は4である。

> 信用の供与にあたるのは、手付の額を支払うのは「後でいいですよ」というような行為ですが、手付を値引きすることは、値引きした額をその時に受け取ることになるので、「後でいいですよ」ということにはなりません。

➡ 「問題集」CH01 問題76～問題78 ➤

問32　解答 2　37条書面 ----------------------------- ランク A

1　正　　　　　【構造耐力上主要な部分の状況について当事者双方が確認した事項】 教P98

　売買の目的物が既存の建物であるときは、建物の構造耐力上主要な部分等の状況について当事者双方が確認した事項を37条書面に記載しなければならない。このことは、交付の相手方が宅建業者であっても同じである。

2　誤　　　　　　　　　　　　　　　　　　【37条書面の作成者】 教P97

　37条書面の作成については、それを宅建士がしなければならない旨の規定はない。

3　正　　　　　【37条書面に記載すべき事項の電磁的方法による提供】 教P96, 97

　その通り。37条書面の交付については、交付すべき相手方の承諾を得て、同書面の交付に代えて、同書面に記載すべき事項を電磁的方法によって提供することができる。

4　正　　　　　　　　　　　　　　　　【任意的記載事項】教P98

　租税その他の公課の負担に関する定めは任意的記載事項であり、定めがあるときにはその内容を37条書面に記載しなければならない。

37条書面については、必ず記載すべき事項と、定めがあるときにのみ記載すべき事項に分けて整理しておきましょう。

「問題集」CH01 問題67〜問題73

問33　解答4　営業保証金　　　　　　　　　　ランクA

1　誤　　　　　　　　　　　　　　【営業保証金の供託】教P44

　免許権者は、免許をした日から「3か月」以内に営業保証金を供託した旨の届出がないときは、必ず催告をし、その催告が宅建業者に届いた日から「1か月」以内に届出がないときは、免許を取り消すことができる。本肢は「3か月」と「1か月」が、正しい内容と逆になっている。

2　誤　　　　　　　　　　　　【営業保証金を供託する供託所】教P43

　営業保証金はすべて本店の最寄りの供託所に供託しなければならない。支店の分の営業保証金も本店の最寄りの供託所に供託しなければならない。

3　誤　　　　　　　　　　　　【営業保証金の不足額の供託】教P47

　営業保証金の還付がなされ、宅建業者が免許権者から政令で定める額に不足が生じた旨の通知を受けたときは、「その日（免許権者から通知書の送付を受けた日）」から2週間以内にその不足額を供託しなければならない。

4　正　　　　　　　　　　　　　　【有価証券の評価額】教P43

　国債証券の評価額は額面金額の100%であるから、Aが額面金額1,000万円の国債証券を取り戻すためには、1,000万円を営業保証金として供託する必要がある。そして、Aが新たに供託する額面金額900万円の地方債証券の評価額は額面金額の90%（810万円）となるから、Aは、更に190万円の金銭を供託する必要がある。

営業保証金を有価証券で供託する場合の評価額について、しっかりと押さえておいてください。

「問題集」CH01 問題24〜問題30

問 34 解答 1 宅建業者・宅建士 ────────── ランク B

1 正　　　　　　　　　　　　　　　　　　　　　【法定講習】 教P26

　その通り。宅建士試験に合格した日から１年以内であれば、宅建士としての法的な知識は十分あると認められるので、法定講習は不要となる。

2 誤　　　　　　　　　　　　　　　　　　　　　【変更の登録】 記載なし

　Aが国土交通大臣免許へ免許換えをすると、Aの免許証番号が変わる。そして、勤務する宅建業者の免許証番号は宅建士の資格登録簿の登載事項であるので、それに変更があると、変更の登録を申請しなければならない。

3 誤　　　　　　　　　　　　　　　　　　　　　【登録の移転】 教P34、35

　宅建士の登録および宅建士証は日本全国で有効である。したがって、いずれの都道府県知事の登録を受けた宅建士でも日本全国の宅建業者の事務所の専任の宅建士となることができる。また、登録の移転は義務ではない。

4 誤　　　　　　　　　　　　　　【変更の届出・登録の移転】 教P32〜35

　住所を移転したというだけでは、登録の移転を申請することはできないので、Bは、乙県知事に登録の移転を申請することはできない。しかし、宅建業者の事務所の専任の宅建士の住所は宅建業者名簿の登載事項ではないので、Aは、変更の届出をする必要はない。

> 宅建士が宅建業者の事務所に勤務する場合において、当該宅建士や宅建業者に係る事項について変更があったときに、変更の届出(宅建業者)や変更の登録(宅建士)が必要かどうかはややこしいですが、これを機会に押さえておきましょう。

➡ 「問題集」 CH01 問題18 〜 問題23 ➡

問 35 解答 1 業務上の規制 ────────── ランク A

ア 違反する　　　　　　　　　【契約締結を考慮する時間を与えないこと】 教P102

　宅建業者は、正当な理由なく、宅建業に係る契約を締結する際に、当該契約を締結するかどうかを判断するために必要な時間を与えることを拒むことをしてはならない。

イ 違反する　　　　　　　　　【誤解されるべき断定的判断の提供】 教P102

　宅建業者が、相手方に対して、宅地建物の将来の環境または交通その他の利便について誤解されるべき断定的判断を提供した場合、それが故意によるものではなく、過失に

よるものであっても、宅建業法違反となる。

ウ 違反する 　　　　　　　　　　　　　　　【相手方を困惑させる行為】 教P102

　たとえ短時間であっても、相手方を困惑させる行為は宅建業法の規定に違反する。

エ 違反する 　　　　　　　　　　　　　　　　　【威迫行為の禁止】 教P102

　宅建業者は、契約を締結するよう相手方を威迫してはならない。契約の締結に至らなくても宅建業法違反であることに変わりはない。

以上より、宅建業法の規定に違反しないものはないので、正解は1である。

> 本肢の内容については、常識で考えてもわかると思います。

➡ 「問題集」 CH01 問題76〜問題78 ≫

問36 解答 1 保証協会 　　　　　　　　　　　ランク A

1 正 　　　　　　　　　　　　　　　　　【保証協会の報告義務】 記載なし

　その通り。保証協会は、国土交通大臣または都道府県知事に対して、免許をした宅建業者が保証協会に加入して資金的な裏づけをきちんとしているかどうかを報告しなければならない。

---

2 誤 　　　　　　　　　　　　　　　【弁済業務保証金・分担金】 教P56、57

　弁済業務保証金は金銭または有価証券で供託することができるが、弁済業務保証金分担金は金銭で納付しなければならない。本肢は、正しい内容と逆の記述となっている。

---

3 誤 　　　　　　　　【弁済業務保証金から還付を受けることができる者】 教P58

　宅建業に関する取引をした者で、その取引から生じた債権を有する者でも、宅建業者は弁済業務保証金から還付を受けることができない。

---

4 誤 　　　　　　　　　　　　　【弁済業務保証金分担金の返還】 教P61

　宅建業者が一部の事務所を廃止した場合に、当該宅建業者に弁済業務保証金分担金を返還するときは、還付請求権者に対する公告は不要である。

肢4について、営業保証金を供託している宅建業者が一部の事務所を廃止した場合、当該宅建業者は当該事務所に係る営業保証金の返還を受けることができますが、この場合には公告が必要です。

「問題集」CH01 問題31〜問題36

問37 解答 3 手付金等の保全措置 ---------- ランク A

ア 違反しない 【完成物件】 教P118

完成物件の場合、手付金等の額が代金の10%以下（3,000万円×10％＝300万円以下）かつ1,000万円以下の場合には、保全措置は不要である。

イ 違反しない 【未完成物件】 教P118

未完成物件の場合、手付金等の額が代金の5％以下（3,000万円×5％＝150万円以下）かつ1,000万円以下の場合には、保全措置は不要である。

ウ 違反しない 【保全措置を講じた場合】 教P117〜119

このような届出の規定はない。したがって、Aは免許権者に届け出る必要はない。

エ 違反する 【保証契約の期間】 記載なし

Aが受領する手付金について、保全措置として銀行との間で保証契約を締結した点は問題ないが、保証契約は引渡しまでの期間を保証期間とするものでなければならない。

以上より、宅建業法の規定に違反しないものはア、イ、ウの三つなので、正解は3である。

未完成物件の場合は代金額の5％以下、完成物件の場合は代金額の10％以下という、保全が不要となる額を押さえましょう。

「問題集」CH01 問題85〜問題88

問38 解答 1 重要事項の説明 ---------- ランク B

1 違反する 【買主が宅建業者である場合】 記載なし

信託の受益権の売買における重要事項の説明においては、買主が宅建業者である場合でも、説明を省略することはできない。

2 違反しない 【目論見書の交付】 記載なし

買主に対し金融商品取引法2条10項に規定する目論見書（書面を交付して説明すべき事項のすべてが記載されているものに限る）を交付している場合には、説明を省略することができ

る。

---

3 **違反しない** 　　　　　【契約締結前1年以内に同一内容の契約について説明している場合】 記載なし

　信託の受益権の売買契約の締結前1年以内に売買の相手方に対し当該契約と同一の内容の契約について書面を交付して説明をしている場合には、説明を省略することができる。

---

4 **違反しない** 　　　　　　　　　　　　　　　　　　　　　　【特定投資家】 記載なし

　買主が金融商品取引法2条31項に規定する特定投資家である場合には、説明を省略することができる。

> 信託の受益権の売買は、細かい論点ですが、過去問で出題されたことがあるので、これを機会に本問にあることだけでも押さえておきましょう。

⊙ 「問題集」 CH01 問題55 ～ 問題66 ≫

問39 　解答 3 　業務上の規制 ------------------------------- ランク A

ア **違反しない** 　　　　　　　　　　　【重要な事実の不告知等の禁止】 教P101

　宅建業者は、宅地の周辺の環境について買主の判断に重要な影響を及ぼす事実があるときは、これを買主に告知しなければならない。しかし、その告知をする者は宅建士である必要はない。

イ **違反する** 　　　　　　　　　　　　　　　　　【事実に反する表示】 教P82

　事実を表示しないことによって消極的に誤認させる場合であっても、誇大広告の禁止規定に違反する。

ウ **違反する** 　　　　　　　　　　　　　　　　　【帳簿の保存期間】 教P70

　帳簿は閉鎖後5年間(宅建業者が自ら売主となる新築住宅に係るものは10年間)保存しなければならない。たとえ業務上知りえた秘密が記載されているとしても、閉鎖後直ちに廃棄してはならない。

エ **違反する** 　　　　　　　　　　　【迷惑を覚えさせる時間の訪問】 教P102

　宅建業者(従業員も含む)は、宅建業に係る契約の締結の勧誘をするに際し、相手方等に対し、迷惑を覚えさせるような時間に訪問することをしてはならない。「迷惑を覚えさせるような時間」については、相手方等の職業や生活習慣等に応じて個別に判断されるが、「午前中に訪問されるのは困る」と事前に聞いていたのであるから、午前中に訪問す

ることは「迷惑を覚えさせるような時間」における訪問といえる。

以上より、宅建業法の規定に違反するものはイ、ウ、エの三つなので、正解は3である。

宅建士でないとすることができない事務は、①重要事項の説明、②重要事項説明書の記名、③契約書面(37条書面)の記名の三つだけです。

「問題集」 CH01 問題76〜問題78

問40　解答 1　8種規制（契約内容不適合責任の特約）──── ランク A

ア　無効　　　　　　　　　　　　　　　　【追完の方法】教P111、112、242

　宅建業者が売主で一般人が買主の売買契約においては、種類・品質に関する契約内容不適合責任について、買主が不適合を売主に通知すべき期間を引渡しの日から2年以上の期間とする場合を除き、民法の規定より買主に不利な特約は無効となる。民法の規定では、売主は、「買主に不相当な負担を課するものでないとき」は、買主が請求した方法と異なる方法による履行の追完をすることができると規定されている。本肢の特約は、「買主に不相当な負担を課するものであるかどうかにかかわらず」としているので、民法の規定より買主に不利な特約として、無効となる。

イ　有効　　　　　　　　　　【損害賠償請求に係る特約】教P111、112、214、215、243

　民法の規定でも、売主に帰責事由がなければ、買主は損害賠償の請求をすることができない。本肢の特約は民法の規定通りなので、有効である。

ウ　無効　　　　　　　　　　【契約の解除に係る特約】教P111、112、218、219、243

　民法の規定では、買主が契約を解除する際に売主の帰責事由は不要とされている。本肢の特約は売主に帰責事由がないときは契約を解除することができないとするものなので、買主に不利な特約として、無効となる。

エ　無効　　　　　　　　　　　　　　　【責任追及期間の特約】教P111、112

　宅建業法では、買主が不適合を売主に通知すべき期間について、引渡しの日から2年以上の期間とする特約は有効とされている。本肢の特約は「引渡しの日から1年以内」とするものなので、無効となる。

以上より、有効な特約はイの一つなので、正解は1である。

契約内容不適合責任の特約の問題は、民法の規定より買主に不利かどうかが問題となるので、まずは民法の規定をしっかりと押さえましょう。

「問題集」 CH01 問題83

問 41　解答 2　免許複合　──────────────────── ランク A

1　正　　　　　　　　　　　　　　　　　【免許欠格事由(法人の役員・懲役刑)】 教P20、23

　法人の役員が懲役刑に処せられて、その執行が終わった日から5年を経過しない場合、当該法人は免許の欠格事由に該当する。しかし、懲役に処する旨の判決を受けても、控訴して裁判が継続中であれば、刑は確定していない(刑に処せられたことにはなっていない)。したがって、A社は、免許欠格事由に該当しないので、免許を受けることができる。

2　誤　　　　　　　　　　　　　　　　　【免許・事務所の意義(本店・支店)】 教P10、11

　宅建業を営んでいる支店は事務所である。また、宅建業者の本店は常に事務所となる。したがって、C社は甲県内と乙県内に事務所を有することになるので、国土交通大臣の免許を受けなければならない。

3　正　　　　　　　　　　　　　　　　　　　　　　　　　　【免許の更新】 教P12、13

　その通り。なお、本肢の場合に、従前の免許の有効期間の満了後に更新の処分があったときは、更新後の免許の有効期間は、従前の免許の有効期間の満了の日の翌日から5年間となる。

4　正　　　　　　　　　　　　　　　　　　　　　　　　　　【変更の届出】 教P16

　宅建業者の役員の氏名は宅建業者名簿の登載事項であるので、新たに役員が就任した場合、宅建業者は30日以内に変更の届出をしなければならない。しかし、役員の住所は宅建業者名簿の登載事項ではないので、それに変更があっても、宅建業者は変更の届出をする必要はない。

> 変更の届出が必要となるのは、法人の商号・名称、役員の氏名等の「名前」が変わった場合と覚えると良いです。場所(所在地・住所)が変わった場合に変更の届出が必要となるのは、事務所だけです。

➡ 「問題集」**CH01** 問題5 ～ 問題17 ➤➤

問 42　解答 4　クーリング・オフ　──────────────── ランク A

1　誤　　　　　　　　　　　　　　　　　【クーリング・オフができない場合】 教P108、109

　クーリング・オフができなくなるのは、買主が代金の全額を支払い、かつ、物件の引渡しを受けた場合である。したがって、所有権移転登記を受けていても、引渡しを受けていないのであれば、クーリング・オフによる解除をすることができる。

2　誤　【契約の申込みまたは締結の場所】教P107、108

買主自らが指定した自宅で買受けの申込みおよび契約の締結をした場合は、クーリング・オフによる契約の解除を行うことができない。

3　誤　【案内所に標識の掲示がない場合】教P107

マンションの分譲を行う場合のモデルルームは、土地に定着する案内所なので、そこで買受けの申込みおよび契約の締結をしたDは、クーリング・オフによる契約の解除をすることができない。当該案内所等に、実際に専任の宅建士が設置されているか否か、標識が掲示されているか否かはクーリング・オフの規定の適用の有無とは、関係がない。

4　正　【クーリング・オフの効力発生時期】教P109

クーリング・オフによる契約の解除の効力は書面を発したときに生ずる。Eは、クーリング・オフについてAから書面で告げられた日の翌日に書面を発しているので、クーリング・オフによる契約の解除をすることができる。

> クーリング・オフによる契約の解除の効果が書面を発したときに生じるのは、買主の利益を考えてのことです。この規定があることにより、何らかの事情により解除をする旨の書面が相手方に到達しなかったとしても、クーリング・オフによって契約は解除されたことになります。

➡ 「問題集」**CH01** 問題79〜問題82 ➤➤

問43　解答 2　報酬　　ランク A

1　誤　【報酬額の限度額】教P123

本肢のような定めがあったとしても、宅建業者が受領する報酬は、国土交通大臣が定める限度額を超えることはできない。

2　正　【媒介・代理の依頼を受けた場合】教P125〜131

媒介の依頼を受けたAは、（2,000万円 × 0.03 ＋ 6万円）× 1.1 ＝ 72万6,000円を上限として、代理の依頼を受けたBは、72万6,000円 × 2 ＝ 145万2,000円を上限として、報酬を受領することができる。そして、AとBが合わせて受ける報酬の合計額は145万2,000円を超えてはならない。本肢はいずれの上限額も超えていない。

3　誤　【居住用建物の貸借の代理】教P135、136

消費税の課税事業者である宅建業者が宅地建物の貸借の代理に関して依頼者から受け

ることのできる報酬額(消費税相当額を含む)の限度額は、当該宅地建物の借賃の1か月分の1.1倍に相当する金額以内である。Bは、Cの依頼によって、居住用建物の賃貸借契約を代理しているので、代理に係る報酬として、Cから80,000円×1.1＝88,000円を上限として受領することができる。たとえCの承諾があったとしても、Bは、この額を超えて報酬を受領することはできない。

4　誤　　　　　　　　　　　　　　　【事業用建物の貸借の媒介】 **教P135**

　消費税の課税事業者である宅建業者が宅地建物の貸借の媒介に関して依頼者の一方または双方から受けることのできる報酬(消費税相当額を含む)の合計額は、当該宅地建物の借賃(当該貸借に係る消費税相当額を含まない)の1か月分の1.1倍に相当する金額以内とされている。したがって、Aは、Eから150,000円×1.1＝165,000円を上限として報酬を受領することができる。本肢は居住用建物の貸借の媒介ではないので、依頼者であるEの承諾は不要である。

> 貸借の場合の報酬の限度額の基本を押さえておきましょう。

◉「問題集」CH01 問題93〜問題99 ≫

問44　解答 4　監督処分・罰則 ⋯⋯⋯⋯⋯⋯⋯⋯⋯⋯⋯⋯⋯⋯⋯⋯⋯⋯ ランク B

1　正　　　　　　　　　　　　【専任の宅建士の設置義務違反】 **教P151**

　宅建業者が、宅建業法に規定する数の成年者である専任の宅建士を置かない事務所を開設した場合、当該宅建業者は、100万円以下の罰金に処せられる。

2　正　　　　　　　　　　　　　【宅建士証の返納義務違反】 **教P151**

　宅建士証が失効した場合、当該宅建士であった者は、交付を受けた都道府県知事に宅建士証を返納しなければならない。この義務に違反した者は10万円以下の過料に処せられることがある。したがって、失効した宅建士証を廃棄して、返納義務に違反したBは、10万円以下の過料に処せられることがある。

3　正　　　　　　　　　　　　　　　　　【事務禁止処分】 **教P146、147**

　都道府県知事は、その都道府県の区域内において事務を行っている他の都道府県知事の登録を受けた宅建士が一定の事由に該当するとき、もしくは指示処分に従わない場合は、1年以内の期間を定めて、宅建士としてすべき事務を行うことを禁止することができる。

4　誤　　　　　　　　　　　　　　　　　　　　　　　　【処分権者】**教P140**

　買受けの申込みを受け、または契約の締結をする案内所には、1名以上の専任の宅建士を設置しなければならない。この規定に違反すると、当該宅建業者は指示処分を受けることがある。そして、指示処分は免許権者だけでなく、業務地を管轄する都道府県知事もすることができる。

> 事務所に備えるべきものを備えないと、原則として、50万円以下の罰金に処せられます。ただし、成年者である専任の宅建士を備えなかったときは、100万円以下の罰金に処せられます。

➡ 「問題集」**CH01** 問題100〜問題107 ➤

問45　解答 2　住宅瑕疵担保履行法 ······················· ランク A

1　誤　　　　　　　　　　　　　　　　　　【資力確保措置を講ずる者】**教P154**

　資力確保措置を講ずる義務は、自ら売主として新築住宅を販売する宅建業者に課されるものであり、媒介を行う宅建業者には課されない。

2　正　　　　　　　　　　　　　　　　　　　【供託所等の説明義務】**教P154**

　買主が宅建業者の場合は、資力確保措置を講ずる必要がないため、供託所等について説明する必要もない。

3　誤　　　　　　　　　　　　　　　　　　　　【有価証券の評価額】**教P156**

　住宅販売瑕疵担保保証金について有価証券を充てる場合、各有価証券の評価額は国債証券についてはその額面金額、地方債証券・政府保証債券についてはその額面金額の100分の90、その他の国土交通省令で定める有価証券についてはその額面金額の100分の80とされている。

4　誤　　　　　　　　　　　　　　　　　　【資力確保措置の届出義務】**教P156**

　宅建業者は、「年1回」の基準日（3月31日）から「3週間以内」に、当該基準日に係る資力確保措置の状況について、免許権者に届け出なければならない。従来、基準日は3月31日と9月30日の年2回とされていたが、近年の法改正によって3月31日の年1回となった。

住宅販売瑕疵担保保証金の供託については、営業保証金の供託と似ているので、対比して覚えると良いでしょう。

➡ 「問題集」CH01 問題108〜問題109 ➤➤

問 46　解答 2　住宅金融支援機構 ------------------------------- ランク A

1 正　　　　　　　　【証券化支援事業(買取型)の買取りの対象となる貸付債権】 教P569

買取りの対象となる住宅ローン債権の金利は、長期固定金利であるが、その金利は金融機関によって異なることがある。

2 誤　　　　　　　　【証券化支援事業(買取型)の買取りの対象となる貸付債権】 教P568

親族が居住する住宅を建設し、または購入する者に対する貸付債権も含まれる。

3 正　　　　　　　　　　　　　　　　　　　　　　　　　　【業務の委託】 教P571

その通り。委託する金融機関については主務省令(国土交通省令・財務省令)で定められている。

4 正　　　　　　　　　　　　　　　　　　　　　　【MBS(資産担保証券)】 教P568

その通り。これにより住宅ローン債権の買取資金を調達している。

買取りの対象となる住宅ローン債権は、新築住宅を購入するためのものだけでなく、中古住宅を購入するためのものも含まれます。

➡ 「問題集」CH04 問題24〜問題27 ➤➤

問 47　解答 1　景表法 ------------------------------- ランク B

1 正　　　　　　　　　　　　　　　　　　　　　　　　　　【新築の意義】 教P580

新築という用語を用いて表示するときは、建築工事完了後1年未満であって、居住の用に供されたことがないものという意義に即して使用しなければならない。したがって、建築後2年を経過したものは、新築と表示することはできない。

2 誤　　　　　　　　　　　　　　　　　　　【接道義務を満たしていない土地】 教P574

建築基準法42条に規定する道路に2m以上接していない土地については、原則として、「再建築不可」または「建築不可」と明示しなければならない。「接道義務を満たしていません」と表示しても、一般の人にはそれが何を意味しているのかわからない場合があるからである。

3　誤　　　　　　　　　　　　　　　　　【工事を中断していたマンション】　教P575

　建築工事に着手した後に、同工事を相当の期間にわたり中断していた新築住宅または新築分譲マンションについては、建築工事に着手した時期および中断していた期間を明示しなければならない。

4　誤　　　　　　　　　　　　　　　　　【徒歩による所要時間】　教P576

　徒歩による所要時間は、道路距離80ｍにつき1分間を要するものとして算出した数値を表示しなければならない。実際に歩いたときの所要時間を表示するだけでは不当表示にあたる。

> 徒歩による所要時間を表示する場合、1分未満の端数が生じたときは、1分として算出しなければなりません。

⇒「問題集」 **CH04** 問題28 〜 問題34 ⟫

問48　解答 4　統計　　　　　　　　　　　　　　　　　ランク B

1　誤　　　　　　　　　　　　　　　　　【地価公示】　記載なし

　令和5年1月以降の1年間の地価は、全国平均では、前年と比べて全用途平均は2.3%、住宅地は2.0%、商業地は3.1%、工業地は4.2%の上昇となっている。したがって、「住宅地は2.0%の下落となっている」とする本肢は誤りである。

2　誤　　　　　　　　　　　　　　　　　【法人企業統計調査】　記載なし

　令和4年度における不動産業の売上高利益率について、経常利益率は3年連続の上昇となっているが、営業利益率は前年度と比べて3年ぶりの下落となっている。したがって、「営業利益率も経常利益率も前年度と比べて上昇している」とする本肢は誤りである。

3　誤　　　　　　　　　　　　　　　　　【指定流通機構の活用状況】　記載なし

　令和5年末現在の全国の指定流通機構の総登録件数は、911,170件（前年末比7.4%増）で、このうち売り物件が403,517件（前年末比31.7%増、全体の44.3%）、賃貸物件が507,653件（前年末比6.4%減、全体の55.7%）であった。したがって、「売り物件が全体の80%を占めている」とする本肢は誤りである。

4　正　　　　　　　　　　　　　　　　　【建築着工統計調査報告】　記載なし

　令和5年の新設住宅着工は、持家、貸家及び分譲住宅が減少したため、全体で減少となった。なお、令和5年の新設住宅着工戸数は819,623戸であり、前年比では4.6%減と

なり、3年ぶりの減少となった。

統計の問題については、宅建試験直前に数字や傾向（増加または減少）を再確認して、確実に1点 get！してください。

問49　解答 **2**　土地 ---------------- ランク **A**

1　適当　　　　　　　　　　　　【台地等の浅い谷（液状化現象）】 教P583

　小さな池沼を埋め立てた所は軟弱地盤であることが多く、地盤沈下や地震の際の液状化が生じる可能性がある。

2　最も不適当　　　　　　　　　　　　　　　　　　　　【断層】 教P585

　断層は、ある面を境にして地層が上下または水平方向にくい違っているものであり、その周辺の地盤は安定せず、断層に沿った崩壊や地すべりが発生する危険性が高い。

3　適当　　　　　　　　　　　　　　　　　　　【三角州】 教P583、584

　その通り。地震時には液状化の発生に注意が必要である。

4　適当　　　　　　　　　　　　　　　　　　　　　　【崖崩れ】 教P583

　その通り。崖崩れは、台風などの豪雨の時に、山の斜面で発生しやすい。

液状化現象は、比較的粒径のそろった砂地盤で、地下水位の浅い地域で発生しやすいです。

「問題集」 CH04 問題35〜問題40

問50　解答 **3**　建物 ---------------- ランク **A**

1　適当　　　　　　　　　　　　　　　　　　　　　【鉄骨造】 教P590

　その通り。鉄は火に弱い性質があるので、鉄骨構造を耐火構造とするためには耐火材料で被覆する必要がある。

2　適当　　　　　　　　　　　【鉄筋コンクリート造のコンクリートの養生】 記載なし

　その通り。なお、コンクリートの凝結および硬化を促進するための特別の措置を講ずる場合においては、この限りでないとされている。

3 最も不適当

【木造】記載なし

　木造の材料である木材は、吸収性や吸湿性が「高い」ため、四季により気候が変化する日本の風土には「最適な」材料である。また、日本の住宅の90％以上が木造である。

4 適当

【鉄骨鉄筋コンクリート造】教P592

　その通り。鉄骨鉄筋コンクリート造は、鉄筋コンクリート造よりも強度・靱性があり、自重を抑えられるので、高層建築物に用いられる。

鉄骨構造は、柱や梁の強度が高く、使用する本数が少なくて済むことから、開放的な間取りや広い間口を取ることができます。

「問題集」CH04 問題41〜問題46

第2回

直前予想問題
解答解説

合格基準点 ＝ 34点

第2回　解答一覧・得点計画表

問題番号	分野	テーマ	ランク	正解
1	権利関係	判決文（通行地役権）	A	3
2		意思表示	B	2
3		代理	C	2
4		対抗問題	A	2
5		抵当権	C	4
6		保証債務	B	2
7		地上権・賃借権	B	3
8		親族・相続	A	1
9		契約内容不適合責任	B	4
10		債権譲渡	B	1
11		借地借家法（借地権）	B	3
12		借地借家法（借家権）	A	3
13		区分所有法	B	1
14		不動産登記法	B	4
15	法令上の制限	都市計画法（都市計画）	B	2
16		都市計画法（開発許可）	C	1
17		建築基準法	B	1
18		建築基準法	B	4
19		盛土規制法（宅地造成等工事規制区域）	C	2
20		土地区画整理法	A	3
21		農地法	A	4
22		国土利用計画法（事後届出）	A	3
23	税・その他	印紙税	A	2
24		固定資産税	A	3
25		不動産鑑定評価基準	B	4

問題番号	分野	テーマ	ランク	正解
26	宅建業法	免許複合	B	4
27		宅建士	B	1
28		広告規制等	A	2
29		保証協会	A	3
30		重要事項の説明	A	2
31		媒介契約	A	4
32		事務所等	A	4
33		報酬	A	3
34		クーリング・オフ	B	4
35		重要事項の説明	A	3
36		手付金等の保全措置	A	1
37		業務上の規制	B	2
38		監督処分	B	4
39		業務上の規制	A	1
40		35条書面・37条書面	A	1
41		営業保証金	B	3
42		宅建士	B	2
43		免許複合	A	1
44		8種規制総合	B	2
45		住宅瑕疵担保履行法	A	3
46	税・その他	住宅金融支援機構	B	2
47		景表法	B	1
48		統計	B	3
49		土地	A	1
50		建物	A	4

第2回	A	B	C	計	得点目標	あなたの得点 日付 ／	日付 ／	日付 ／
権利関係	4	8	2	14	7			
法令上の制限	3	3	2	8	5			
宅建業法	12	8	0	20	16			
税・その他	4	4	0	8	6			
計	23	23	4	50	34			
得点目標	23	11	0	34	第2回			

あなたの得点	日付 ／	
	日付 ／	
	日付 ／	

問1　解答 3　判決文（通行地役権）　ランク A

1　正　　　　　　　　　　　　　　　　　　　【地役権の時効取得】記載なし

　地役権は、継続的に行使され、かつ、外形上認識することができるものに限り、時効によって取得することができる。本肢の記述はこの条文の通りなので、正しい。

2　正　　　　　　　　　　　　　　　　　【継続の要件としての通路の開設】記載なし

　判決文は、通行地役権を時効によって取得するための「継続」の要件として「承役地たるべき他人所有の土地の上に通路の開設を要」するとしている。本肢の記述はこの判決文の記述の通りなので、正しい。

3　誤　　　　　　　　　　　　　　　　　　　　　【通路の開設者】記載なし

　判決文は、時効によって通行地役権を取得するための「継続」の要件として、「承役地たるべき他人所有の土地の上に通路の開設を要し、その開設は要役地所有者によってなされることを要する」としている。したがって、Aが乙土地に対する通行地役権を時効によって取得するためには、Aが通路を開設する必要がある。

4　正　　　　　　　　　　　　　　【公道に至るための他の土地の通行権】記載なし

　他の土地に囲まれて公道に通じない土地の所有者は、公道に至るため、その土地を囲んでいる他の土地を通行することができる（民法210条）。この公道に至るための他の土地の通行権は、一定の要件を満たすことによって、当事者の合意がなくても当然に成立するものである。したがって、Aは、乙土地に対する通行地役権を有しないときでも、民法210条に規定する「公道に至るための他の土地の通行権」によって乙土地を通行できることがある。

　地役権はマイナーな論点ですが、出題されるときは通行地役権の時効取得が出題されることが多いです。これを機会に押さえておきましょう。

問2　解答 2　意思表示　ランク B

1　正　　　　　　　　　　　　　　　　　　　　　【意思能力】教P163

　法律行為の当事者が意思表示をした時に、意思能力を有しなかったときは、この法律行為は無効となるので、委任契約も無効となる。

2 誤 【通謀虚偽表示における第三者に対する無効主張】 教P177

　通謀虚偽表示は無効であるのが原則であるが、この無効は、善意の第三者に対抗することはできない。この結果、Cが甲土地の所有権を取得するのであるから、Aだけでなく通謀虚偽表示の相手方であるBも、ＡＢ間の売買契約の無効をCに対抗することはできない。

3 正 【法定追認】 記載なし

　強迫による意思表示は、取り消すことができる。しかし、表意者が追認することができる状態になった後、すなわち強迫の状態が消滅した後に、当該契約は取り消すことができるものであることを知りながら、何らの異議をとどめずに、代金の一部の支払をしたときは、契約の一部の履行となり、追認したものとみなされる（法定追認）。したがって、Bに代金の一部を支払ったAは、強迫を理由とする取消しをすることができない。

4 正 【共通錯誤】 教P180

　錯誤をした側に重過失があった場合には、その意思表示を信じた相手方の信頼を保護する必要があるが、当事者双方に錯誤がある場合には、相手方を保護する必要はない。そのため相手方が表意者と同一の錯誤に陥っていたときは、表意者に重過失があっても錯誤による取消しが認められる。

> 相手方が表意者と同一の錯誤に陥っていたときが共通錯誤ですが、具体例として肢4の事例を覚えておくとよいでしょう。

● 「問題集」 CH02 問題4 ～ 問題8 ≫

問3 解答 2 代理 ランク C

ア 誤 【特定の法律行為の委託における本人の事情の考慮】 教P185

　特定の法律行為をすることを委託された代理人がその行為をしたときは、本人の指図に従って代理人が行為をしたかどうかにかかわらず、本人は、自ら知っていた事情、もしくは過失によって知らなかった事情について、代理人が知らなかったこと、もしくは過失によって知らなかったことを主張することはできない。

イ 正 【無権代理人の責任】 教P194

　無権代理人の責任を追及するには、原則として、相手方が代理権のないことに善意無過失であることが必要となる。しかし、相手方に過失があったとしても、無権代理人が自己に代理権がないことを知っていたときは、相手方は、無権代理人の責任を追及する

ことができる。

ウ **正** 【制限行為能力者が他の制限行為能力者の法定代理人としてした行為】 教P170

制限行為能力者が代理人としてした行為は、行為能力の制限によっては取り消すことができないが、制限行為能力者が他の制限行為能力者の法定代理人としてした行為については、行為能力の制限の規定に従って取り消すことができる。本肢の内容は令和2年の改正点である。

エ **誤** 【代理人と本人の利益相反による無権代理】 教P190、192、193

代理人と本人との利益が相反する行為は、無権代理行為とみなされる。これは令和2年の改正点である。しかし、無権代理行為であっても、本人が追認すれば、本人に対して効力が生じ、有効となる。

以上より、正しいものはイ、ウの二つなので、正解は2である。

> 「被保佐人が保佐人の同意を得なければならないものとして規定されている行為（不動産の売買等）」を、「被保佐人が、他の制限行為能力者の法定代理人としてすること」も、保佐人の同意を得なければならない行為として規定されていることも押さえておきましょう。

> 「問題集」CH02 問題9 ～ 問題14 ≫

問4 解答2 対抗問題 ランクA

1 **正** 【虚偽表示の第三者保護規定の類推適用】 記載なし

虚偽の登記をした者と真の権利者との間に通謀がない場合でも、権利者が虚偽の登記の存在を明示または黙示に承認しているといえるときには、その登記を信頼して取引をした第三者は、虚偽表示の第三者保護規定の類推適用により保護される。したがって、Aは、Cに対して甲土地の所有権を主張することはできない。

2 **誤** 【不法占拠者】 教P251

不動産に関する物権の得喪および変更は、その登記をしなければ、第三者に対抗することができないが、不動産の不法占有者は、この「第三者」に該当せず、この者に対しては、登記をしなくても所有権を対抗することができる。

3 **正** 【遺産分割により取得した自己の持分を超える部分の対抗要件】 教P353、620

遺産分割により、自己の法定相続分を超えて不動産の所有権を取得した場合、自己の法定相続分を超えた部分の取得を第三者に対抗するには、登記を備えなければならない。

したがって、Aは、遺産分割によって甲土地全部の所有権を取得した旨の登記をしなければ、Fから甲土地のFの共有持分を取得してその登記をしたGに対して、甲土地全部の所有権を対抗できない。

4　**正**　　　　　　　　　　　　　　　　　　　　【無権利者】教P251

Hが各種の書類を偽造してAから登記を移転していたとしても、Hは甲土地については無権利者であり、無権利者であるHからの譲受人であるIもまた無権利者である。したがって、真の所有者であるAは、登記がなくても甲土地の所有権をIに対抗することができる。

> 相続財産である不動産を共同相続により取得した者は、その後に、他の共同相続人が当該不動産を売却した場合、自己の法定相続分については、登記がなくても第三者に対抗することができます。

➡️ 「問題集」CH02 問題34〜問題38 ➡️

問5　解答 4　抵当権 ────────────────── ランク C

1　**正**　　　　　　　　　【抵当権設定登記後に設定された賃貸借】教P271,272

抵当権設定登記後に設定された賃貸借は、その期間の長短にかかわらず抵当権者および競売における買受人に対抗することはできない。しかし、建物賃貸借については、賃借人保護の観点から、競売における買受人の買受けの時から、6か月を経過するまでは、建物の買受人に引き渡すことを要しないとされている。

2　**正**　　　　　　　　　　　　　　　　　　【抵当権消滅請求】教P267

抵当不動産の第三取得者は、民法383条所定の書面を抵当権者に送付して、抵当権の消滅を請求することができる。

3　**正**　　　　　　　　　　　　　　　　　　　【共同抵当】記載なし

同一の債権を担保するために数個の不動産に抵当権を設定することができる（共同抵当）。共同抵当が設定された場合において、一つの不動産についてのみ抵当権が実行され、配当がなされる場合（異時配当）、抵当権者は、債権全額について優先弁済を受けることができる。したがって、Bは、甲土地の抵当権の実行により、2,000万円の弁済を受けることができる。

4　**誤**　　　　　　　　　　　　　　　　　　【抵当権の順位の変更】教P265

抵当不動産の担保価値が被担保債権の回収に不十分であっても、後順位抵当権を設定

することができる。そして、抵当権の順位は、各抵当権者の合意によって変更すること
ができるが、利害関係を有する者があるときは、その承諾を得なければならない。この
「利害関係を有する者」とは、被担保債権の差押債権者、転抵当権者等をいい、抵当権設
定者はこれにあたらない。したがって、BとEの抵当権の順位の変更に、Aの同意は不
要である。

> 共同抵当が設定され、異時配当（共同抵当の目的となっている不動産の抵当権を別の機会
> に実行すること）がなされた場合、競売された不動産の後順位抵当権者は、共同抵
> 当権者が同時配当（共同抵当の目的となっている不動産の抵当権を同時に実行すること）の場
> 合において他の不動産から弁済を受けるべき金額を限度として、共同抵当権者に
> 代位することができます。

◆「問題集」CH02 問題39〜問題45 ≫

問6　解答 2　保証債務 ────────────── ランク B

1 正　　　　　　　　　　【期限の利益を喪失した場合の情報提供義務】 教P283、284

　主たる債務者が分割払い等の期限の利益を有する場合において、その利益を喪失した
ときは、債権者は、保証人に対し、その利益の喪失を知った時から2か月以内に、その
旨を通知しなければならない。

---

2 誤　　　　　　　　　　【連帯保証債務のみの違約金等の設定】 記載なし

　保証債務についてのみ違約金または損害賠償の額を定めることは、保証債務の履行を
確保するためのものであり、債務の内容自体を主たる債務より重くするものではないの
で、保証債務についてのみ、違約金または損害賠償の額を約定することができる。これ
は連帯保証の場合についても同様である。また、主たる債務の目的または態様が保証契
約の締結後に加重された場合でも、保証人の負担は加重されないが、違約金や損害賠償
額の予定について約定する場合は、この例外となり、約定通りの負担となる。

---

3 正　　　　　　　　　　【連帯保証人に生じた事由の効力】 記載なし

　保証人に対して生じた事由は、債務の弁済等の債務を消滅させるもの以外は、主たる
債務者に対してその効力を及ぼさないのが原則であるが、債権者と主債務者との間で連
帯保証人に対して生じた事由が主債務者に効力を生ずることを合意していた場合には、
その合意に従った効力が認められる。

---

4 正　　　　　　　　　　【主たる債務の履行状況の情報提供義務】 教P283、284

　保証人が主たる債務者の委託を受けて保証をした場合において、保証人が請求したと
きは、債権者は、保証人に対し、遅滞なく、主たる債務の元本および主たる債務に関す

る利息、違約金、損害賠償その他その債務に従たる全てのものについての不履行の有無ならびにこれらの残額およびそのうち弁済期が到来しているものの額に関する情報を提供しなければならない。

 主たる債務者が期限の利益を喪失したときの債権者の保証人に対する通知義務は、保証人が法人である場合には適用されません。

⮕ 「問題集」CH02 問題46〜問題49 ⮕

問7 解答3 地上権・賃借権 ──────────── ランク B

1 正 【存続期間】教P290,304

　賃貸借の契約期間は、50年を超えることができず、これより長い期間を定めたときは、50年に短縮される。地上権については、賃貸借のように存続期間についての制限はなく、設定行為により、その期間を永久とすることも可能である。

---

2 正 【賃料・地代の定めの要否】教P304

　賃貸借は、賃貸人が目的物の使用および収益を相手方にさせることを約し、賃借人がそれに対する賃料の支払いおよび契約が終了したときに目的物を返還することを約することを要素とする契約であるから、賃料の定めは必須である。これに対し、地上権は、地上権者が他人の土地において工作物等を所有するためにその土地を使用する権利として、所有者の設定行為により認められるものであり、有償・無償を問わない。したがって、地代の設定は必須ではない。

---

3 誤 【譲渡性】教P304

　賃借人は、賃貸人の承諾を得なければ、その賃借権を譲渡し、または賃借物を転貸することができない。これに対し、地上権は、地主の承諾の有無にかかわらず、譲渡することができる。また、地上権の設定を受けている土地を地上権者が賃貸する場合も、地主の承諾は不要である。

---

4 正 【原状回復義務】教P294

　賃借人は、賃貸借契約が終了したときは、賃貸目的物を原状に復して返還しなければならない。地上権者も、地上権が消滅したときは、土地を原状に復して返還しなければならない。

地上権は、所有権者の設定行為によって発生する物権であることから、賃借権とは異なる点がいくつかあります。特に、存続期間の制限がないこと、地代の支払いは必須の要件ではないことを押さえておきましょう。

「問題集」CH02 問題50～問題53 》

問8　解答 1　親族・相続　──────────────────── ランク A

1　正　　　　　　　　　　　　　　　　　　　【未成年者の包括遺贈の承認・放棄】教P164、165

遺贈とは、遺言によって、相続人や相続人以外の者に財産を譲り渡すことをいうが、被相続人の財産の全部を遺贈する包括遺贈の場合には、プラスの財産だけでなくマイナスの財産（借金など）も承継することになる。そのため、その放棄や承認の手続が定められており、未成年者がこれをするには、法定代理人の同意が必要となる。

2　誤　　　　　　　　　　　　　　　　　　　　　　　　　　　【婚姻年齢】教P164

令和4年の民法改正により、年齢18歳に達したときに成年になるとされ、婚姻についても、男女ともに18歳にならなければすることができないとされた。したがって、年齢が18歳未満の者である未成年者は、法定代理人の同意があったとしても婚姻をすることはできない。

3　誤　　　　　　　　　　　　　　　　　　　　　　　　　　　【遺言能力】教P355

遺言は、15歳からすることができる（遺言能力）。その内容が、自己の財産の処分に関するものであっても、法定代理人の同意を得る必要はなく、単独ですることができる。

4　誤　　　　　　　　　　　　　　　　　　　【未成年者の相続放棄・承認】教P164、354

未成年者が法律行為をするには、原則として、その法定代理人の同意を得なければならず、これに反した法律行為は、取り消すことができる。相続の承認および放棄は、財産に関する法律行為であるから、これを有効に行うためには、法定代理人の同意が必要となり、年齢が18歳に達していない未成年者は、単独ですることはできない。

令和4年の民法の改正により、成人となる年齢は18歳とされました。また、婚姻年齢についても、「男→18歳、女→16歳」から男女ともに18歳に達した時とされました。したがって、従来、未成年者は父母の同意を得て婚姻をすることができましたが、成人年齢と婚姻年齢が同じになったので、未成年者は一切婚姻することができなくなりました。

「問題集」CH02 問題74～問題79 》

1 正 【危険の移転】 教P246

　売主が買主に目的物を引き渡した後に当事者双方の責めに帰すことのできない事由によって生じた目的物の滅失、損傷については、買主は、これを理由とする担保責任の追及をすることはできない。

---

2 正 【売買の目的物が権利である場合の担保責任】 教P241、245

　売買により移転した権利が契約の内容に適合しない場合(権利の一部が他人に属する場合においてその権利の一部を移転しないときを含む)には、売買の目的物に契約不適合があった場合の買主の権利に関する規定が準用されるので、買主は、履行の追完請求、代金の減額請求をすることができる。

---

3 正 【土地売買の数量不足】 記載なし

　引き渡された売買の目的物の種類、品質、数量が、契約内容に適合しているかは、当事者が合意した契約内容を基準として判断される。宅地の売買において、建物の建築のために面積を確保することが重要であるという事情がある場合には、実測面積が不足していれば数量不足の不適合になりうる。しかし、周囲を塀で囲まれた土地の売買において、登記簿に表示された面積よりも実測面積が小さくても、その塀に囲まれた土地が売買の目的物として認識されていたのであれば、数量の不適合にあたらず、買主は、代金減額請求をすることはできない。

---

4 誤 【契約不適合の場合の買主の損害賠償請求】 教P214、215、243

　売主は、物の種類、品質、数量に関して、契約の内容に適合した物を提供する義務を負っており、この義務に違反して契約の内容に適合しない物を提供した売主は、債務不履行の規定に従って、損害賠償責任を負う。したがって、買主は、要件を満たせば、履行の追完請求および代金減額請求の行使とは関係なく、売主に対して、その責任を追及することができる。

> 買主が債務の履行を受けることを拒み、または受けることができない場合において、その履行の提供があった時以後に当事者双方の責めに帰することができない事由によってその目的物が滅失し、または損傷したときも、買主は、これを理由とする担保責任の追及をすることはできません。

● 「問題集」**CH02** 問題29〜問題33 ➤

問 10　解答 1　債権譲渡　　　　　　　　　　　　　　ランク B

ア　DがCに優先する　　　　　　　　　　　　【確定日付がある方とない方】　教P235、236

　債権の二重譲渡において、双方の譲渡について債務者に対する譲渡通知がある場合、一方の譲渡通知には確定日付があるが、他方の譲渡通知には確定日付がない場合、確定日付のある方の譲渡が優先する。したがって、確定日付ある証書による通知のあるDが優先する。

イ　DがCに優先する　　　　　　　　　　　　【双方に確定日付がある場合】　教P235、236

　双方の譲渡通知に確定日付がある場合、その優劣は、日付の先後ではなく、通知が債務者に到達した日時の先後によって決する。したがって、確定日付ある証書による通知が先にBに到達したDが優先する。

ウ　CがDに優先する　　　　　　　　　　　　【双方に確定日付がある場合】　教P235、236

　肢イの解説参照。確定日付ある証書による通知が先にBに到達したCが優先する。

エ　CがDに優先する　　　　　　　　　　　　【通知が同時に到達した場合】　記載なし

　双方の譲渡通知に確定日付があり、その通知が債務者に同時に到達した場合、いずれの譲受人も他方に対して優先権を主張することはできない。

以上より、Dが、Cに優先してBに対して弁済を請求できるものはア、イなので、正解は1である。

> 肢エの場合、譲受人から請求を受けた債務者は、他の譲受人がいることを理由として支払いを拒むことはできません。ただし、いずれかの譲受人に債務全額の弁済をしたときは、免責されます。

→ 「問題集」CH02 問題24～問題28 ▶▶

問 11　解答 3　借地借家法（借地権）　　　　　　　　　　ランク B

　ＡＢ間の賃貸借契約は建物所有目的なので、借地権として借地借家法が適用されるが、ＡＣ間の賃貸借契約は資材置場として利用する目的なので、借地権とはならず、民法の規定のみが適用される。以下、このことを前提に解説する。

1　誤　　　　　　　　　　　　　　　　　　　【賃借権の対抗要件】　教P310、334

　借地借家法では、借地権者は、借地権の登記がなくても、土地の上に借地権者が所有する登記された建物があるときは、借地権を第三者に対抗することができるとされている。しかし、Bの建物は未登記であるため、Dに対して借地権を対抗することはできな

い。なお、民法の規定では、Cが賃借権をDに対抗するには、賃借権の登記がなければならないので、この点は正しい。

2　**誤**　　　　　　　　　　　　　　　【土地賃貸借契約の継続】 教P306、307、334

　借地借家法では、借地上に建物が残っており、期間満了後も借地権者が引き続き使用を継続し、借地権設定者が正当事由をもって遅滞なく異議を述べないときは、期間を除いて従前の契約と同一の条件で更新したものと「みなされる」。また、民法においては、期間満了後も賃借人が賃借物の使用収益を継続し、賃貸人がこれを知りながら異議を述べないときは、従前と同じ条件で、さらに賃貸借契約をしたものと「推定される」。

3　**正**　　　　　　　　　　　　　　　【期間を定めない賃貸借契約】 教P290、305、333

　借地借家法では、当事者が期間を定めなかった場合、借地権の存続期間は30年となるが、民法においては、期間の定めのない賃貸借も有効とされており、当事者が期間を定めなかったときは、各当事者は、いつでも解約の申入れをすることができるとされている。

4　**誤**　　　　　　　　　　　　　　【建物買取請求権と費用償還請求権】 教P308、334

　借地契約の期間が満了した場合において、借地上に建物が残っているのに借地契約の更新がなされなかったときは、借地権者は、借地権設定者に対し、建物を時価で買い取るように請求できる。また、民法においては、賃貸人には「有益費」の償還義務が認められるが、これは賃貸借契約終了時に、備え付けたものの価格の増加が現存する場合に限り、「賃貸人の選択」により、支出額または増加額のいずれかの償還がなされるというものである。ブロック塀を設置することは有益な費用とは限らないし、支出額または増加額のいずれを償還するのかを選択するのはCではなく、Aである。

> 借地借家法は、借主を保護するために民法の規定を修正するものなので、どのような修正がなされているのかを意識するようにしましょう。

● 「問題集」 CH02 問題54 〜 問題59 ▶▶

問 12　解答 3　借地借家法（借家権） ------------------------------ ランク A

1　**誤**　　　　　　　　　　　　　　　　　　　【造作買取請求権】 教P324

　賃貸人の同意を得て建物に付加した造作がある場合、建物の賃借人は、賃貸借が期間の満了または解約の申入れによって終了するときに、賃貸人に対し、その造作を時価で買い取るべきことを請求することができる（造作買取請求権）。ただし、建物の賃貸借契約が賃借人の債務不履行を理由として解除されたときは、賃借人の造作買取請求権は認め

られない。

2 **誤** 【敷金返還請求権の発生時期】教P299,300

　敷金は、賃貸借終了後目的物の明渡しまでに生じる損害金その他賃貸借関係により賃貸人が賃借人に対し取得する一切の債権を担保するものであるから、その返還請求権は、目的物の明渡し完了の時までに生じた債権を控除して、なお残額がある場合にその残額について発生する。敷金返還請求権は、賃貸借の目的物を明け渡した時に発生するので、それを担保するために甲建物について留置権を主張することはできない。

3 **正** 【借家権の対抗要件】教P324,325

　建物の賃貸借は、その登記がなくても、建物の引渡しがあったときは、その後その建物について物権を取得した者に対し、その効力を生ずる。Aは、甲建物の引渡しを受けて既に居住しているのであるから、賃借権の登記がなくても、Bから甲建物の所有権を取得し、その登記をしたCに対して、賃借権を対抗することができる。

4 **誤** 【賃貸人の承諾】教P327

　借地については、転貸の場合の賃貸人の承諾に代わる裁判所の許可の制度があるが、借家については、そのようなことを定めた規定はない。

> 造作買取請求権は、①特約で排除された場合と、②債務不履行によって契約が終了する場合には認められないということは、定期建物賃貸借においても同様です。

➡ 「問題集」CH02 問題60～問題67 ➤➤

問13 解答 1 区分所有法 .... ランク B

1 **誤** 【共用部分の重大変更】教P370

　共用部分の変更(その形状または効用の著しい変更を伴わないものを除く)は、区分所有者および議決権の各4分の3以上の多数による集会の決議で決する。ただし、この「区分所有者の定数」は、規約でその過半数まで減ずることができるが、議決権については過半数まで減ずることはできない。本肢は、議決権を過半数まで減ずることができるとするものなので、誤りである。

2 **正** 【専有部分が共有の場合の招集通知】記載なし

　専有部分が数人の共有に属するときは、集会の招集通知は、議決権行使者として指定された者に対してすれば足りる。また、議決権行使者が定められていないときは、共有

者の一人にすれば足りる。

3　**正**　　　　　　　　　　　　　　　　　　【書面または電磁的方法による合意】 教P377

　区分所有法または規約により、集会で決議すべきものとされた事項は、区分所有者全員の書面または電磁的方法による合意があったときは、書面または電磁的方法による決議があったものとみなされる。

4　**正**　　　　　　　　　　　　　　　　　　　　　　　　【議事録の署名】 教P378

　議事録が書面で作成されている場合、議長および集会に出席した区分所有者の2人がこれに署名しなければならない。デジタル化を推進するための法改正により、議事録への押印義務は廃止されている。

 令和3年から、区分所有法でも、集会の議事録が書面作成された場合の押印は不要とされ、議長および集会に出席した区分所有者の2人の署名で足りるとされています。

➡「問題集」CH02　問題82 〜 問題86 ≫

問14　解答 4　不動産登記法 ---------------------------- ランク B

1　**正**　　　　　　　　　　　　　【相続等によって取得した所有権の登記義務】 教P382

　その通り。令和6年の改正点である。権利に関する登記については、原則として登記の申請義務はないが、所有者不明土地問題の対策のため、相続によって不動産の所有権を取得した相続人（遺贈によって取得した相続人も含む）は、自己のために相続の開始があったことを知り、かつ、当該所有権を取得したことを知った日から3年以内に、所有権の移転登記を申請しなければならないこととされている。

2　**正**　　　　　　　　　　　　　　　　　　【買戻し特約の抹消登記】 教P383

　その通り。買戻しの特約に関する登記がされている場合において、契約の日から10年を経過したときは、登記権利者は、単独で当該登記の抹消を申請することができる。令和5年の改正点である。

3　**正**　　　　　　　　　　　　　　【登記事項証明書の交付の請求】 教P386

　その通り。登記事項証明書は、インターネットを利用してオンラインで交付請求ができる。

4　誤　　　　　　　　　　　　　　　　　　　　　　【遺贈による所有権移転登記】教P383

遺贈による所有権移転登記は登記権利者および登記義務者が共同して行うが、令和5年の改正により、相続人に対する遺贈に限り、登記権利者が単独で申請することができるようになった。

本問は不動産登記法に関する近年の改正を問うものが含まれているので、この機会に押さえておいてください。

▶「問題集」CH02 問題87 ～ 問題91 ≫

問 15　解答 2　都市計画法（都市計画）--------------------------- ランク B

1　誤　　　　　　　　　　　　　　　　　　　　【都市計画施設の区域内等での建築制限】教P426

都市計画施設の区域または市街地開発事業の施行区域内において「建築物の建築」をしようとする者は、原則として、都道府県知事（市の区域にあっては当該市の長）の許可を受けなければならない。しかし、土地の形質の変更や工作物の建設については許可を受ける必要はない。

2　正　　　　　　　　　　　　　　　　　　　　　【都市計画区域・準都市計画区域】記載なし

その通り。都市計画区域に指定されたところ以外の準都市計画区域はそのまま準都市計画区域として存続することになる。

3　誤　　　　　　　　　　　　　　　　　　　　　　　　　　　　　【商業地域】教P400、449

商業地域の都市計画には、建築物の建蔽率は定めない。建築基準法で10分の8と定められているからである。

4　誤　　　　　　　　　　　　　　　　　　　　　　　　　　【都市計画事業の告示】記載なし

「都市計画事業の告示をもって→土地収用法の事業認定の告示とみなす」が正しい内容であるのに対して、本肢は「土地収用法の事業認定の告示をもって→都市計画事業の告示とみなす」としており、正しい内容と逆の表現になっている。

肢4については、「都市計画事業については都市計画法の規定が土地収用法の規定に優先する」と覚えるとよいです。

▶「問題集」CH03 問題1 ～ 問題16 ≫

問 16 解答 1 都市計画法（開発許可） ———————————— ランク C

ア　必要

【市街化調整区域内の開発許可の基準】教P411、412

　本肢の行為は開発行為にあたる。そして、市街化調整区域内において生産される農産物の処理、貯蔵若しくは加工に必要な建築物の建築の用に供する目的で行う開発行為については、開発許可を受けることができるが、開発許可が不要となるわけではない。また、市街化調整区域においては、面積によって開発許可が不要となることはない。

イ　不要

【第二種特定工作物（墓園）】教P410

　墓園は、その規模が1ha（10,000㎡）以上のときに第二種特定工作物となる。本肢の墓園の規模は9,000㎡なので、第二種特定工作物にあたらない。したがって、本肢の行為は開発行為にあたらないので、開発許可は不要である。

ウ　必要

【都道府県が行う開発行為】教P410、411

　本肢の行為は開発行為にあたる。そして、市街化区域内で開発許可が不要となる面積は1,000㎡未満である。したがって、本肢の開発行為は開発許可が必要であるが、都道府県が行う開発行為については、都道府県と都道府県知事との協議が成立することをもって、開発許可があったものとみなされる。

エ　必要

【学校の施設の建築目的で行う開発行為】教P411、412

　本肢の行為は開発行為にあたる。学校の校舎の建築の用に供する目的で行うということでは開発許可は不要とならない。また、市街化区域で開発許可が不要となる面積は1,000㎡未満である。

以上より、許可または協議のいずれをも必要としないものはイの一つなので、正解は1である。

> 「農産物の処理、貯蔵若しくは加工に必要な建築物」の例としては、市街化調整区域内のミカン畑で生産されるミカンの缶詰工場が挙げられます。このような建築物は「農業に関連する施設」なので、開発許可は受けられますが、開発許可自体は必要です。

→ 「問題集」CH03 問題1 ～ 問題16 ≫

問 17 解答 1 建築基準法 ———————————————— ランク B

1　誤

【接道義務】教P443

　地方公共団体は、一定の建築物について、条例で、接道義務の制限を付加することが

できるが、緩和することはできない。

2　正　　　　　　　　　　　　　　　　　　　　　　　　　　　【北側斜線制限】 教P459

　北側斜線制限が適用されるのは、第一種・第二種低層住居専用地域、田園住居地域、第一種・第二種中高層住居専用地域である。第一種住居地域には北側斜線制限は適用されない。

3　正　　　　　　　　　　　　　　　　　　　　　　　　　　　【階段の踊場】 記載なし

　その通り。「高さ４m以内ごとに踊場」ということがポイント。

4　正　　　　　　　　　　　　　　　　　　　　　　　　　【隣地境界線に接する外壁】 教P465

　その通り。本肢の内容は、防火地域・準防火地域に共通のものであることに注意。

「道路斜線制限」、「隣地斜線制限」、「北側斜線制限」のそれぞれについて、当該規制が適用される地域を押さえておきましょう。

「問題集」CH03 問題17〜問題33

問 18　解答 4　建築基準法　　　　　　　　　　　　　　　　　ランク B

1　正　　　　　　　　　　　　　　　　　　　　　　　　【日影規制の対象建築物】 記載なし

　その通り。本来は日影規制の対象とならない建築物であっても、同一の敷地内に日影規制の対象となる建築物がある場合には、本肢の規定によって、当該建築物についても日影規制が適用される。

2　正　　　　　　　　　　　　　　　　　　　　　　　　　　　【建築確認】 教P467、468

　コンビニエンスストアは特殊建築物であり、その用途に供する部分の床面積が200㎡を超える特殊建築物を建築する場合には、建築確認を受けなければならない。

3　正　　　　　　　　　　　　　　　　　　　　　【低層住居専用地域内等の高さ制限】 教P462

　第一種・第二種低層住居専用地域または田園住居地域において、建築物の高さは10mまたは12mが限度とされるが、再生可能エネルギー源(太陽光、風力その他非化石エネルギー源のうち、エネルギー源として永続的に利用することができると認められるもの)の利用に資する設備の設置のため必要な屋根に関する工事その他の屋外に面する建築物の部分に関する工事を行う建築物で構造上やむを得ないものであって、特定行政庁が低層住宅に係る良好な住居の環境を害するおそれがないと認めて許可したものの高さは、その許可の範囲内において、これらの規定による限度を超えるものとすることができる。本肢の内容は

令和5年4月1日施行の法改正に係るものである。

4　誤　　　　　　　　　　　　　　　　　　　　【建築確認（消防長等の同意）】教P469

　特定行政庁、建築主事、建築副主事または指定確認検査機関は、建築確認をする場合においては、原則として、当該確認に係る建築物の工事施工地または所在地を管轄する消防長または消防署長の同意を得なければならない。消防長等の同意を得るのは、建築主事等または指定確認検査機関であって、建築主ではない。

> 第一種・第二種低層住居専用地域、田園住居地域においては、原則として、建築物の高さは10mまたは12mに制限されることは宅建試験での頻出事項ですので、まずはこの点を押さえましょう。

➡「問題集」CH03 問題17〜問題33 ▶▶

問19　解答2　盛土規制法（宅地造成等工事規制区域）・・・ランクC

1　正　　　　　　　　　　　　　　　　　　【許可が必要な宅地造成工事】教P495、496

　宅地造成等工事規制区域内で宅地造成に関する工事をする場合、工事主は、原則として、当該工事に着手する前に、都道府県知事の許可を受けなければならない。そして、宅地造成とは宅地以外の土地を宅地にするために行う盛土その他の土地の形質の変更で政令で定めるものをいい、この「政令で定めるもの」は、①盛土であって、当該盛土をした土地の部分に高さが1mを超える崖を生ずることとなるもの、②切土であって、当該切土をした土地の部分に高さが2mを超える崖を生ずることとなるもの、③盛土と切土とを同時にする場合において、当該盛土および切土をした土地の部分に高さが2mを超える崖を生ずることとなるときにおける当該盛土および切土（①、②に該当する盛土または切土を除く）、④①または③に該当しない盛土であって、高さが2mを超えるもの、⑤以上のいずれにも該当しない盛土または切土であって、当該盛土または切土をする土地の面積が500㎡を超えるものである。本肢の工事は、宅地以外の土地を宅地にするために行う盛土に関する工事ではあるが、①〜⑤のいずれにも該当しないので、都道府県知事の許可を受ける必要はない。

2　誤　　　　　　　　　　　　　　　　　　　　　【許可が必要な宅地造成工事】教P495

　本肢の工事は肢1の解説にある②にあたるので、原則として、都道府県知事の許可が必要となる。

3　正　　　　　　　　　　　　　　　　　　　　　　　【許可が必要な特定盛土等】教P496

　宅地造成等工事規制区域内で特定盛土等に関する工事をする場合、工事主は、原則と

して、当該工事に着手する前に、都道府県知事の許可を受けなければならない。そして、特定盛土等とは、宅地または農地等において行う盛土その他の土地の形質の変更で、当該宅地または農地等に隣接し、または近接する宅地において災害を発生させるおそれが大きいものとして政令で定めるものをいう。この「政令で定めるもの」は肢1の解説にある「政令で定めるもの」と同じである。したがって、本肢の工事は肢1の解説にある⑤にあたるので、原則として、都道府県知事の許可が必要である。

4　正　　　　　　　　　　　　　　　【許可が必要となる土石の堆積】教P496

　宅地造成等工事規制区域内で土石の堆積に関する工事をする場合、工事主は、原則として、当該工事に着手する前に、都道府県知事の許可を受けなければならない。そして、土石の堆積とは、宅地または農地等において行う土石の堆積で政令で定めるもの(一定期間の経過後に当該土石を除却するものに限る)をいう。この「政令で定める土石の堆積」は、①高さが2mを超え、かつ、面積が300㎡を超える土石の堆積、②①に該当しない土石の堆積であって、当該土石の堆積を行う土地の面積が500㎡を超えるものである。したがって、高さが3mになる面積500㎡の土石の堆積は①にあたるので、一定期間の経過後に当該土石を除却する場合でも、原則として、都道府県知事の許可が必要である。

> 本問は宅地造成等工事規制区域内において行う工事で都道府県知事の許可が必要となるものはどのようなものかを問うものです。盛土規制法で許可が必要となる工事については、旧宅造法と比べて複雑ですが、これを機会に整理しておきましょう。

➡ 「問題集」CH03 問題48～問題55 ➤

問20　解答 3　土地区画整理法 ------------------------ ランク A

1　誤　　　　　　　　　　　　　　　　　　　【施行区域】教P514

　「施行区域」とは、都市計画法の規定により土地区画整理事業について都市計画に定められた区域をいう。国土交通大臣、都道府県、市町村等は「施行区域」の土地について土地区画整理事業を施行することができるとされているが、組合については、そのような限定はない。

2　誤　　　　　　　　【事業の施行の障害となる土地の形質の変更等】教P518

　組合の許可を受けるのではなく、都道府県知事(市の区域で施行する事業では当該市の長)の許可を受けなければならない。

3　正　　　　　　　　　　　　　　　　　　　【仮清算金】教P625

　組合は、仮換地を指定した場合において、必要があると認めるときは、仮清算金を、清

算金の徴収または交付の方法に準ずる方法により徴収し、または交付することができる。

---

4 **誤** 【仮換地の指定】教P519

　土地の区画形質の変更に係る工事のため必要がある場合だけでなく、換地計画に基づき換地処分を行うため必要がある場合にも、仮換地を定めることができる。

> 肢2について、組合は都道府県知事のコントロールの下で土地区画整理事業を行っているので、その施行の障害となる行為をする場合には、コントロールをしている都道府県知事の許可を受けることになります。

⮕「問題集」CH03 問題56～問題61 ⮕

問 21　解答 4　農地法　ランク A

1 **誤** 【農地の定義】教P486

　農地かどうかは現況によって判断するので、現に耕作している土地であれば農地である。土地登記簿上の地目は、農地かどうかの判断とは関係がない。

---

2 **誤** 【3条の許可】記載なし

　従来は、農地法3条の許可を受けるにあたって、本肢のような下限面積を定める規定があったが、この規定は令和5年4月1日施行の改正によって削除された。

---

3 **誤** 【4条の許可】教P488

　採草放牧地の自己転用は農地法4条の規制を受けない。したがって、採草放牧地の所有者が、その土地に自らが居住する住宅を建築する場合、農地法4条の許可は不要である。

---

4 **正** 【国・都道府県が農地を転用する場合】教P491

　その通り。学校のほか、病院、社会福祉施設、庁舎に転用する場合も、本肢と同様に都道府県と都道府県知事との協議が成立することをもって農地法4条の許可があったものとみなされる。

> 肢2は細かい知識ですが、近年の改正点なので、これを機会に押さえておくと良いでしょう。

⮕「問題集」CH03 問題42～問題47 ⮕

60

問22　解答 3　国土利用計画法（事後届出）━━━━━━━　ランク A

1 **誤**　　　　　　　　　　　　　　　【土地売買等の契約（抵当権の設定）】 教P476

　抵当権を設定することは、事後届出が必要な「土地売買等の契約」にあたらない。したがって、B銀行は事後届出をする必要はない。

2 **誤**　　　　　　　　　　　　　　　　　　　　　【届出の名義人】 教P477、481

　代理人によって土地売買等の契約を締結した場合、事後届出は本人名義である。したがって、本肢では買主本人であるDの名義で事後届出をしなければならない。なお、本肢では「都市計画区域内の6,000㎡の土地」となっているが、それが市街化区域、市街化調整区域、または非線引き区域のいずれであっても、届出対象面積には達している。

3 **正**　　　　　　　　　　　　　　　　　　　【事後届出の要否】 教P476、477

　贈与は「土地売買等の契約」ではないので、Fは、Gからの贈与によって土地を取得したことについて事後届出をする必要はない。また、市街化区域内で事後届出が必要となる面積は2,000㎡以上なので、1,500㎡の土地をHから買ったFは事後届出をする必要はない。Gから取得した土地の面積を加えると3,000㎡となるが、Gからの土地の取得は贈与を原因とするもので、「土地売買等の契約」ではないから、Fの事後届出の要否についてその面積を考慮する必要はない。

4 **誤**　　　　　　　　　　　　　　　　　　【事後届出をするべき時期】 教P474、475

　市街化調整区域内の5,000㎡以上の土地を買い受けた場合、事後届出をする必要がある。そして、事後届出は「契約を締結した日」から起算して2週間以内にしなければならない。「引渡しを受けた日」または「所有権移転登記をした日」から起算して2週間以内にするのではない。

> 土地を借金の担保とする場合、抵当権の設定は「土地売買等の契約」に該当しませんが、譲渡担保をする場合は「土地売買等の契約」に該当します。

➡ 「問題集」CH03 問題34〜問題41 》》

問23　解答 2　印紙税　━━━━━━━━━━━━━━━━　ランク A

1 **誤**　　　　　　　　　　　　　　　　　　　　　　【受取書（領収書）】 教P537

　本肢の受取書（領収書）は営業に関しないものなので、印紙税は課税されない。

2　正　　　　　　　　　　　　　　　　　　　　　　【国または地方公共団体が作成する売買契約書】教P536

　国または地方公共団体が保存する売買契約書は、株式会社が作成したものとして印紙税が課されるが、株式会社が保存する売買契約書は、国または地方公共団体が作成した売買契約書として印紙税は課されない。

3　誤　　　　　　　　　　　　　　　　　　　　　　　　　　　【交換契約書の記載金額】教P538

　交換契約書に交換対象物の双方の価額が記載されているときは、いずれか高い方（等価交換のときは、いずれか一方）の金額が記載金額となる。交換差金が記載金額となるのは、交換差金のみが記載されている場合である。

4　誤　　　　　　　　　　　　　　　　　　　　　　　　　　　　　　　【消印】記載なし

　課税文書の作成者は、印紙を消す場合には、自己またはその代理人（法人の代表者を含む）、使用人その他の従業者の印章または署名で消さなければならない。従業者の印章または署名によっても消印することができる。

> 営業に関する受取書であっても、記載金額が5万円未満の受取書には印紙税は課されません。

➡ 「問題集」CH04 問題1 〜 問題14 ➡

問24　解答 3　固定資産税 -- ランク A

1　正　　　　　　　　　　　　　　　　　　　　　　　　　　　【新築住宅の特例】教P544

　令和8年3月31日までの間に新築された住宅に対して課される固定資産税については、新たに課されることとなった年度から3年度間（3階建以上の中高層耐火建築物については5年度間）、一戸あたり120㎡までの部分の税額が2分の1となる。減額される「期間」、および減額されるのは「税額」であり「課税標準」ではないことに注意。

2　正　　　　　　　　　　　　　　　　　　　　　　　　　【固定資産課税の納期】記載なし

　固定資産税の納期は、4月、7月、12月および2月中において、当該市町村の条例で定める。ただし、特別の事情がある場合においては、これと異なる納期を定めることができる。

3　誤　　　　　　　　　　　【納税義務者（年度の途中で所有者に変更があった場合）】教P541

　固定資産税は、賦課期日（1月1日）現在の固定資産の所有者が納税義務を負う。年度の途中で所有者に変更があっても、それぞれの所有者が納税義務を負うのではない。

4　正　　　　　　　　　　　　　　　　　　　　　　　　【標準税率】 教P542

固定資産税の標準税率は1.4％である。ただし、市町村はこの標準税率を超えて課税することも可能である。

固定資産税の市町村への納税義務者は肢3のように規定されていますが、売買等をする当事者間では、税の負担額の調整（買主が所有する期間に相当する固定資産税額相当額を売主に支払う）をするのが普通です。

→ 「問題集」CH04 問題1 ～ 問題14 ⟩⟩

問 25　解答 4　不動産鑑定評価基準 ------------------------------ **ランク B**

1　正　　　　　　　　　　　　　　　　　　　　　　　　【想定上の条件】 記載なし

その通り。なお、想定上の条件を設定する場合には、設定する想定上の条件が鑑定評価書の利用者の利益を害するおそれがないかどうかの観点に加え、特に実現性および合法性の観点から妥当なものでなければならない。

2　正　　　　　　　　　　　　　　　　　　　　　　　　【収益還元法】 記載なし

その通り。地価が急激に上昇している場合は、収益還元法を適用することによって、その不動産が本当にそのような価値を有するものか検証することができる。

3　正　　　　　　　　　　　　　　　　　　　　　　　　【原価法】 記載なし

その通り。造成直後の土地と比べて公共施設等の整備等によって土地の価値が上昇していると認められるときは、その点を加味して土地の価格を判定するということ。

4　誤　　　　　　　　　　　　　　　　　　　　　　　　【特定価格】 教P556

特定価格とは、市場性を有する不動産について、法令等による社会的要請を背景とする鑑定評価目的の下で、正常価格の前提となる諸条件を満たさないことにより正常価格と同一の市場概念の下において形成されるであろう市場価値と乖離することとなる場合における不動産の経済価値を適正に表示する価格をいう。本肢は、特殊価格の定義である。

正常価格、限定価格、特定価格、特殊価格の定義については、キーワードを押さえて整理しておきましょう。

→ 「問題集」CH04 問題15 ～ 問題19 ⟩⟩

1　誤　　　　　　　　　　　　　　　　　　　　　　【免許換え】教P15

　甲県内の事務所をすべて乙県内に移転することにより、Aの事務所はすべて乙県内にあることになるから、Aは乙県知事に免許換えの申請をしなければならない。しかし、宅建業を廃止するわけではないから、Aは甲県知事に廃業の届出をする必要はない。

2　誤　　　　　　　　　　　　　　　　　　　　　【廃業等の届出】教P17

　個人である宅建業者が死亡した場合、その相続人は、死亡の事実を「知った日」から30日以内に、その旨を免許権者に届け出なければならない。また、その場合に宅建業者の免許が失効するのは、届出の時ではなく、「死亡した時」である。

3　誤　　　　　　　　　　　　　　　　　　　　　　【免許換え】教P14

　Aは甲県知事免許の宅建業者であるから、その事務所は甲県内にのみあるはずである。そのAが乙県内にも事務所を増設したのであれば、Aがすべきことは宅建業者名簿の変更の届出ではなく、国土交通大臣への免許換えの申請である。また、変更の届出は、2週間以内ではなく、30日以内にしなければならないとされている。

4　正　　　　　　　　　　　　　　【免許の取消し（1年以上の休業）】教P143

　宅建業者が引き続き1年以上事業を休止した場合、当該宅建業者の免許は取り消される。この免許の取消しは必要的なものであり、休止したことにやむを得ない事由があったとしても、当該宅建業者の免許は取り消される。

たとえば、個人である宅建業者Aが病気で入院したことによって1年以上宅建業を休止すると、Aの免許は取り消されます。そうするとAが「かわいそう」にも思えます。しかし、入院している間は宅建業を営むことはできないので、免許は不要ですし、退院して免許を申請すれば、直ちに免許を受けることができるので、Aが「かわいそう」ということはありません。

➡ 「問題集」CH01　問題5〜問題17 ⟫

1　正　　　　　　　　　　　　　　　　　　　【登録の欠格事由】教P28〜31

　近年の法改正によって、成年被後見人または被保佐人であることは、登録の欠格事由ではなくなった。したがって、後見開始の審判を受けたという理由で登録が消除されることはない。なお、後見開始の審判や保佐開始の審判を受けたかどうかにかかわらず、心身の故障により宅建士の事務を適正に行うことができない者として国土交通省令で定

めるものとなったときは、登録の欠格事由に該当することになるので、その者の登録は消除される。

2　誤　　　　　　　　　　　　　　　　　　　　　　　　【宅建士証の提示】教P97

　宅建士が37条書面を交付する場合、宅建士証は取引の関係者から請求があったときに提示すれば足りる。重要事項の説明をする場合に宅建士証を必ず提示しなければならないこととの違いに注意。

3　誤　　　　　　　　　　　　　　　　　　　　　　　　【変更の登録】教P32、33

　宅建士が勤務する宅建業者の商号または名称および免許証番号は資格登録簿の登載事項であるので、それに変更があったときは、変更の登録を申請しなければならない。したがって、Aは、BおよびCのいずれにおいても事務所の専任の宅建士でなくても、変更の登録を申請しなければならない。

4　誤　　　　　　　　　　　　　　　　　　　　　　　　【法定講習】教P35

　登録の移転とともに宅建士証の交付を受ける場合、法定講習を受講する必要はない。

 肢4について、宅建試験に合格してから1年以内に宅建士証の交付を受ける場合も法定講習を受講する必要はありません。

→「問題集」CH01 問題18〜問題23 ≫

問28　解答 2　広告規制等　ランク A

ア　違反する　　　　　　　　　　　　　　　　　　　【取引態様の別の明示】教P85、86

　数回に分けて広告をする場合でも、それぞれの回に取引態様の別を明示する必要がある。

イ　違反する　　　　　　　　　　　　　　　　【未完成物件の広告開始時期の制限】教P84

　建築確認が必要な建物については、建築確認を受ける前に広告をしてはならない。このことは建築確認申請中であること（＝建築確認を受けていないこと）を広告中に明示しても、また、当該建物の販売は建築確認を受けてからするとしても、同じである。

ウ　違反する　　　　　　　　　　　　　　　　　　　　　【代理契約書面】教P75、80

　代理契約においても、媒介契約と全く同じ規制がある。したがって、依頼者と宅地・建物の売買・交換の代理を依頼された宅建業者は、依頼者に対して代理契約書面の交付または同書面に記載すべき事項の電磁的方法による提供をしなければならない。

エ　**違反しない**　　　　　　　　　　　　　　　　　　　　　【自ら貸借】教P4

　自己の所有するマンションについて自ら貸借をすることは、「取引」にはあたらないので、宅建業法の規制を受けない。したがって、本肢において、Aは広告に取引態様を明示する必要はない。

以上より、宅建業法の規定に違反しないものはエの一つなので、正解は2である。

> 代理契約についても、媒介契約と全く同じ規制があることに注意してください。

◆「問題集」CH01 問題51 ～ 問題54 ≫

問 29　解答 3　保証協会　　　　　　　　　　　　　　　　ランク A

1　**誤**　　　　　　　　　　　　　　　　　　【特別弁済業務保証金分担金】教P596

　保証協会の社員は、保証協会から特別弁済業務保証金分担金を納付すべき旨の通知を受けた場合で、その通知を受けた日から「1か月」以内にその通知された額の特別弁済業務保証金分担金を保証協会に納付しないときは、当該保証協会の社員の地位を失う。

2　**誤**　　　　　　　　　　　　　　　　　【弁済業務保証金の不足額の供託】教P59

　保証協会は、弁済業務保証金の還付があった場合、国土交通大臣から通知を受けた日から「2週間以内」に、その還付された弁済業務保証金の額に相当する額の弁済業務保証金を供託しなければならない。

3　**正**　　　　　　　　　　　　　　　　　　　　　【保証協会への加入】教P53

　一の保証協会の社員である者は、他の保証協会の社員となることができない。このことは、取引をした者に対する保証を手厚くする目的があっても同じである。

4　**誤**　　　　　　　　　　　　　　　　【弁済業務保証金分担金の納付時期】教P55

　宅建業者で保証協会に加入しようとする者は、加入しようとする日までに、弁済業務保証金分担金を保証協会に納付しなければならない。

> 保証協会に関しては、いろいろな期間が定められているので、これを機会に押さえておきましょう。

◆「問題集」CH01 問題31 ～ 問題36 ≫

問30　解答 2　重要事項の説明　ランク A

1　違反しない　【維持修繕の実施状況】教P93

マンションの維持修繕の実施状況が記録されているときはその内容を説明しなければならないが、記録がない場合は説明する必要はない。

2　違反する　【造成宅地防災区域】教P90

その通り。造成宅地防災区域内にあるときのその旨は、宅地建物の売買・交換・貸借のすべての取引において重要事項として説明しなければならない。

3　違反しない　【契約内容不適合責任の履行に関する保証保険契約等の締結】教P93

契約内容不適合責任の履行に関する保証保険契約の締結等の措置については、その措置を講ずるかどうか、およびその措置を講ずる場合におけるその措置の概要を、重要事項として説明しなければならない。そして、保証保険契約の締結等の措置を講じないときは、その講じない旨を説明しなければならない。しかし、このことは売買・交換の場合についてであり、貸借のときは説明する必要はない。

4　違反しない　【建物状況調査(インスペクション)】教P88

既存建物の売買の媒介においては、建物状況調査を実施している場合には、その結果の概要について説明するとともに、設計図書、点検記録その他の建物の建築および維持保全の状況に関する書類で国土交通省令で定めるものの保存の状況についても説明しなければならない。しかし、書類の保存の状況については、その書類の有無について説明すれば足り、書類の記載内容を説明する必要はない。

重要事項の説明については、問題となっている契約が売買・交換なのか、貸借なのかに注意しつつ考えていくことが重要です。

▶「問題集」CH01 問題55〜問題66 ▶▶

問31　解答 4　媒介契約　ランク A

1　正　【媒介契約の定めに違反したときの措置】教P81

専任媒介契約においては、重複依頼をすることはできないので、依頼者が当該宅建業者以外の宅建業者の媒介または代理によって売買契約を締結させたときの措置を媒介契約書面に記載しなければならない。

2　**正**　　　　　　　　　　　　　　　　　【契約申込みに関する報告義務】 **教P78**

　媒介契約の目的物である宅地や建物の売買または交換の申込みがあったときは、締結した媒介契約の種類にかかわらず、その旨を依頼者に遅滞なく報告しなければならない。一般媒介契約であってもこの報告義務はある。

3　**正**　　　　　　　　　　　　　　【媒介契約書面の記載事項（売買すべき価額）】 **教P81**

　依頼を受けた物件の売買価額について意見を述べるときは、その根拠を明らかにしなければならないが、媒介契約書面には売買すべき価額を記載すれば足り、根拠を記載する必要はない。なお、媒介契約書面の交付に代えて電磁的方法により提供する場合も、その根拠に係る情報については提供する必要はない。

4　**誤**　　　　　　　　　　　　　　　　　【業務の処理状況の報告義務】 **教P78**

　専属専任媒介契約においては、宅建業者は１週間（７日間）に１回以上の頻度で業務の処理状況を依頼者に報告しなければならない。そして、これに反する特約で依頼者に不利なものは無効となる。休業日を除くと、１週間（７日間）よりも長い間報告をしないことも許されることになり、依頼者に不利な特約となるから、当該特約は無効である。

　依頼者に対して売買すべき価額について意見を述べる者は、宅建士である必要はありません。

➡ 「問題集」 **CH01** 問題45～問題50 ➡

問32　解答 4　事務所等　————————————————　ランク A

1　**正**　　　　　　　　　　　　　　　　　　　　　　　【帳簿の保存期間】 **教P70**

　その通り。帳簿の保存期間は、原則として、５年間である。ただし、宅建業者が自ら売主となる新築住宅については、宅建業者は品確法によって当該住宅の構造耐力上主要な部分等の瑕疵について10年間担保責任を負うので、それに係る帳簿の保存期間も10年間とされている。

2　**正**　　　　　　　　　　　　　　　　　　　　　　　　【案内所の届出】 **教P64、65**

　宅建業者は、契約を締結し、または契約の申込みを受ける案内所を設置する場合、免許権者および当該案内所の所在地を管轄する都道府県知事に対して、案内所の届出をしなければならない。本肢では、免許権者と案内所の所在地を管轄する都道府県知事のいずれも甲県知事であるから、案内所の届出は甲県知事に対してのみすれば足りる。

3 正   【帳簿】 記載なし

その通り。このように帳簿への記載については、データとして保存することもできる。

---

4 誤   【帳簿の設置・閲覧】 教P72

宅建業者は、事務所ごとにその業務に関する帳簿を備えなければならない。しかし、帳簿を閲覧させる義務はない。

> 従業者名簿については閲覧の義務がありますが、帳簿には閲覧の義務はありません。

➡ 「問題集」 CH01 問題37〜問題44 ➤➤

問 33 解答 3 報酬 -- ランク A

1 正   【権利金の授受がある場合】 教P136〜137

報酬の限度額について権利金による計算が行える場合は、借賃により算出された金額と比較して、いずれか高い方の金額を上限として受領することができる。

---

2 正   【37条書面の作成費用】 教P123

37条書面の作成費用は報酬に含まれるので、報酬とは別に受領することはできない。

---

3 誤   【厚意で支払う謝金】 記載なし

依頼者が厚意で支払う謝金も報酬に含まれるので、これも含めた報酬について、国土交通大臣が定めた限度額を超えて受領することはできない。

---

4 正   【双方から媒介の依頼を受けた場合】 教P135

事業用建物の貸借の媒介を行う場合、依頼者の双方から受領する報酬の合計額が借賃の1.1か月分以内であれば、依頼者の双方からどのような割合で受領してもよい。

> 依頼者の依頼による広告費については、報酬と別に受領することができます。

➡ 「問題集」 CH04 問題93〜問題99 ➤➤

問 34 解答 4 クーリング・オフ ------------------------------- ランク B

1 誤   【買主に不利な特約】 教P108

ホテルのロビーで買受けの申込みをした場合、契約の締結を宅建業者の事務所で行っ

ても、代金の全額の支払いをせず、かつ、引渡しを受けていなければ、クーリング・オフについて書面で告知された日から起算して8日間はクーリング・オフによる契約の解除を行うことができる。そして、クーリング・オフの規定に反する特約で買主に不利なものは無効となる。

2　**誤**　　　　　　　　　　　　　【クーリング・オフについての告知書面の記載事項】 記載なし

クーリング・オフについての告知書面には、①買受けの申込みをした者または買主の氏名(法人にあっては、その商号または名称)および住所、②売主である宅建業者の商号または名称および住所ならびに免許証番号、③告げられた日から起算して8日を経過する日までの間は、宅地または建物の引渡しを受け、かつ、その代金の全部を支払った場合を除き、書面により買受けの申込みの撤回または売買契約の解除を行うことができること等が記載される。

3　**誤**　　　　　　　　　　　　　　　　　　　　　　　【損害賠償の請求】 教P110

クーリング・オフによる契約の解除に伴って宅建業者に損害が生じた場合であっても、宅建業者は、その損害賠償を請求することができない。損害賠償の請求ができない以上、受領した手付金を損害の賠償に充てることも許されない。また、受領した手付金は、買主に対して速やかに返還しなければならない。

4　**正**　　　　　　　　　　　　　　　　　　　　　　　【買主に有利な特約】 教P110

仮にBが「AB間の契約はクーリング・オフすることができる」旨をAに書面で告げていた場合、本肢の特約によれば、その日から起算して8日を経過していても、Aはクーリング・オフによる契約の解除をすることができる。したがって、本肢の特約は、宅建業法の規定よりも買主に有利な特約なので有効である。

 肢2は細かい知識ですが、肢4が正しいことは容易に分かると思います。

⊙「問題集」CH01 問題79〜問題82 ⟫

問 35　解答 **3**　**重要事項の説明** -------------------------------- ランク **A**

1　**誤**　　　　　　　　　　　【テレビ会議システムによる重要事項の説明】 教P88

テレビ会議システムによる重要事項の説明をする場合、宅建業者は、重要事項説明書については、説明を受けようとする者にあらかじめ送付しておくか、相手方の承諾を得て電磁的方法によって提供しておかなければならない。

2　**誤**　　　　　　　【重要事項説明書に記載すべき事項を電磁的方法によって提供する場合】**記載なし**

　重要事項説明書に記載すべき事項を電磁的方法によって提供する場合、相手方の承諾が必要であるが、承諾を得た場合であっても、相手方から書面等で電磁的方法による提供を受けない旨の申出があった場合には、電磁的方法による提供をしてはならない。

3　**正**　　　　　　　　　　　　　　　　　　　　　　【ハザードマップ】**教P90**

　その通り。本肢の内容は、近年の法改正によって追加された説明事項である。

4　**誤**　　　　　　　　　　　　　　　　　【重要事項説明書に記名する者】**教P87**

　宅地建物の取引に精通していても、宅建士でない者は重要事項説明書に記名することはできない。

　肢2について、相手方の承諾が撤回されたのであれば、承諾がないことになるのは常識でもわかることかと思います。

➡ 「問題集」CH01 **問題55 ～ 問題66** ≫

問36　解答 1　手付金等の保全措置 ---------------------- ランク A

1　**正**　　　　　　　　　　　　　　　　【買主が所有権の登記をした場合】**教P118**

　買主への所有権移転登記が行われた場合、保全措置は不要となる。したがって、所有権移転登記をした後であれば、銀行との保証委託契約を解除することができる。

2　**誤**　　　　　　　　　　　　　　　　　　　　　【手付による解除】**教P115**

　宅建業者が自ら売主となって、宅建業者でない買主と宅地建物の売買契約を締結した場合、交付された手付は解約手付となる。したがって、売主である宅建業者Aは、買主Bが契約の履行に着手していないのであれば、手付の倍額を現実に提供することによって契約を解除することができる。このことは手付金について、保全措置が講じられている場合でも同じである。

3　**誤**　　　　　　　　　　　　　　　　　【保全措置の必要がある金額】**教P119**

　保全措置を講じる必要がないとされる額を「超えた部分」についてのみ保証契約を締結しても、適法に保全措置を講じたことにはならない。

4　**誤**　　　　　　　　　　　　　　　　　【保全措置を講ずべき宅建業者】**教P118**

　媒介報酬は保全措置の対象とはならない。また、保全措置を講ずる義務があるのは、

自ら売主となる宅建業者である。

解約手付による解除をすることができなくなるのは、あくまで「相手方」が契約の履行に着手したときです。

➡ 「問題集」CH01 問題85 〜 問題88 ➤

問 37 解答 2 業務上の規制 ------------------------------- ランク B

ア 違反する
【誇大広告の禁止】教P82、83

　定期建物賃貸借である旨を表示しないことにより、通常の建物賃貸借であると人を誤認させる表示をすることは、「宅地または建物の現在もしくは将来の利用の制限」に係る誇大広告等として法32条の規定違反となりうる。

イ 違反する
【勧誘の目的の告知義務】教P102

　宅建業者は、宅建業に係る契約締結の勧誘をするに先立って、宅建業者の商号または名称および勧誘を行う者の氏名ならびに契約締結の勧誘をする目的である旨を告げずに勧誘を行ってはならない。

ウ 違反しない
【手付貸与等による契約締結誘引の禁止】教P101

　宅建業者は、手付について貸付けその他信用の供与をすることによって契約の締結を誘引してはならない。しかし、銀行からの手付金の借入れのあっせんを行うことは、信用の供与に該当しない。

エ 違反しない
【媒介契約の規制】教P75

　媒介契約に関する規制があるのは、売買・交換の場合だけであり、貸借については規制がない。したがって、Aは、媒介契約書面を交付する必要もないし、同書面に記載すべき事項を電磁的方法により提供する必要もない。

以上より、宅建業法の規定に違反するものはア、イの二つなので、正解は2である。

貸借の媒介・代理については宅建業法の規制はありません。このことは、アパートを借りるために宅建業者の事務所に行くと、媒介契約書を作成することなく、すぐに物件の案内を受けることを考えれば、お分かりいただけると思います。

➡ 「問題集」CH01 問題76 〜 問題79 ➤

問38　解答 4　監督処分　ランク B

1　誤　【事務所の所在地を確知できないとき】教P143

　免許権者は、その免許を受けた宅建業者の事務所の所在地や、免許を受けた宅建業者の所在（法人の場合は、役員の所在）を確知できないときは、官報等で公告し、公告の日から「30日」を経過しても宅建業者から申出がない場合には、当該宅建業者の免許を取り消すことができる。本肢は「2週間以内」とする点が誤りである。

2　誤　【免許取消の処分権者】教P144

　業務停止処分事由（本肢では指示処分に従わないこと）に該当し、その情状が特に重いときは、免許取消処分を受ける。しかし、免許取消処分をすることができるのは、免許権者の国土交通大臣のみである。Aの業務地を管轄する乙県知事は免許取消処分をすることはできない。

3　誤　【違反者が所在不明な場合の免許取消処分】記載なし

　免許取消処分をする際には聴聞手続が必要であるが、違反者が行方不明で聴聞の通知をすることができない場合は、通知の内容を一定の掲示場に掲示し、掲示した日から2週間を経過した時において、その通知が違反者に到達したものとみなされる。これにより、聴聞手続はその者の出頭なくして終結できる。したがって、Bが行方不明でも、甲県知事はBの免許を取り消すことができる。

4　正　【内閣総理大臣との協議】教P144

　国土交通大臣は、国土交通大臣の免許を受けた宅建業者が、消費者の保護に関する一定の規定に違反し、指示処分・業務停止処分・免許取消処分をしようとするときは、あらかじめ、内閣総理大臣に協議しなければならない。

> 肢4のような規定（内閣総理大臣と協議が必要）があるのは国土交通大臣免許の宅建業者についてだけであって、都道府県知事免許の宅建業者についてはこのような規定はありません。

問39　解答 1　業務上の規制　ランク A

1　正　【取引態様の明示義務】教P85、86

　自ら当事者としての売買であっても、報酬が発生しない旨を明らかにするために、取引態様の別を明示しなければならない。

2 **誤** 【媒介契約書面の記載事項】教P80,81

　媒介契約書面には、当該媒介契約の有効期間も記載しなければならない。このことは一般媒介契約であっても同じである。

3 **誤** 【供託所等の説明】教P159

　相手方が宅建業者であるときは、供託所等の説明は不要であるが、宅建業者でない相手方に対する供託所等の説明は、契約が成立するまでの間に行わなければならない。

4 **誤** 【断定的判断の提供行為の禁止】教P102

　宅建業者は、宅建業に係る契約の締結を勧誘するに際し、利益を生ずることが確実であると誤解させるべき断定的判断を提供する行為をしてはならない。本肢のAの行為はこの規定に違反する。

> 自ら売買の場合の取引態様の別の明示については、「自ら売主」のように表示しなければならず、「直販」とだけ表示しても、取引態様の別の明示をしたことにはなりません。

→「問題集」CH01 問題76 ～ 問題79

問40 解答 **1** **35条書面・37条書面** ランク **A**

1 **正** 【連帯責任】記載なし

　AとBが共同で媒介をする場合には、宅建業法違反についても共同して責任を負うため、35条書面に誤りがあったときは、Aだけでなく、Bも業務停止処分を受けることがある。

2 **誤** 【登記された権利(抵当権)】教P88

　契約締結日までに抹消される予定であっても、重要事項の説明をする際に抵当権の登記があるときは、その旨を35条書面に記載しなければならない。

3 **誤** 【37条書面の記載事項】教P98

　買主の代金債務に係る保証人の住所・氏名および当該媒介に係る報酬の額のいずれも37条書面に記載する必要はない。

4 **誤** 【35条書面・37条書面の交付の場所】教P87,97

　35条書面、37条書面のいずれについても、交付する場所についての制限はない。

抵当権のように物件について登記された権利があるときは、35条書面には記載しなければなりませんが、37条書面には記載する必要はありません。

「問題集」CH01 問題74〜問題75

問41 解答3 営業保証金 ランクB

ア 誤　【支店増設に係る営業保証金の供託】教P44

宅建業者は、支店を新設・増設したときは、その支店に係る営業保証金を供託した旨の届出をした後でなければ、その支店での業務を開始することはできない。しかし、その支店に係る営業保証金をいつまでに供託しなければならないという規定はない。

イ 正　【不足額の供託の届出】教P47

営業保証金の不足額を供託した宅建業者は、その日から2週間以内に、その旨を免許権者に届け出なければならない。

ウ 誤　【還付を受けることができる債権】教P46

Bの債権は、Aに賃料の収受を委託したことから生じたものであるが、賃料の収受の委託は、物件の管理に関する契約であって、宅建業法上の「取引」にはあたらない。したがって、Bの債権は、宅建業に関する取引から生じたものとはいえないので、Bは、Aが供託した営業保証金からその債権の弁済を受ける権利を有しない。

エ 誤　【保管替え】教P45

保管替えの請求をするのは、営業保証金を金銭のみで供託している場合である。営業保証金に有価証券が含まれる場合には、保管替えの請求をすることはできず、必要な額の営業保証金を移転後の本店の最寄りの供託所に新たに供託しなければならない。

以上より、誤っているものはア、ウ、エの三つなので、正解は3である。

肢1については、保証協会に加入している場合は、支店の増設後2週間以内に弁済業務保証金分担金を保証協会に納付しなければならないという時間的制限があることとの違いに注意してください。

「問題集」CH01 問題24〜問題30

| 問 42 | 解答 **2** | 宅建士 | ランク **B** |

ア　正　　　　　　　　　　　　　　　　【知識及び能力の維持向上】教P27

その通り。宅建士にはこのような義務が課せられている。

イ　正　　　　　　　　　　　　　　　　【宅建士証の提示義務】教P87、151

　宅建士は、重要事項の説明をする際には宅建士証を提示しなければならず、この義務に違反したときは、10万円以下の過料に処せられる。なお、取引の関係者から請求があったときにも宅建士証を提示しなければならないが、この義務に違反したとしても、過料に処せられることはない。

ウ　誤　　　　　　　　　　　　　　　　【傷害罪で罰金刑に処せられた場合】教P28

　傷害罪で罰金刑に処せられたことは登録の欠格事由にあたり、その「刑の執行が終わった日」から5年を経過しなければ登録を受けることができない。欠格となる期間は登録が消除された日から5年を経過するまでではない。

エ　誤　　　　　　　　　　　　　　　　【変更の登録・宅建士証の書換え交付】教P38

　宅建士について氏名や住所の変更があった場合、当該宅建士は変更の登録の申請と併せて、宅建士証の書換え交付を申請しなければならない。

以上より、正しいものはア、イの二つなので、正解は2である。

> 宅建士証の提出・返納義務に違反した場合も、10万円以下の過料に処せられます。

➡ 「問題集」CH01 問題18～問題23

| 問 43 | 解答 **1** | 免許複合 | ランク **A** |

ア　誤　　　　　　　　　　　　　　　　【成年被後見人・被保佐人】教P19

　従来、成年被後見人または被保佐人であることは免許の欠格事由とされていたが、近年の法改正により、この規定は削除され、新たに「心身の故障により宅建業を適正に営むことができない者として国土交通省令で定めるもの」が免許の欠格事由にあたる旨が規定された。そして、この国土交通省令で定めるものとは「精神の機能の障害により宅建業を適正に営むに当たって必要な認知、判断および意思疎通を適正に行うことができない者」とされている。したがって、本肢のAは、被保佐人ではあるが、免許を受けることができる。

イ 誤 　　　　　　　　　【免許欠格事由（法人の役員が罰金刑に処せられた場合）】 教P20、23

　法人である宅建業者の役員が一定の免許欠格事由に該当すると、当該法人の免許は取り消される。しかし、道路交通法の規定に違反して罰金刑に処せられても、免許の欠格事由に該当しない。したがって、B社の免許は取り消されない。

ウ 誤 　　　　　　　　　　　　　　　　　　　　　　　　【免許の更新】 教P12

　「60日前から30日前まで」ではなく「90日前から30日前まで」である。なお、更新後の免許の有効期間は、従前の免許の有効期間の満了の日の翌日から5年間である。

エ 正 　　　　　　　　　　　　　　　　【懲役刑に執行猶予が付された場合】 教P20、23

　懲役1年、執行猶予2年の刑に処せられた政令で定める使用人Eは、執行猶予期間中は免許の欠格者であるため、Eの執行猶予期間が満了しなければ、F社は免許を受けることができない。

以上より、正しいものはエの一つなので、正解は1である。

　懲役刑に処せられた場合、執行猶予期間中⇒免許の欠格に該当する、執行猶予期間が満了⇒免許の欠格事由に該当しないという知識は頻出なので、これを機会に押さえておきましょう。

●「問題集」CH01 問題5 ～ 問題17 ≫

問 44 　**解答 2** 　**8種規制総合** 　　　　　　　　　　　　**ランク B**

1 違反しない 　　　　　　　　　　【契約内容不適合責任に関する特約】 教P111、112

　種類・品質に関する契約内容不適合責任は「売主」の責任であるので、媒介業者であるCは、この責任を負わない。したがって、Cは一切担保責任を負わない旨の特約を定めても、宅建業法の規定に違反することはない。

---

2 違反する 　　　　　　　　　　　　　　　【手付金等の保全措置】 教P118、119

　契約締結前に受領した申込証拠金も代金に充当するときは保全の対象となる。手付金と合計すると305万円となり、代金額（3,000万円）の10%を超えることになるので、A社は保全措置を講じなければならない。

---

3 違反しない 　　　　　　　　　　　【割賦販売契約における契約の解除】 教P597

　割賦販売契約において、賦払金の支払いがない場合、宅建業者は30日以上の期間を定めて書面で催告しなければ、契約の解除および残代金の一括支払請求をすることができ

ない。これに反する特約は無効となる。しかし、本肢の特約は宅建業法の規定通りの内容である。

4　違反しない　　　　　　　　　　　　　　【損害賠償額の予定等】教P113、114

　宅建業者が自ら売主となる売買契約においても、損害賠償額の予定および違約金の額を定めなかったときは、宅建業者は、損害額の証明をすれば、額に制限なく損害賠償を請求することができる。宅建業法が規制しているのは、あくまで損害賠償の「予定額」である。

> 8種規制は宅建業者が自ら売主となる場合の規制であることを考えれば、肢1は違反しないことが分かると思います。

→「問題集」CH01　問題90 ～ 問題92 →

問 45 ｜ 解答 3 ｜ 住宅瑕疵担保履行法 ---------------- ランク A

1　誤　　　　　　　　　　　　　【住宅販売瑕疵担保責任保険契約の締結】教P157

　住宅販売瑕疵担保責任保険契約の保険料は、売主となる「宅建業者が支払う」こととされている。

2　誤　　　　　　【住宅販売瑕疵担保保証金の額の算定基準となる新築住宅の戸数】記載なし

　住宅販売瑕疵担保責任保険契約を締結している新築住宅については、住宅販売瑕疵担保保証金の額を算定する基準となる新築住宅の販売戸数から除かれる。買主の損失は保険金の支払いによってカバーされるからである。

3　正　　　　　　　　　　　　　　　　　　　　　　　【戸数の算定】教P156

　その通り。住宅販売瑕疵担保保証金を供託する場合、当該住宅の床面積が55㎡以下であるときは、新築住宅の合計戸数の算定に当たって、2戸をもって1戸と数えることとなる。

4　誤　　　　　　　　　　　　　　　　　　　【保険の対象となる瑕疵】教P154

　保険金の支払いを受けることができる瑕疵は、住宅の構造耐力上主要な部分または雨水の浸入を防止する部分として政令で定めるものの瑕疵（構造耐力または雨水の浸入に影響のないものを除く）に限定される。したがって、住宅の給水設備またはガス設備の瑕疵によって生じた損害について保険金の支払いを受けることはできない。

肢3は細かい知識ですが、過去問で何度か出題されているので、押さえておいてください。

➡ 「問題集」 CH01 問題108 ～ 問題109 ➤➤

問46 解答 2 住宅金融支援機構 ----------------------------- ランク B

1 正
                                                    【証券化支援事業(買取型)における対象金融機関】 教P568
その通り。銀行や保険会社だけでなく、農協、信用金庫等も対象金融機関となっている。

2 誤
                                                    【返済特例制度】 教P569、570
このような特例は、機構が直接融資する場合についての制度であり、証券化支援事業(買取型)におけるものではない。

3 正
                                                    【住宅融資保険】 教P568
その通り。機構は、住宅融資保険法による保険の引き受けを業務として行っている。

4 正
                                                    【省エネ住宅】 教P570
その通り。省エネ住宅に改良するための資金の貸付けも行っている。

肢4の内容は近年の法改正点です。

➡ 「問題集」 CH04 問題24 ～ 問題27 ➤➤

問47 解答 1 景表法 ----------------------------- ランク B

1 誤
                                                    【最高等の語句の使用】 記載なし
物件の形質その他の内容または価格その他の取引条件に関する事項について、「最高」、「最高級」、「極」、「特級」等、最上級を意味する用語は、それを裏付ける合理的な根拠を示す資料を現に有している場合にのみ使用することができる。また、これらの用語は、その表示内容の根拠となる事実を併せて表示する場合に限り使用することができる。したがって、単に学校、病院、公園が近くにあって宅建業者において良好な住居環境であると思慮されるだけでは「好環境、立地条件が最高のマンション」と表示することはできない。

2　正　　　　　　　　　　　　　　　　　　　　　　　　【物件の名称】 記載なし

2　正　　　　　　　　　　　　　　　　　　　　　　　　【物件の名称】 記載なし

　広告における物件の名称については、当該物件が公園、庭園、旧跡その他の施設また
は海(海岸)、湖沼もしくは河川の岸もしくは堤防から直線距離で300ｍ以内に所在してい
る場合は、これらの名称を用いることができる。

3　正　　　　　　　　　　　　　　　　　　　　　　　　　　　　【面積】 記載なし

　面積は、メートル法により表示しなければならないが、１㎡未満の数値は、切り捨て
て表示することができる。したがって、150.8㎡の土地を「150㎡」と表示することがで
きる。

4　正　　　　　　　　　　　　　　　　　　　　【自動車による所要時間】 記載なし

　自動車による所要時間は、道路距離を明示して、走行に通常要する時間を表示しなけ
ればならない。この場合において、表示された時間が有料道路(橋を含む)の通行を含む
場合のものであるときは、その旨を明示することとされている。ただし、その道路が高
速自動車国道であって、周知のものであるときは、有料である旨の表示を省略すること
ができる。

> 肢3について、実際の面積は広告に表示された面積より広いのですから、消費者を
> 害することにはなりません。

⟶「問題集」CH04 問題28〜問題34 ⟫

問 48　解答 3　統計 .... ランク B

1　誤　　　　　　　　　　　　　　　　　　　　　　【法人企業統計調査】 記載なし

　令和４年度における不動産業の経常利益は、５兆9,392億円であり、前年度比2.0％減
となり、３年ぶりの減益となった。したがって、「前年度比2.0％増となり、３年連続の
増益となった」とする本肢は誤りである。

2　誤　　　　　　　　　　　　　　　　　　　【建築着工統計調査報告】 記載なし

　令和５年の新設住宅着工戸数は819,623戸であり、前年比では4.6％減となり、３年ぶ
りの減少となった。したがって、「前年比では4.6％増となり、３年連続の増加」とする
本肢は誤りである。

3　正　　　　　　　　　　　　　　　　　　　　　　　　　　【地価公示】 記載なし

　令和５年１月以降の１年間の地価は、全国平均では全用途平均・住宅地・商業地・工

業地のいずれも3年連続で上昇し、上昇率が拡大した。なお、上昇率は、全用途平均が2.3％、住宅地が2.0％、商業地が3.1％、工業地が4.2％である。

4　誤　　　　　　　　　　　　　　　　　　　　【指定流通機構の活用状況】記載なし

令和5年の全国の指定流通機構の新規登録件数の合計は、4,259,525件であり、前年比0.6％増となっている。その内訳は、売り物件1,390,196件（前年比17.8％増）、賃貸物件2,869,329件（前年比6.1％減）である。したがって、「前年比0.6％減となっている」とする本肢は誤りである。

> 統計の問題では、「数字」よりも「傾向（増加しているor減少している）」を押さえましょう。

問49　解答 1　土地　--------------------------------　ランク A

1　最も不適当　　　　　　　　　　　　　　　　　　【臨海部の低地】教P583、584

臨海部の低地は、洪水や地震時の津波等の災害にみまわれることもあるので、宅地として利用する場合には、十分な防災上の措置を講ずる必要がある。

2　適当　　　　　　　　　　　　　　　　　　　　　　【地すべり地形】教P585、586

その通り。地すべりによってできた地形は、等高線が乱れていることが多い。

3　適当　　　　　　　　　　　　　　　　　　　　　　【土石流】教P583、585

その通り。土石流とは、山腹、川底の石や土砂が長雨や集中豪雨などによって一気に下流へと押し流されるもののことである。

4　適当　　　　　　　　　　　　　　　　　　　　　　【旧河道】教P584

旧河道は軟弱な地盤であり、宅地には不適当であることが多い。

> 旧河道と異なり、旧天井川（平地より高いところを流れていた川で、今は廃川となっているところ）は、一般に宅地に適しています。

➡ 「問題集」CH04 問題35～問題40 ➤

問50　解答 4　建物　--------------------------------　ランク A

1　適当　　　　　　　　　　　　　　　　　　　　　　【コンクリート】記載なし

その通り。なお、セメントペーストに砂等の細骨材を練り混ぜたものをモルタルとい

う。

---

2 **適当**　　　　　　　　　　　　　　　　　　　　　　　【鉄とコンクリートの熱膨張率】 教P591

その通り。熱膨張率が等しいことから、鉄筋をコンクリートで覆う鉄筋コンクリート造が可能となる。

---

3 **適当**　　　　　　　　　　　　　　　　　　　　　　　　　　　　　【木材】 教P588

その通り。なお、鉄筋やコンクリートと比べて耐久性に劣るという短所もある。

---

4 **最も不適当**　　　　　　　　　　　　　　　　　　　　　　　　　　【木材】 教P588

木材の強度は、含水率が小さい状態の方が高くなる。したがって、木造建物を造る際には、できるだけ乾燥している木材を使用するのが好ましい。

木材に一定の力をかけたときの圧縮に対する強度は、繊維方向がもっとも強く、直角方向がもっとも弱いです。このことは、木材に縦(繊維)方向の力を加えても簡単には折れませんが、横(直角)方向に力を加えると容易に折れてしまうことを考えれば、わかると思います。

●「問題集」CH04 問題41〜問題46 ▶▶

第 3 回

直前予想問題

解答解説

合格基準点 ＝ 36点

第3回　解答一覧・得点計画表

問題番号	分野	テーマ	ランク	正解	問題番号	分野	テーマ	ランク	正解
1	権利関係	判決文（不法行為）	B	1	26	宅建業法	広告規制	A	4
2		消滅時効	B	4	27		免許の要否	A	1
3		無権代理	A	4	28		宅建士	A	3
4		解除	B	1	29		案内所・事務所	A	4
5		抵当権	C	3	30		重要事項の説明	B	1
6		弁済	B	1	31		営業保証金	A	3
7		不法行為	A	3	32		媒介契約	A	4
8		債務不履行・危険負担	C	4	33		保証協会	A	1
9		相続	A	3	34		重要事項の説明	B	1
10		賃貸借・使用貸借	C	3	35		クーリング・オフ	A	2
11		借地借家法（借地権）	A	2	36		手付金等の保全措置	A	4
12		定期建物賃貸借	B	2	37		業務上の規制	A	1
13		区分所有法	A	1	38		免許等	A	2
14		不動産登記法	A	2	39		37条書面	A	1
15	法令上の制限	都市計画法（都市計画）	B	4	40		8種規制	B	1
16		都市計画法（開発許可等）	C	4	41		宅建業者・宅建士	A	4
17		建築基準法	A	3	42		宅建業者	B	2
18		建築基準法	A	3	43		監督処分・罰則	B	3
19		盛土規制法（特定盛土等規制区域）	B	1	44		報酬	A	2
20		土地区画整理法	A	2	45		住宅瑕疵担保履行法	A	2
21		農地法	B	1	46	税・その他	住宅金融支援機構	B	1
22		国土利用計画法	A	2	47		景表法	B	4
23	税・その他	登録免許税	A	2	48		統計	A	1
24		固定資産税	A	3	49		土地	A	1
25		地価公示法	A	3	50		建物	B	4

第3回	A	B	C	計	得点目標	あなたの得点		
						日付　／	日付　／	日付　／
権利関係	6	5	3	14	8			
法令上の制限	4	3	1	8	5			
宅建業法	15	5	0	20	17			
税・その他	5	3	0	8	6			
計	30	16	4	50	36			
得点目標	30	6	0	36	第3回			

あなたの得点	日付　／	
	日付　／	
	日付　／	

問1　解答 1　判決文（不法行為）　　ランク B

1　正　　　　　　　　　　　　　　　　　　【被害者が幼児である場合】教P341

　判決文は、被害者の過失には被害者側の過失も含まれるとし、被害者が幼児である場合、その被害者側の過失とは、父母など被害者と身分上ないしは生活関係上一体をなすとみられるような関係にある者の過失をいうとしている。したがって、不法行為の被害者が幼児である場合でも、父母等に過失があるときは、過失相殺がなされることがある。

2　誤　　　　　　　　　　　　　　　　　　　　　　【被害者側の過失】教P341

　判決文は、「両親より幼児の監護を委託された者の被用者のような被害者と一体をなすとみられない者の過失」は、被害者側の過失に含まれないとしている。

3　誤　　　　　　　　　　　　　　　　　　　　　　　【被害者の過失】教P341

　判決文は「単に被害者本人の過失のみでなく、ひろく被害者側の過失をも包含する趣旨と解すべき」としており、過失相殺の対象となる過失は、被害者本人の過失に限られない。

4　誤　　　　　　　　　　　　　　　　　　　　　　　　【過失相殺】教P341

　肢1の解説参照。本肢のような場合でも、被害者側の過失を考慮して、過失相殺がなされることがある。

→「問題集」CH02 問題70〜問題73

問2　解答 4　消滅時効　　ランク B

1　正　　　　　　　　　　　　　　　　　　　【時効の承認】教P165、166、207

　時効の更新を生ずべき承認をするには、相手方の権利についての処分につき行為能力または権限があることを要しない。しかし、このような承認をするには、管理の能力は必要であるから、管理能力を有しない未成年者が法定代理人の同意を得ないでした債務の承認は取り消すことができ、取り消されるとその債務の消滅時効は更新しない。

2　正　　　　　　　　　　　　　　　　【確定判決で確定した権利の消滅時効】教P203

　その通り。なお、裁判上の和解、調停等により権利が確定したときも、確定の時から10年が消滅時効期間となる。

3　**正**　【相続財産に関する時効の完成猶予】　記載なし

　　その通り。相続財産の帰属者も管理者も定まっていない場合には、相続財産が帰属する側からも、その相手方側からも、ともに権利を行使することが困難であることから時効の完成が猶予されている。

4　**誤**　【時効完成後の債務の承認】　教P207

　　債務者が時効の完成後に債務の承認をした場合、債務者が時効完成の事実を知らなかったとしても、債務者は完成した消滅時効を援用することはできない。債務の承認があると、債権者は、債務者は時効を主張することなく債務の履行をすると期待するので、その期待を保護するためである。

　肢3について。令和3年の改正において、相続財産の保存のための包括的・統一的制度として、相続財産の管理人の制度が設けられ、家庭裁判所が、利害関係人又は検察官の請求によって、相続財産の管理人を選任することができるとされている点も押さえておきましょう。

▶「問題集」CH02 問題15〜問題18 ▶

問3　解答4　無権代理　ランク A

1　**正**　【権限外の行為の表見代理・代理権消滅後の表見代理】　教P198

　　本人から代理権を与えられている者が、その代理権の消滅後に、その代理権の範囲を超えて代理行為をした場合、相手方が代理人にその行為についての代理権があると信ずべき正当な理由があるとき（善意無過失の場合）は、表見代理が成立し、売買契約は有効となる。

2　**正**　【無権代理人が制限行為能力者である場合の免責】　教P194

　　無権代理人が、行為能力の制限を受けていた場合には、その者は無権代理人としての責任を負わない。

3　**正**　【無権代理の相手方の催告権】　教P194

　　相手方が、本人に対し、相当の期間を定めて、その期間内に無権代理人のした契約を追認するかどうかを確答すべき旨の催告をした場合、本人がその期間内に確答をしないときは、追認を拒絶したものとみなされる。

4　誤
【無権代理の相手方の取消権】教P194

代理権を有しない者がした契約は、本人が追認をしない間は、相手方が取り消すことができる。ただし、相手方が契約の時において、他人の代理人として契約をした者が代理権を有しないことを知っていた場合は、取り消すことができない。

> 令和2年の民法改正によって、無権代理であることについて相手方が善意有過失の場合でも、無権代理人が自己に代理権がないことを知っていたときは、無権代理人はその責任を負うこととされました。

➡️「問題集」CH02 問題9 〜 問題14 》》

➡️「問題集」CH02 問題9 〜 問題14 》》

問 4　解答 1　解除 ------------------------------ ランク B

第3回 解答・解説

ア　登記を備えることが必要
【解除前の善意の第三者】教P256、257

民法は、解除によって第三者の権利を害することはできないと規定しているので、解除前の第三者Cは、Bの債務不履行についての善意・悪意を問わず保護される。ただし、そのためには登記を備えている必要がある。

イ　登記を備えることが必要
【解除前の悪意の第三者】教P256、257

肢アの解説参照。

ウ　登記を備えることが必要
【解除後の善意の第三者】教P256、257

契約を解除したAと、解除後に登場した第三者Cとは対抗関係に立つ。したがって、Cは、その善意・悪意にかかわらず、登記を備えていなければ甲土地の所有権を取得することはできない。

エ　登記を備えることが必要
【解除後の悪意の第三者】教P256、257
肢ウの解説参照。

以上より、Cが登記を備えていなければ甲土地の所有権を取得できないものはア、イ、ウ、エなので、正解は1である。

> 解除後の第三者については、解除した者と第三者は、対抗関係に立つので、仮に、第三者が背信的悪意者に該当する場合には、権利を取得することはできません。

➡️「問題集」CH02 問題19 〜 問題22 》》

➡️「問題集」CH02 問題19 〜 問題22 》》

問5　解答 3　抵当権 --- ランク C

1　正　　　　　　　　　　　　　　　　　　　　　【抵当権の侵害】 記載なし

　抵当権は、債務者または第三者が、不動産の使用収益権を手元に残したまま担保に供することのできる担保物権であり、抵当権設定者が抵当土地上に建物を建築することは、不動産の通常の用法の範囲内での使用・収益といえる。したがって、Cの乙建物の建築は、抵当権を侵害する行為にあたらないので、Aは、Cに対して乙建物の建築工事の差止めを請求することはできない。

2　正　　　　　　　　　　　　　　　　　　　　　【抵当権消滅請求】 教P267

　抵当不動産の第三取得者は、登記をした債権者に対して、民法383条所定の書面を送付して、抵当権消滅請求をすることができる。したがって、甲土地の第三取得者であるDは、Aに対して、民法383条所定の書面を送付して、抵当権の消滅を請求することができる。

3　誤　　　　　　　　　　　　　　　　　　　　【抵当権の不可分性】 教P262、265

　抵当権によって担保される被担保債権の範囲は、元本の他、利息その他の定期金につき満期となった最後の2年分に限られる。しかし、抵当権者は、債権の全部の弁済を受けるまでは、抵当不動産の全部についてその権利を行使することができるので、債務者が被担保債権全部について弁済しなければ、抵当権は消滅しない。

4　正　　　　　　　　　　　　　　　　【物上保証人の消滅時効の援用】 教P209

　物上保証人であるCは、抵当権が実行されれば抵当不動産の所有権を失うことから、被担保債権の消滅について正当な利益を有する者にあたり、抵当権の被担保債権の消滅時効を援用することができる。

> 物上保証人は、被担保債権の消滅時効の援用権者として、条文に規定されています。

● 「問題集」 CH02 問題39〜問題45 ⟫

問6　解答 1　弁済 --- ランク B

1　誤　　　　　　　　　　　　　　　　　　　　　【第三者の弁済】 教P227

　弁済をするについて正当な利益を有しない第三者は、債務者の意思に反する場合だけでなく、債権者の意思に反する場合も弁済することはできない。令和2年の改正点である。

2　正　　　　　　　　　　　　　　　　【受取証書の交付請求】記載なし

　弁済をする者は、弁済と引き換えに、弁済を受領する者に対して受取証書の交付を請求することができる。さらに、弁済を受領する者に不相当な負担を課するものでないときは、受取証書の交付に代えて、その内容を記録した電磁的記録の提供を請求することができる。

3　正　　　　　　　　　　　【受領権者としての外観を有する者に対する弁済】教P228

　その通り。例えば、銀行の預金通帳と印鑑を窃取した者が、これを提示して銀行に預金の払出を請求した場合、銀行が善意無過失でその弁済をすると、その弁済は有効となる。つまり、その分の預金債権は消滅することになる。

4　正　　　　　　　　　　【預金または貯金の口座に対する払込みによる弁済】記載なし

　その通り。振込みによる弁済（支払い）が多い現状を考慮して、令和２年の民法改正によって本肢の内容が民法に規定された。

> 肢1について、次の①、②の場合は有効な弁済となります。①債務者の意思に反する場合→債務者の意思に反することを債権者が知らなかったとき、②債権者の意思に反する場合→その第三者が債務者の委託を受けて弁済をする場合において、そのことを債権者が知っていたとき。

● 「問題集」CH02 問題24〜問題28 ▶▶

問7　解答3　**不法行為** ------------------------------------ ランク **A**

1　正　　　　　　　　　　　【名誉毀損における原状回復・侵害行為の差止め】記載なし

　他人の名誉を毀損した者に対しては、裁判所は、被害者の請求により、損害賠償に代えて、または損害賠償とともに、名誉を回復するのに適当な処分を命ずることができる。さらに、人格権としての名誉権に基づき、加害者に対して、現に行われている侵害行為を排除し、または、将来生ずべき侵害を予防するために、侵害行為の差止めを命じることができる。

2　正　　　　　　　　　　　　　　　　　　　　　　　【正当防衛】記載なし

　本肢は、正当防衛に関する記述であり、他人の不法行為に対し、自己または第三者の権利または法律上保護される利益を防衛するため、やむを得ず加害行為をした者は、損害賠償の責任を負わない。そして、正当防衛をした者は、他人の不法行為の被害者として、不法行為をした者に対して損害の賠償を請求することができる。

3　誤　　　　　　　　　【不法行為による損害賠償債務の遅延損害金の発生時期】〔教P340〕

　不法行為による損害賠償債務は、被害者救済の観点から、不法行為者に対する催告を要することなく、「損害発生と同時」に遅滞に陥る。したがって、その時以降から完済に至るまでの遅延損害金を支払わなければならない。

4　正　　　　　【人の生命または身体を害する不法行為による損害賠償請求権の消滅時効】〔教P340〕

　その通り。不法行為による損害賠償請求権は、被害者またはその法定代理人が損害および加害者を知った時から3年間行使しないとき、または不法行為の時から20年間行使しないときは、時効によって消滅する。しかし、人の生命または身体を害する不法行為による損害賠償請求権の消滅時効の期間は、被害者保護の見地から、被害者またはその法定代理人が損害および加害者を知った時から5年間とされている。

> 人の生命または身体を害する不法行為による損害賠償請求権も、不法行為の時から20年間行使しないと、時効によって消滅します。

➡ 「問題集」 CH02 問題70〜問題73 ➡➡

問8　解答4　債務不履行・危険負担　　　　　　　　ランク C

1　正　　　　　　　　　　　　　　　　　　　　　　　【危険負担】〔教P224、225〕

　売買契約の成立後、買主の責めに帰すべき事由により目的物が滅失した場合、売主の建物引渡し債務は履行不能となるが、買主の代金支払債務は存続し、買主はその履行を拒むことはできない。また、買主は契約の解除をすることもできない。

2　正　　　　　　　　　　　　　　　　　　　　　【受領遅滞中の履行不能】〔教P247〕

　買主がその債務の履行を受けることを拒み、または受けることができない場合において、履行の提供があった時以後に、当事者双方の責めに帰すことができない事由によってその履行が不能となったときは、その履行の不能は、買主の責めに帰すべき事由によるものとみなされる。したがって、買主は、代金の支払を拒むことはできない。これは令和2年の民法改正により明文化されたものである。

3　正　　　　　　　　　　　　　　　　　　　　　　　【危険負担】〔教P223、224〕

　売買契約の成立後、目的物の引渡しがされる前に、当事者双方の責めに帰すことのできない事由によって売主の債務の履行ができなくなった場合、買主の代金支払債務は存続するが、買主はその支払を拒むことができる。

4　誤　　　　　　　　　　　　　　【目的物滅失についての危険の移転】　教P246

　売買契約に基づいて目的物が買主に引き渡された場合には、それ以後に当事者双方の責めに帰すことのできない事由によって生じた目的物の滅失・損傷について、買主は、売主の担保責任の追及をすることができない。また、この場合、買主は、代金の支払を拒むことはできない。

> 本問は難しいと思いますが、危険負担については、令和2年の民法改正により、大きく制度が変わりましたので、これを機会に具体的な場合を思い浮かべながら、理解しておきましょう。

●「問題集」CH02　問題19〜問題23 ▶

問9　解答 3　相続 ──────────────── ランク A

1　正　　　　　　　　　　　　　　　【相続財産の清算人の選任】　記載なし

　相続放棄により相続人がいなくなった場合、利害関係人の請求により家庭裁判所が相続財産の清算人を選任し、相続財産の管理、清算がなされるので、相続財産に含まれる貸金債権の回収が可能となることがある。

2　正　　　　　　　　　　　　　　　　　【単純承認の効力】　教P354

　単純承認をした場合には、相続人は被相続人の資産および負債をすべて相続するので、借入金債務の存在を知らなかったとしても、各相続人は、相続分に応じて被相続人の資産および負債を承継する。

3　誤　　　　　　　　　　　　　　【金銭債務と遺産分割協議】　教P353

　金銭債務については、遺産分割協議を待たずに、各相続人の相続分に応じて分割されて相続される。したがって、Bは、CとDに対し、それぞれ500万円を請求できるが、1,000万円を請求することはできない。

4　正　　　　　　　　　　　　　　【相続の放棄をすべき期間】　教P354

　相続人は、自己のために相続の開始があったことを知った時から3か月以内に、相続について、単純若しくは限定の承認または放棄をしなければならない。なお、この期間は、利害関係人または検察官の請求によって、家庭裁判所において伸長することができる。

相続の承認、放棄の基本的な要件、効果をしっかり押さえておきましょう。

「問題集」CH02 問題74〜問題79

問10 　解答 3 　賃貸借・使用貸借 ──────────── ランク C

1　誤　　　　　　　　　　　　　　　　　　　　【諾成契約】教P173、290、612

　　賃貸借は、当事者の合意により効力が生ずる諾成契約である。また、令和2年の民法改正前の使用貸借は、目的物の引渡しによって効力が生ずる要物契約とされていたが、改正後は、当事者の合意があれば、目的物の交付がなくとも効力が生ずるとされて、諾成契約となっている。

2　誤　　　　　　　　　　　　　　　　　　　【通常損耗の原状回復】教P294、613

　　ケース②の賃貸借契約においては、賃借人は、賃借物を受け取った後に通常の使用および収益によって生じた賃借物の損耗ならびに賃借物の経年変化（通常損耗）について原状回復義務を負わないことが明文化されている。これに対し、ケース①の使用貸借契約においては、通常損耗については、原状回復義務を負わないとの明文はなく、契約ごとに判断されるので、一律に原状回復義務を負わないとはいえない。

3　正　　　　　　　　　　　　　　　　　　　　　　　【契約の終了原因】教P613

　　その通り。ケース①の使用貸借では、貸主の死亡によって契約は終了しないが、借主が死亡した場合には、契約が終了する。ケース②の賃貸借では、賃貸人の死亡によって契約は終了せず、また、賃借人の死亡の場合も、賃借権は相続人に承継され、契約は終了しない。

4　誤　　　　　　　　　　　　　　　　　　　　　　【必要費の負担】教P293、613

　　使用貸借において、通常の必要費は借主が負担する。賃貸借においては、必要費は賃貸人が負担する。もし賃借人が必要費を支出したときは、賃借人は「直ちに」、賃貸人に償還を請求することができる。

使用貸借も賃貸借も、相手方に物を使用収益させることを内容とする契約です。まずは、共通点を押さえて、次に、相違点を見ていくと整理しやすいでしょう。

「問題集」CH02 問題50〜問題53

問 11　解答 2　借地借家法（借地権）　----------　ランク A

1　正　　　　　　　　　　　　　　　　　【建物買取請求権】教P316,317

　存続期間を10年以上30年未満とする事業用定期借地権を設定した場合、建物買取請求は認められていないが、定期借地権を設定した場合には、特約で建物買取請求を排除することが定められていなければ、建物買取請求権を行使することができる。

2　誤　　　　　　　　　　　　　【定期借地権設定の際の書面の要否】教P316,317

　定期借地権を設定する場合、建物の築造による存続期間の延長がなく、建物買取請求権を行使しないこととする旨を定めることができるが、その特約は、公正証書による等書面によってしなければならない。また、この特約は、書面に代えて電磁的記録によってすることもできる。これに対して、建物譲渡特約付借地権を設定する場合には、その設定契約は、必ずしも書面による必要はなく、口頭によることも可能である。

3　正　　　　　　　　　　　　　　　　【定期借地権の存続期間】教P316,317

　事業用定期借地権は、その存続期間を10年以上30年未満と定めることができるが、建物譲渡特約付借地権は、その存続期間を30年以上としなければ設定することができない。

4　正　　　　　　　　　　　　　　　　　　　【定期借地権の目的】教P317

　定期借地権、建物譲渡特約付借地権ともに、その設定について、土地の利用目的の制限はないので、どちらも専ら事業の用に供する建物を所有する目的で設定することができる。

> 一般定期借地権、事業用定期借地権、建物譲渡特約付借地権のそれぞれについて、①契約の存続期間、②土地の利用目的、③契約方法、④契約の内容、⑤建物買取請求権について、確認しておきましょう。

→「問題集」CH02 問題54～問題59 ≫

問 12　解答 2　定期建物賃貸借　----------------　ランク B

1　誤　　　　　　　　【事前説明がなされなかった場合の賃貸借契約の効力】記載なし

　賃貸人が、あらかじめ、賃借人に対し、定期建物賃貸借には更新がなく期間の満了により終了することについての説明をしなかった場合、更新がなく期間の満了により終了する旨の条項は無効となる。しかし、契約自体は無効とはならず、定期建物賃貸借ではない賃貸借契約として成立する(判例)。

2　**正**　　　　　　　　　　　　　　　　【契約書と説明のための書面の別個独立性】 教P331

　事前説明のための書面が要求された趣旨は、賃借人となろうとする者に対し、当該契約を締結するか否かの意思決定のために十分な情報を提供することだけでなく、説明においても更に書面の交付を要求することで契約の更新の有無に関する紛争の発生を未然に防止する点にある（判例）。したがって、定期建物賃貸借の契約書面と事前説明のための書面は別個独立のものでなければならない。

3　**誤**　　　　　　　　　　　　　　　　　　【賃料増減額請求に関する特約の効力】 教P331

　定期建物賃貸借契約においては、一定の期間賃料を増額しない旨の特約も減額しない旨の特約も有効となる。

4　**誤**　　　　　　　　　　　　　　　　　　　　　【賃借人からの解約の申入れ】 教P331

　定期建物賃貸借契約の対象が、居住の用に供する建物の賃貸借（床面積（建物の一部分を賃貸借の目的とする場合にあっては、当該一部分の床面積）が200㎡未満の建物に係るものに限る。）において、転勤、療養、親族の介護その他のやむを得ない事情により、建物の賃借人が建物を自己の生活の本拠として使用することが困難となったときは、建物の賃借人は、建物の賃貸借の解約の申入れをすることができる。そして、この場合においては、建物の賃貸借は、解約の申入れの日から「1か月」を経過することによって終了する。

> 令和3年の法改正により、定期建物賃貸借における契約手続等の電子化が明文化され、契約が電磁的記録によってされたときは、その契約は、書面によってされたものとみなされます。また、事前説明のための書面は、建物の賃借人の承諾を得て、電磁的方法により提供することができるとされ、この場合も賃貸人は、事前説明のための書面を交付したものとみなされることとされています。

⊙「問題集」**CH02** 問題60〜問題67 〉

問13　解答**1**　**区分所有法** ------------------------------ ランク**A**

1　**誤**　　　　　　　　　　　　　　　　【規約・集会の決議の特定承継人に対する効力】 記載なし

　規約および集会の決議は、区分所有者の特定承継人に対しても、その効力を生ずる。区分所有者の特定承継人は、区分所有権を取得すれば、当然に当該区分所有者の団体の構成員となることから、その団体の規範である規約および特定承継が生じたときに効力を有する集会の決議に拘束される。

2　**正**　　　　　　　　　　　　　　　　　　　　　　　【共用部分の保存行為】 教P369

　共用部分の保存行為は、各区分所有者が単独ですることができるので、集会の決議に

よる必要はない。ただし、規約で別段の定めをすることができる。

3　正　　　　　　　　　　　　　　　　　　【規約の保管および閲覧】教P374

規約を保管する者は、利害関係人の請求があったときは、正当な理由がある場合を除いて、規約の閲覧を拒んではならない。

4　正　　　　　　　　　　　　　　　　　　【公正証書による規約の設定】教P373

最初に建物の専有部分の全部を所有する者は、公正証書により、①規約共用部分に関する定め、②規約敷地に関する定め、③敷地利用権の分離処分ができることの定め、④敷地利用権の持分割合に関する定めについて規約を設定することができる。

 規約が電磁的記録で作成されている場合、利害関係人の請求があったときは、当該電磁的記録に記録された情報の内容を法務省令で定める方法により表示したものの当該規約の保管場所における閲覧を拒むことはできません。

➡ 「問題集」CH02 問題82～問題86 ➤

問 14　解答 2　不動産登記法 ---------------------------- ランク A

1　正　　　　　　　　　　　　　　　　　　【申請主義】教P382

登記は、法令に別段の定めがある場合を除き、当事者の申請または官公署の嘱託がなければすることができないが、表示に関する登記は、登記官が、職権ですることができる。

2　誤　　　　　　　　　　　　　　　　　　【表題登記の申請】教P381

新たに生じた土地または表題登記がない土地の所有権を取得した者は、その所有権の取得の日から「1か月以内」に、表題登記を申請しなければならない。

3　正　　　　　　　　　　　　　　　　　　【仮登記の抹消】教P387

仮登記の登記名義人の承諾があれば仮登記の登記上の利害関係人が、単独で仮登記の抹消を申請することができる。

4　正　　　　　　　　　　　　　　　　　　【確定判決の登記】教P383

当事者の一方に登記手続を命ずる確定判決に基づく登記は、他方の当事者が単独で申請することができる。

単独申請できる権利の登記、仮登記に注意しましょう。例えば、①登記手続をすべきことを命ずる確定判決による登記、②所有権保存の登記、③登記名義人の氏名、名称、住所の変更の登記等は、単独で申請できます。

➡「問題集」**CH02** 問題87〜問題91 ≫

問 15 　解答 **4** 　都市計画法（都市計画） ----------------------- ランク **B**

1　誤　　　　　　　　　　　　　　　　　　　　　【特別用途地区】 教P400

特別用途地区は、「用途地域内」の一定の地区における当該地区の特性にふさわしい土地利用の増進、環境の保護等の特別の目的の実現を図るため当該用途地域の指定を補完して定める地区である。特別用途地区は用途地域の指定のないところには指定できない。

2　誤　　　　　　　　　　　　　　　　　　　　【高層住居誘導地区】 教P401

高層住居誘導地区を定めることができるのは、第一種・第二種住居地域、準住居地域、近隣商業地域または準工業地域内の一定の区域である。第一種中高層住居専用地域および第二種中高層住居専用地域においては定めることができない。

3　誤　　　　　　　　　　　　　　　　　　　　　　　【都市施設】 教P403

市街化区域および区域区分が定められていない都市計画区域については、少なくとも道路、公園および「下水道」を定めるものとされている。

4　正　　　　　　　　　　　　　　　　　　　　【市街地開発事業】 教P425

その通り。市街地開発事業は、市街化調整区域や準都市計画区域では定めることができないことに注意。

特別用途地区は用途地域の定めの「あるところ」に定めるのに対して、特定用途制限地域は用途地域の定めの「ないところ」に定めます。この違いに注意してください。

➡「問題集」**CH03** 問題1〜問題16 ≫

問 16 　解答 **4** 　都市計画法（開発許可等） ----------------------- ランク **C**

1　誤　　　　　　　　　　　　　　　　　　【開発許可を受けた行為の変更】 教P418

開発許可を受けた者が、許可を受けた内容を変更しようとする場合は、都道府県知事の許可を受けなければならない。しかし、変更後の行為が許可不要な行為に該当するときは、許可を受ける必要はない。準都市計画区域内で行われる3,000㎡未満の開発行為は

開発許可が不要なので、本肢では都道府県知事の許可を受ける必要はない。

---

2 **誤** 【工事完了後の建築制限】 教P421

　開発行為の工事完了後に、予定建築物以外の建築物の新築等ができる例外は、①知事が許可をしたとき、または、②用途地域が定められているときである。したがって、用途地域が定められている区域内であれば、知事の許可を受けることなく、予定建築物以外の建築物を建築することができる。

---

3 **誤** 【開発許可に伴う建築制限】 教P417

　本肢のような制限を定めることができるのは、用途地域の「定められていない」土地の区域における開発行為についてである。市街化区域においては、必ず用途地域を定めるので、本肢の開発行為は用途地域の定めのある土地の区域において行うものである。したがって、開発許可をするにあたって、本肢のような制限を定めることはできない。

---

4 **正** 【工事完了前の建築制限】 教P420

　その通り。開発許可を受けた開発区域内の土地においては、工事完了の公告があるまでの間は、建築物を建築することはできない。しかし、開発許可に係る開発行為に同意していない土地の所有者は、その権利の行使として建築物を建築することができる。

> 開発行為に伴う建築制限について、工事完了公告前（本問の肢4）と工事完了公告後（本問の肢2）に分けて整理しておきましょう。

➡ 「問題集」CH03 問題1 〜 問題16 ⟫

問 17　解答 **3**　建築基準法 ———————————————— ランク **A**

1 **正** 【建築面積】 記載なし

　建築基準法で建築面積を算定する場合、中心線で囲まれた部分の面積で算定する。また、地階で、地盤面上 1 m 以下にある部分は、建築物の床面積に算入しない。

---

2 **正** 【採光のための窓】 教P438

　その通り。住宅の居室における採光のための窓等の開口部の面積は、床面積の 7 分の 1 以上としなければならないが、本肢のような例外がある。

---

3 **誤** 【防火地域内の看板等】 教P464

　本肢のような規制があるのは、「防火地域」だけであり、「準防火地域」にはこのような規制はない。また、看板等は「不燃材料」で造り、または覆わなければならないので

あって、「難燃材料」等で造り、または覆うのではない。

4　**正**　　　　　　　　　　　　　　　　　　　　　　　　　【隣地斜線制限】 教P459

隣地斜線制限は、第一種低層住居専用地域、第二種低層住居専用地域、および田園住居地域においては適用されない。より厳しい絶対的高さ制限(10mまたは12mの高さ制限)があるからである。

> 肢1について、区分所有法において専有部分の床面積を算定する場合は、「内側線」で囲まれた部分の面積で算定することとの違いに注意。

⟶ 「問題集」**CH03** 問題17 ～ 問題33 ≫

問 18　解答 3　建築基準法 ----------------------------------　ランク A

1　**正**　　　　　　　　　　　　　　　　　　　　　　　　　　　【日影規制】 記載なし

その通り。本肢のような場合には、日影ができることによる影響が少ないから、日影規制が緩和される。

2　**正**　　　　　　　　　　　　　　　　　　　　【建築物の建築・除却の届出】 記載なし

建築主が建築物を建築しようとする場合または建築物の除却の工事を施工する者が建築物を除却しようとする場合においては、これらの者は、建築主事を経由して、その旨を都道府県知事に届け出なければならない。ただし、当該建築物または当該工事に係る部分の床面積の合計が10㎡以内である場合においては、この限りでない。

3　**誤**　　　　　　　　　　　　　　　　　　　【非常用の昇降機・避雷設備】 教P437

非常用の昇降機を設けなければならないのは、高さ31mを超える建築物である。また、避雷設備を設けなければならないのは、高さ20mを超える建築物である。したがって、高さ25mである本肢の建築物には、非常用の昇降機を設ける必要はないが、避雷設備については、原則として、これを設けなければならない。

4　**正**　　　　　　　　　　　　　　　　　　　　　　　　　　　【用途制限】 教P448

建築物の敷地が異なる用途地域にまたがる場合、用途制限については、当該敷地の過半が属する(属する部分の面積の広い方の)用途地域に関する規定が適用される。

建築物または建築物の敷地が異なる用途地域にまたがる場合における建築基準法の適用については、用途制限、建蔽率・容積率、防火規定、斜線制限でそれぞれ異なるので、これを機会に整理しておいてください。

→ 「問題集」CH03 問題17 ～ 問題33 ＞

問19 解答 1 盛土規制法（特定盛土等規制区域） ········ ランク B

1 誤
　　　　　　　　　　　　　　　　　　　　　　【特定盛土等規制区域】教P506

　都道府県知事は、基本方針に基づき、かつ、基礎調査の結果を踏まえ、宅地造成等工事規制区域「以外の」土地の区域であって、土地の傾斜度、渓流の位置その他の自然的条件および周辺地域における土地利用の状況その他の社会的条件からみて、当該区域内の土地において特定盛土等または土石の堆積が行われた場合には、これに伴う災害により市街地等区域その他の区域の居住者その他の者の生命または身体に危害を生ずるおそれが特に大きいと認められる区域を、特定盛土等規制区域として指定することができる。特定盛土等規制区域は宅地造成等工事規制区域「以外の」土地の区域に指定される。

2 正
　　　【特定盛土等規制区域内において許可が必要となる特定盛土等】教P495、496、508、509

　その通り。許可が必要となる特定盛土等とは、①盛土であって、当該盛土をした土地の部分に高さが2mを超える崖を生ずることとなるもの、②切土であって、当該切土をした土地の部分に高さが5mを超える崖を生ずることとなるもの、③盛土と切土とを同時にする場合において、当該盛土および切土をした土地の部分に高さが5mを超える崖を生ずることとなるときにおける当該盛土および切土（①、②に該当する盛土または切土を除く）、④①または③に該当しない盛土であって、高さが5mを超えるもの、⑤①～④のいずれにも該当しない盛土または切土であって、当該盛土または切土をする土地の面積が3,000㎡を超えるものである。

3 正
　　　【特定盛土等規制区域内において許可が必要となる土石の堆積】教P495、496、508、509

　その通り。許可が必要となる土石の堆積とは、①高さが5mを超える土石の堆積であって、当該土石の堆積を行う土地の面積が1,500㎡を超えるもの、②①に該当しない土石の堆積であって、当該土石の堆積を行う土地の面積が3,000㎡を超えるものである。

4 正
　　　　　　　　　　　　　　　　　　　　　　【定期の報告義務】教P509

　その通り。報告に係る一定の期間は3か月である。

第3回 解答・解説

宅地造成等工事規制区域は、市街地や集落、その周辺など、人家等が存在するエリアについて、森林や農地を含めて広く指定されます。これに対して、特定盛土等規制区域は市街地や集落等からは離れているものの、地形等の条件から人家等に危害を及ぼしうるエリア(斜面地等)が指定の対象となります。

➡ 「問題集」CH03 問題48〜問題55 ➡

問20 解答 2 土地区画整理法 ----------------------------- ランク A

1 誤 【仮換地指定】教P520

施行者は、施行地区内の宅地について仮換地を指定する場合において、従前の宅地について地上権、永小作権、賃借権その他の宅地を使用し、または収益することができる権利を有する者があるときは、その仮換地について仮にそれらの権利の目的となるべき宅地またはその部分を指定しなければならない。抵当権者は従前の宅地について使用収益権を有していないので、抵当権者には指定する必要はない。

2 正 【換地照応の原則】教P517

その通り。換地については、従前の宅地と同じような土地を指定しなければならないということである。

3 誤 【換地計画の縦覧】教P518

「個人施行者以外」の施行者は、換地計画を定めようとする場合においては、その換地計画を2週間公衆の縦覧に供しなければならない。個人施行者にはこのような義務はない。

4 誤 【公共施設の管理】記載なし

土地区画整理事業の施行により設置された公共施設は、原則として「市町村」の管理に属する。施行者の管理に属するのではない。

抵当権者は目的となる宅地の使用収益権を有しないことを考えれば、肢1は誤りであることに気づくと思います。

➡ 「問題集」CH03 問題56〜問題61 ➡

問21 解答 1 農地法 ----------------------------- ランク B

1 誤 【3条の許可】教P448

農地法3条の許可権者は農業委員会である。住所のある市町村以外の市町村に所在す

る農地の所有権を取得する場合でも、農業委員会の許可を受けなければならない。

2　**正**　　　　　　　　　　　　　　　　　　　　　【4条の許可】 教P490

　土地区画整理事業により道路、公園等の公共施設を建設する目的で農地を転用する場合、農地法4条の許可は不要である。

3　**正**　　　　　　　　　　　【土地収用法に基づく転用目的の農地の取得】 教P490

　転用目的で農地の所有権を取得する場合でも、それが土地収用法の規定に基づく収用であるときは、農地法5条の許可を受ける必要はない。

4　**正**　　　　　　　　　　　　　　　　　　　　　【農地の賃貸借】 記載なし

　農地の賃貸借は、その農地の引渡しを受けていれば、その後にその農地の所有権を取得した者にも対抗することができる。

> 農地の使用貸借の場合、使用借権は登記することができませんし、農地の引渡しを受けていても、その後にその農地の所有権を取得した者に対抗することができません。

➡ 「問題集」 **CH03** 問題42 ～ 問題47 ➤➤

問22　解答 2　国土利用計画法 ---------------------------- ランク **A**

1　**正**　　　　　　　　　　　　　　　　　　　　　【届出事項】 教P481

　事後届出においては、当事者の氏名、土地の利用目的等だけでなく、土地の取得対価額(売買価格)も届け出なければならない。

2　**誤**　　　　　　　　　　　　　　　　　【土地の面積の判断】 教P479、480

　事後届出が必要となる土地の面積は、権利取得者を基準として判断する。したがって、本肢において土地売買等の契約をする土地の面積は200㎡ということになるので、買主は事後届出をする必要はない。

3　**正**　　　　　　　　　【土地売買等の契約の当事者が地方公共団体である場合】 教P477

　「土地売買等の契約」の一方または双方の当事者が地方公共団体である場合、事後届出は不要となる。また、非常災害の応急措置にあたる場合も事後届出は不要となる。

4　**正**　　　　　　　　　　　　　　　　　　　　　　　　　　　【助言】 教P482

　その通り。助言の制度は事後届出についてのものであり、事前届出には助言の制度はないことに注意。

事後届出において、土地の取得価格も届出事項とされていますが、審査の対象にはなりません。

→ 「問題集」CH03 問題34～問題41 →

問23　解答 2　登録免許税 ———————————————— ランク A

1　正　　　　　　　　　　　　　　　　　　　　　　【相続に係る所有権の移転登記等の免税】記載なし

　個人が相続（相続人に対する遺贈を含む）により土地の所有権を取得した場合において、当該個人が当該相続による当該土地の所有権の移転の登記を受ける前に死亡したときは、令和7年3月31日までの間に当該個人を当該土地の所有権の登記名義人とするために受ける登記については、登録免許税が課されない。

2　誤　　　　　　　　　　　　　　　　　　　　　　　　　　　　　　【課税標準】教P534

　不動産の売買による所有権移転登記をする際の課税標準は当該不動産の価額とされているが、この価額は「固定資産課税台帳の登録価額」であり、実際の売買価額ではない。また、当該不動産に地上権があるときは「ないもの」とした場合の価額である。

3　正　　　　　　　　　　　　　　　　　　　　　　　　　　　　　【納税義務者】教P533

　その通り。例えば、売買による所有権移転登記をする場合、実際には買主が登録免許税（登記費用）を負担することが多いが、法律上は売主と買主が連帯して登録免許税を納付する義務を負うとされている。

4　正　　　　　　　　　　　　　　　　　　　　　【所有権移転登記の税率の特例】記載なし

　その通り。登記された地上権または賃借権の権利者は、その登記をする際に登録免許税を納付しているので、所有権移転登記を受けるときの税率が軽減される。

肢1は、相続による所有権移転登記の特例です。この特例の具体例は、AとBの死亡による相続によって、ある土地の所有権がA⇒B⇒Cと移転した場合において、A⇒Bの所有権移転登記には登録免許税が課されないということです。

→ 「問題集」CH04 問題1～問題14 →

問24　解答 3　固定資産税 ———————————————— ランク A

1　正　　　　　　　　　　　　　　　　　　　　　【小規模住宅用地の課税標準の特例】教P543

　住宅用地のうち、小規模住宅用地（200㎡以下であるもの）に対して課する固定資産税の課税標準は、当該小規模住宅用地に係る固定資産税の課税標準となるべき価格の6分の1

の額となる。

2　正　　　　　　　　　　　　　　　　　　　　　　　【免税点】教P542

　固定資産税の免税点は、土地は30万円、建物は20万円、償却資産は150万円である。そして、同一の者が同一の市町村の区域内に複数の固定資産を所有している場合には、それぞれの固定資産の課税標準となるべき額の合計額で課税の可否が判断される。

3　誤　　　　　　　　　　【固定資産が賃貸されている場合の納税義務者】教P541

　固定資産税は、固定資産が賃貸されている場合でも、当該固定資産の所有者に課される。

4　正　　　　　　【固定資産に地上権または質権が設定されている場合の納税義務者】教P541

　固定資産税の納税義務者は、原則として、固定資産の所有者であるが、質権または100年より長い存続期間の定めのある地上権の目的である土地については、その質権者または地上権者が納税義務者となる。

> 肢1について、200㎡を超える部分については、3分の1となります。

⟶ 「問題集」CH04 問題1 ～ 問題14 ⟫

第3回 解答・解説

問 25　解答 3　地価公示法 ------------------------------- ランク A

1　誤　　　　　　　　　　　　　　　　　　　　　　　【標準地の選定】教P563

　標準地は、土地鑑定委員会が、自然的および社会的条件からみて類似の利用価値を有すると認められる地域において、土地の利用状況、環境等が「通常」と認められる一団の土地について選定する。「最も優れている」とする本肢は誤りである。

2　誤　　　　　　　　　　　　　　　　　　　　　　　　【正常な価格】教P564

　正常な価格とは、土地について、自由な取引が行われるとした場合におけるその取引において通常成立すると認められる価格をいい、当該土地に地上権が存する場合には、「存しない」ものとして通常成立すると認められる価格をいう。

3　正　　　　　　　　　　【公示に係る事項を記載した書面等の送付】教P565

　その通り。なお、関係市町村の長は、これらの図書を当該市町村の事務所において3年間一般の閲覧に供しなければならない。

4 **誤** 【公示事項】教P564

地価公示においては、標準地の単位面積当たりの価格および価格判定の基準日だけでなく、標準地およびその周辺の土地の利用の現況も公示される。

> 肢4の他、地価公示で公示される事項には、①標準地の地積および形状、②標準地の住居表示、③標準地の前面道路の状況、④標準地についての水道、ガス供給施設および下水道の整備の状況、⑤標準地の鉄道その他の主要な交通施設との接近の状況、⑥標準地に係る法令に基づく制限で主要なものがあります。

⟳「問題集」 **CH04** 問題20 ~ 問題23 »

問26 解答 **4** 広告規制 ----------------------------- ランク **A**

ア **違反する** 【断定的判断の提供】教P102

宅建業者やその従業者等は、宅建業に係る契約の締結の勧誘をするに際し、宅建業者の相手方等に対し、その契約の目的物である宅地建物の将来の環境または交通その他の利便について誤解させるべき断定的判断を提供する行為をしてはならない。このことは、宅建業者や従業者の過失による場合でも同じであり、このようなことをすると、契約の締結に至らなくてもこの規定に違反する。

イ **違反する** 【預り金の返還】教P102

宅建業者は、相手方等が契約の申込みの撤回を行うに際し、既に受領した預り金を返還することを拒んではならない。既に受領していた預り金から媒介報酬に相当する金額を差し引いたことは、その限度で返還を拒んだことになる。

ウ **違反する** 【インターネットによる広告】教P82、83

著しく事実に反する表示をすると、宅建業法で禁止されている誇大広告となる。インターネットによる表示も、宅建業法の規制の対象である。

エ **違反する** 【契約締結の勧誘】教P102

宅建業者の商号・名称、契約締結の勧誘が目的である旨だけでなく、勧誘を行う者の氏名も告げなければならない。

以上より、宅建業法の規定に違反しないものはないので、正解は4である。

誇大広告の禁止規定において、対象となる広告については、原則として、制限はありません。

➡ 「問題集」CH01 問題51〜問題54 ➤➤

問27 解答 1 免許の要否 ────────── ランク A

1 正 　　　　　　　　　　　　　　　【自ら貸借・賃貸住宅の管理会社】教P4

　A社は建物の貸借の媒介を業として行うので、A社の行為は宅建業にあたる。したがって、A社は免許を受ける必要がある。しかし、A社に業務を委託する貸主は、自ら当事者として貸借をすることになるので、その行為は宅建業にあたらず、免許を受ける必要はない。

2 誤 　　　　　　　　　　　　　　　【リゾートクラブ会員権】教P3〜5

　リゾートクラブ会員権は土地・建物として扱われることとなるため、その売買の媒介を不特定多数の者と反復継続して行うBは免許を受ける必要がある。

3 誤 　　　　　　　　　　　　　　　【みなし宅建業者】教P18

　死亡した宅建業者の相続人は、死亡した宅建業者が締結した契約に基づく取引を結了する範囲内においては宅建業者とみなされるため、免許を受ける必要はない。しかし、本肢の宅地はCが所有していたにすぎず、Cが売買契約等を締結していたわけではない。そうすると、Dは、単にCから相続した宅地について新たに宅建業を始めることになるので、免許を受ける必要がある。

4 誤 　　　　　　　　　　　　　【自ら売買（代理を依頼した場合）】教P5

　別荘用地として土地を売買する場合、建物を建てる目的があるので、当該土地は宅地である。また、販売の代理を宅建業者に依頼しても、Eは、自ら当事者として売買をすることになるから、Eの行為は宅建業にあたる。よって、Eは免許を受ける必要がある。

売買や貸借の媒介・代理を依頼しても、契約の当事者となるのは依頼者です。

➡ 「問題集」CH01 問題5〜問題17 ➤➤

問28 解答 3 宅建士 ────────── ランク A

1 正 　　　　　　　　　　　　　　　【宅建士証の更新】教P37

　その通り。宅建士証の有効期間の更新をする場合、登録を受けている都道府県知事が

指定する講習（法定講習）で交付の申請前6か月以内に行われるものを受講しなければならない。

2　**正**　　　　　　　　　　　　　　　　　　　　　　　　【業務処理の原則】教P27

その通り。宅建士は、あくまで購入者等の利益保護に資するように、事務を行わなければならない。

3　**誤**　　　　　　　　　　　　　　　　　　　　　　　【宅建士の意義】教P26、27

宅建士証が失効したことによって、Aは、宅建士ではなくなっている。したがって、その失効したことにやむを得ない事由があり、新たな宅建士証の交付を申請するまでの比較的短期間であっても、Aは、重要事項の説明をすることはできない。

4　**正**　　　　　　　　　　　　　　　　　　　　　　　　【死亡等の届出】教P36

心身の故障により宅建士の事務を適正に行うことができない者となったことは、登録の欠格事由なので、本人またはその法定代理人もしくは同居の親族が、その日から30日以内に、その旨を登録を受けている都道府県知事に届け出なければならない。

> 肢4の届出義務者は複雑ですが、近年の改正点でもあるので、これを機会に押さえておきましょう。

➡ 「問題集」 **CH01** 問題18 ～ 問題23 ≫

問29　解答 **4**　案内所・事務所　　　　　　　　　　　　　ランク **A**

1　**正**　　　　　　　　　　　　　　　　　　　　　　　【帳簿の記載事項】教P4

自ら貸借は宅建業ではないので、自ら貸主として締結したマンションの賃貸借契約については、帳簿に記載する必要はない。

2　**正**　　　　　　　　　　　　　　　　　　　　　【事務所に掲示すべきもの】教P68

事務所には、標識を掲示しなければならないが、免許証は掲示する必要はない。

3　**正**　　　　　　　　　　　　　　　　　　　　【専任の宅建士の設置義務】教P66、73

契約の締結または申込みを受ける案内所には成年者である専任の宅建士を1名以上設置しなければならない。従業者の数にかかわりなく、1名の成年者である専任の宅建士を設置すれば足りる。

4 誤

【帳簿への記載時期】教P70

　宅建業者は、国土交通省令の定めるところにより、その事務所ごとに、その業務に関する帳簿を備え、宅建業に関し取引のあったつど、その年月日その取引に係る宅地または建物の所在および面積その他国土交通省令で定める事項を記載しなければならない。帳簿への記載は取引のあったつど行わなければならず、月末ごとに行うのではない。

> 自ら貸借が取引（宅建業）ではないことは、免許の要否だけでなく、いろいろな場面で問題となるので、注意してください。

●「問題集」CH01 問題37 〜 問題44 ≫

問 30　解答 1　重要事項の説明 ──────── ランク B

ア 誤

【契約内容の不適合を担保すべき責任の履行に関する措置】教P94

　宅地建物が種類または品質に関して契約内容に適合しない場合におけるその不適合を担保すべき責任の履行に関する保証保険契約を締結する予定であるときは、その保証保険の概要についても説明しなければならない。

イ 誤

【貸借の説明事項（住宅性能評価）】教P89、91

　売買・交換の場合と異なり、建物の貸借の媒介を行う場合、住宅性能評価を受けた新築住宅である旨の説明は不要である。

ウ 誤

【貸借の期間・更新】教P95

　契約の期間だけでなく、更新についても説明しなければならない。

エ 誤

【土砂災害警戒区域】教P89、90

　取引の対象となる宅地建物が土砂災害警戒区域内にあるときは、取引態様が売買・交換・貸借のいずれの場合でも、重要事項として説明しなければならない。

以上より、正しいものはないので、正解は1である。

> 貸借の場合に住宅性能評価を受けた新築住宅である旨の説明は不要であることは、頻出事項ですので、押さえておいてください。

●「問題集」CH01 問題55 〜 問題66 ≫

問31 　解答 3 　営業保証金 ――――――――――――――――― ランク A

ア　誤
【案内所】 教P44、64

営業保証金の追加供託が必要となるのは、事務所を設置する場合である。案内所については、そこで契約の締結をし、または契約の申込みを受ける場合でも、営業保証金の追加供託は不要である。

イ　誤
【営業保証金から還付を受けることができる者】 教P46

宅建業に係る取引をして、その取引によって生じた債権を有する者であっても、宅建業者は営業保証金から還付を受けることはできない。

ウ　正
【保証協会に加入した場合の営業保証金の取戻し】 教P48

保証協会の社員となった宅建業者は、公告をすることなく、供託した営業保証金を取り戻すことができる。

エ　誤
【営業保証金から還付を受けられる限度額】 教P46

支店で宅建業に関する取引をして還付請求権を有する者でも、当該宅建業者が供託している営業保証金の全額を限度として還付を受けることができる。Aが本店と支店2か所を設置している宅建業者である場合、供託している営業保証金は2,000万円であるから、支店でAと取引をして還付請求権を有する者は、2,000万円を限度として営業保証金から還付を受けることができる。

以上より、誤っているものはア、イ、エの三つなので、正解は3である。

> 営業保証金の返還を受けるときに公告が不要となるのはどのような場合なのかを整理しておきましょう。

▶ 「問題集」 CH01 問題24 ～ 問題30 ▶▶

問32 　解答 4 　媒介契約 ――――――――――――――――― ランク A

1　誤
【有効期間】 教P77、79

一般媒介契約には、有効期間についての制限はない。6か月と定めたときでもその通りとなる。専任媒介契約・専属専任媒介契約については3か月以内という制限があることとの違いに注意。

2　誤
【専属専任媒介契約の更新】 教P77

専属専任媒介契約は依頼者（B）の申し出によって更新することができるので、この点

について本肢は問題ない。しかし、更新後の媒介契約の期間は3か月以内であれば良いので、当初の期間（2か月）と同じにする必要はない。

3　誤　【媒介契約書面の記載事項】教P79,81

「都市計画法その他法令に基づく制限で主要なもの」は、指定流通機構への登録事項であって、媒介契約書面の記載事項ではない。

4　正　【登録を証する書面】教P79

専任媒介契約を締結した宅建業者は、依頼を受けた物件について所定の事項を指定流通機構に登録したときは、登録を証する書面を遅滞なく依頼者に引き渡すか、または依頼者の承諾を得て、同書面において証されるべき事項を電磁的方法により提供しなければならない。

> 肢1について、「媒介契約の期間は3か月が限度」と単純に覚えていると、一般媒介の問題に引っかかることがあるので、注意してください。

➡ 「問題集」CH01 問題45〜問題50 ➤➤

問 33　解答 1　保証協会　　　　　　　　　　　　　　ランク A

1　正　【還付額】教P58

弁済業務保証金分担金が150万円（主たる事務所1×60万円と、それ以外の事務所3×30万円の合計額）の宅建業者と取引をした者は、2,500万円（主たる事務所1×1,000万円と、それ以外の事務所3×500万円の合計額）を限度として弁済業務保証金から弁済を受ける権利を有する。

2　誤　【還付請求権者】教P58

宅建業者が保証協会の社員となる前に、当該宅建業者と宅建業に関し取引をした者（宅建業者に該当する者を除く）も、その取引により生じた債権に関し、弁済業務保証金について弁済を受ける権利を有する。

3　誤　【認証の順序】記載なし

保証協会がする認証は、申出書の受理の順序に従って行うのであって、申出に係る債権額の順序等に従ってするのではない。

4　誤　【弁済業務保証金分担金の納付】教P55,56

事務所を増設した宅建業者は、増設した日から2週間以内に、当該事務所に係る弁済業務保証金分担金を保証協会に納付しなければならない。

営業保証金を供託している宅建業者が事務所を増設した場合における営業保証金の追加供託については、「いつまでに」という期間制限はありません。追加の営業保証金を供託して、その届出をしないと、当該事務所で営業することができないというだけです。

「問題集」CH01 問題31〜問題36

問34 解答 1 重要事項の説明 ランク B

1 違反しない 【区分所有建物の管理費用】教P91

マンションの貸借の契約において、所有者が負担すべき管理費用の額は、重要事項として説明すべき事項とされていない。当該事項は、売買・交換の場合に説明すべき事項である。

2 違反する 【重要事項説明書の交付時期】教P86、87

宅建業者は、契約が成立するまでの間に、重要事項説明書を交付して、または相手方の承諾を得て同書面に記載すべき事項を電磁的方法で提供して、その内容を説明しなければならない。本肢のように、重要事項説明書を交付する場合、契約締結後に交付することはできない。このことは説明をすべき相手方の承諾があっても同じである。

3 違反する 【建物状況調査】教P90

既存の建物の売買の媒介の場合、当該建物について建物状況調査（実施後国土交通省令で定める期間を経過していないものに限る）を実施しているかどうか、およびこれを実施している場合におけるその結果の概要を重要事項として説明しなければならない。この国土交通省令で定める期間は、原則として1年であるが、鉄筋コンクリート造または鉄骨鉄筋コンクリート造の共同住宅等にあっては、2年とされている。本肢では、鉄筋コンクリート造のマンション（共同住宅）について、1年6か月前に建物状況調査が実施されているので、その結果の概要を重要事項として説明しなければならない。

4 違反する 【法令上の制限（道路斜線制限）】教P88、89

宅地の貸借の場合、道路斜線制限の概要を説明しなければならない。宅地を借りた場合、そこに建物を建てるのは借主なので、道路斜線制限の内容は借主にとって重要なことなので、重要事項として説明しなければならない。

肢3において、鉄筋コンクリート造・鉄骨鉄筋コンクリート造の共同住宅に係る期間が2年とされたことは、令和6年の法改正点なので、要注意です。

→「問題集」CH01 問題55～問題66 ≫≫

問35 解答2 クーリング・オフ ━━━━━━━━━━━━ ランクA

1 正　【引渡し・代金の支払】 教P109

Bは、自宅の近くの喫茶店で買受けの申込みをしているが、宅地の引渡しを受け、かつ、代金の全額を支払っているので、クーリング・オフによる契約の解除をすることはできない。このことは宅建業者からクーリング・オフできる旨を告げられているか否かにかかわりない。

2 誤　【書面で告げられた日から8日間】 教P109

クーリング・オフできる期間は、クーリング・オフできる旨を書面で告げられた日を含んで8日間であるので、7月1日に告げられた場合は、7月8日までとなる。

3 正　【事務所等】 教P108

買主から、買主の勤務先で説明を受ける旨を申し出た場合であっても、結果として喫茶店で買受けの申込みを行った場合は、クーリング・オフによる解除をすることができる。

4 正　【解除された場合の違約金等の請求】 教P110

その通り。クーリング・オフによる契約の解除は「無条件解除」なので、損害賠償の請求等をすることはできない。

クーリング・オフできる期間については、書面によってクーリング・オフできる旨を告げられたのが例えば火曜日だとしたら、翌週の火曜日までのように覚えると良いでしょう。

→「問題集」CH01 問題79～問題82 ≫≫

問36 解答4 手付金等の保全措置 ━━━━━━━━━━ ランクA

1 誤　【宅建業者が必要な保全措置を講じない場合】 教P118

Aが、引渡しをする前に中間金1,000万円を受領する場合、Aは保全措置を講じなければならない。宅建業者が必要な保全措置を講じない場合、買主は中間金の支払いを拒むことができる。したがって、Aが保全措置を講じないことを理由にBが当該中間金を支払わないことは、Bの債務不履行とはならない。

2 誤　　　　　　　　　　　　　　　　　　　【寄託契約による保全措置】教P118

未完成物件の場合、指定保管機関による寄託契約の方法で保全措置を講ずることはできない。

3 誤　　　　　　　　　　　　　　　【保全措置が必要となる手付金等】教P117〜119

Aが受領した手付金の額(200万円)は、完成物件につき代金額(5,000万円)の10%以下、かつ、1,000万円以下なので保全措置は不要である。また、中間金は建物の引渡し後に受領するとあるので、やはり保全措置は不要である。

4 正　　　　　　　　　　　　　　　　　　　【宅建業者間の売買契約】教P118

買主が宅建業者の場合には8種規制は適用されないため、手付金等の保全措置は不要となり、また、代金の20%を超えて手付金を受領することも可能である。

> 8種規制の問題では、買主が宅建業者かどうかを常に注意するようにしてください。

➡ 「問題集」CH01 問題85 〜 問題88 ▷

問 37　解答 1　業務上の規制 ----------------------------- ランク A

ア 違反する　　　　　　　　　　　　　　　　　【誤認させる表示】教P82、83

宅建業者が誇大広告を行った場合、その広告をした物件について注文もなく、売買が成立しなかったときであっても、宅建業法違反となり、監督処分および罰則の対象となる。

イ 違反しない　　　　　　　　　　　　【媒介契約の規制(一般媒介契約)】教P76〜79

一般媒介においては、売買等の申込みがあったときは、遅滞なく、依頼者に報告しなければならないとされているが、業務の処理状況の定期的な報告は義務付けられていない。

ウ 違反する　　　　　　　　　　　　　　　　　　【専任媒介契約】教P78、79

専任媒介契約を締結した場合、その日から7日以内(休業日を除く)に所定の事項を指定流通機構へ登録しなければならない。本肢では「指定流通機構へ登録せずに、当該専任媒介契約締結の日の9営業日後に当該売買契約を成立させた」とあるので、Aは、7日以内(休業日を除く)に登録していないことになる。

エ　違反する　　　　　　　　　　　　　　　　　　　　　　　　【誇大広告の禁止】教P83

　インターネットによる広告も、誇大広告の禁止の規制対象となる。そして、広告の継続中に契約が成立したにもかかわらず、当該広告を継続することは、取引の対象とはなりえない物件の広告をすることになるから、誇大広告の禁止の規定に違反する。

以上より、宅建業法の規定に違反しないものはイの一つなので、正解は1である。

一般媒介契約においては、指定流通機構への登録義務はありませんし、業務の処理状況の定期的な報告義務もありません。

→「問題集」CH01 問題45〜問題50 ⟫

問38　解答 2　免許等　　　　　　　　　　　　　　　　　　　　　　　ランク A

1　誤　　　　　　　　　　　　　　　　　　　　　　　　　　　【免許証の返納】教P13

　失効した免許証は返納しなければならないのが原則であるが、有効期間切れの免許証は返納する必要はない。

2　正　　　　　　　　　　　　　　　　　　　　　　　　　　【免許取得前の広告】記載なし

　その通り。免許を取得するまでは宅建業者ではないので、たとえ免許申請中である旨を明示しても宅建業に係る広告をすることはできない。

3　誤　　　　　　　　　　　　　　　　【免許欠格事由（法人の役員・暴力団員）】教P23、24

　DがC社を退任した後は、C社の取締役（役員）には欠格事由に該当する者はいないことになるので、C社は免許を受けることができる。

4　誤　　　　　　　　　　　【未完成物件の契約締結時期の制限（相手方が宅建業者の場合）】教P84、85

　取引の相手方が宅建業者であったとしても、開発許可や建築確認を受ける前に売買契約（予約を含む）を締結することはできない。

肢1について、免許証とは異なり、有効期間切れの宅建士証は返納しなければならないことに注意してください。

→「問題集」CH01 問題5〜問題17 ⟫

問39　解答 1　37条書面　　　　　　　　　　　　　　　　　　　　　　ランク A

1　正　　　　　　　　　　　　　　　　　　　　　　　　　【必要的記載事項】教P97〜99

　引渡しの時期と移転登記の申請時期はどちらも37条書面の必要的記載事項であり、売

主および買主が宅建業者であったとしても、その双方に37条書面を交付しなければならない。

2　誤　　　　　　　　　　　　　　　　　　　　　【私道負担に関する事項】教P86〜89、98

　宅地の売買の場合、私道負担に関する事項は重要事項として説明しなければならない。また、当該事項は37条書面の記載事項ではない。したがって、当該事項を重要事項として説明していなかったのであれば、売買契約の締結前に、その点についての追加の重要事項の説明をしなければならない。

3　誤　　　　　　　　　　　　　　　　　　　　　　　　　【説明義務の有無】教P97

　37条書面は交付するだけで足り、その内容を説明する義務はない。

4　誤　　　　　　　　　　　　　　　　　　　　　　　【代金額の消費税】記載なし

　37条書面には代金額を記載しなければならない。そして、その際には消費税額も明記しなければならない。

> 肢4は細かい知識ですが、これを機会に押さえておいてください。

→「問題集」CH01 問題67 〜 問題73 ≫

問40　解答 1　8種規制　　　　　　　　　　　　　　　　　ランク B

ア　誤　　　　　　　　　　　　　　　　　　　　　　　　　【解約手付】教P115

　宅建業者が自ら売主となって、宅建業者でない者と売買契約を締結した場合において、手付の授受があるときは、当該手付は解約手付とみなされ、これに反する特約で買主に不利なものは無効となる。したがって、解約手付ではない旨の特約は無効となり、Bは、Aが契約の履行に着手していないのであれば、手付の放棄によって契約を解除することができる。

イ　誤　　　　　　　　　　　　　　　　　　　　　　　【所有権留保の禁止】教P598

　割賦販売契約において、宅建業者は代金額の30％を超える額を受領したときは、物件に係る所有権移転登記をしなければならない。ただし、30％を超える代金を受領した場合でも、買主が抵当権の設定登記をする等の担保措置を講ずる見込みがないときは、所有権移転登記をする必要はない。Bが抵当権の設定登記をする等の代金債務に係る担保措置を講じたのであれば、Aは、建物の所有権移転登記をしなければならない。

ウ　誤　　　　　　　　　　　　　　　　　　　　　　【損害賠償額の予定】 教P113、114

　損害賠償額の予定をする場合、その額は代金額の10分の2を超えてはいけない。これは売主である宅建業者が支払うべき損害賠償額についても同様である。

エ　正　　　　　　　　　　　　　　　　　　　　　　【他人物売買】 教P120

　ＡＣ間の売買契約は農地法5条の許可を受けることが停止条件とされているが、農地法の許可があった後は、ＡＣ間の売買契約は無条件の契約ということになる。したがって、Ｃとの間で宅地の売買契約を締結しているＡは、Ｂとの間で当該宅地の売買契約を締結することができる。

以上より、正しいものはエの一つなので、正解は1である。

> 所有権留保の禁止も出題されることがあるので、これを機会に押さえておいてください。

➡ 「問題集」CH01 問題79〜問題92

問41　解答 4　宅建業者・宅建士　　　　　　　　　　　　ランク A

1　誤　　　　　　　　　　　　　　　　　　　　　　【宅建士の設置義務】 教P66、73

　契約行為をする案内所を設置する場合、そこでの業務に従事する者の数にかかわらず、1名以上の成年者である専任の宅建士を設置しなければならない。

2　誤　　　　　　　　　　　　　　　　　　　　　　【変更の登録】 教P32、33

　合同会社から株式会社に組織変更をすると、その商号に変更が生じることになる。そして、宅建士が業務に従事する宅建業者の商号または名称は、宅建士の資格登録簿の登載事項なので、これに変更が生じたときは、当該宅建士は変更の登録を申請しなければならない。

3　誤　　　　　　　　　　　　　　　　　　　　　　【専任の宅建士の設置義務】 教P66、67

　宅建業者は、専任の宅建士に不足が生じたときは、「2週間以内」に宅建士の補充等をして、宅建業法の規定に適合させるため必要な措置を執らなければならない。

4　正　　　　　　　　　　　　　　　　　【宅建業者が破産手続開始の決定を受けた場合】 教P17

　宅建業者が破産手続開始の決定を受けた場合、その破産管財人が免許権者に届出をしなければならない。そして、宅建業者が破産手続開始の決定を受けて復権を得ない者となった場合、免許欠格事由に該当する。したがって、当該宅建業者の免許は取り消され

る。

宅建業者が設置すべき専任の宅建士の人数は、事務所⇒従業者5名に1人以上の割合、契約行為をする案内所⇒1人以上です。

➡ 「問題集」CH01 問題18 ～ 問題23 ≫

問 42　解答 2　宅建業者　ランク B

ア　誤　　　　　　　　　　【免許の欠格事由(役員・背任罪で罰金刑)】教P20、23、143

　宅建業者である法人の役員が免許の欠格事由に該当すると、当該宅建業者の免許は取り消される。背任罪で罰金刑に処せられたことは免許の欠格事由に該当する。したがって、取締役が背任罪で罰金刑に処せられたA社の免許は取り消される。

イ　誤　　　　　　　　　　　　　　　　　　【変更の届出】教P16

　宅建業者が宅建業以外の事業を営む場合、当該事業の種類は宅建業者名簿の登載事項であるが、これに変更があっても変更の届出をする必要はない。

ウ　正　　　　　　　　　　　　　　　　　　【変更の届出】教P17

　その通り。なお、A社の免許は解散の届出がされた時に失効するのであって、解散の時に失効するのではないことに注意。

エ　誤　　　　　　　　　【廃業等の届出(破産手続開始の決定)】教P17

　宅建業者が破産手続開始の決定を受けた場合、破産管財人がその旨を免許権者に届け出なければならない。

以上より、正しいものはウの一つなので、正解は2である。

肢ウについて、法人である宅建業者が合併により消滅したときの届出義務者は消滅した宅建業者の代表役員ですが、解散により消滅する場合は清算人であることにも注意してください。

➡ 「問題集」CH01 問題5 ～ 問題17 ≫

問 43　解答 3　監督処分・罰則　ランク B

1　誤　　　　　　　　　　　　　　　　　　【自ら貸借】教P4

　宅建業者が自ら所有するマンションを賃貸することは、宅建業にあたらない。したがって、その際に重要事項の説明をする必要はないので、宅建業者が監督処分を受けることもない。

2　誤　　　　　　　　　　　　　　　　　　【登録が消除された場合】教P147

不正の手段により宅建士の登録を受けたことが発覚した場合、その登録は消除される。しかし、そのことによって宅建試験の合格が取り消されることはない。

3　正　　　　　　　　　　　　　【誇大広告の禁止規定に違反した場合の罰則】教P151

その通り。なお、6か月以下の懲役と100万円以下の罰金は併科されることがある。

4　誤　　　　　　　　　　　　　　　　　　　　　　【事務禁止処分】教P146

宅建士が名義貸しの宅建業法違反をした場合、業務地の知事は、当該宅建士に対して、指示処分だけでなく、事務禁止処分もすることができる。

> 肢4について、登録消除処分をすることができるのは、登録をしている都道府県知事だけです。

➡「問題集」CH01 問題100〜問題107 ▶▶

第3回 解答・解説

問 44　解答 **2**　報酬 --- ランク **A**

1　誤　　　　　　　　　　　　　　　　　　　　　　【要求行為の禁止】教P101

宅建業者は、取引の相手方等に対して、不当に高額の報酬を要求する行為をしてはならず、これに違反した場合は監督処分や罰則の対象となる。実際に受領した報酬の額が、国土交通大臣が定めた限度額の範囲内であっても、宅建業法違反となる。

2　正　　　　　　　　　　　　　　【依頼者の依頼により行う広告料金】教P123

宅建業者は、国土交通大臣の定める限度額を超えて報酬を受領してはならないが、通常の広告と異なり、依頼者の依頼によって行う広告については、その広告料金をこの限度額とは別に受領することができる。報酬とは別に広告料金を受領できるのは、依頼者の依頼がある場合に限られる。

3　誤　　　　　　　　　　　　　　　　　　【報酬の限度額（売買）】教P125〜131

同一の取引において、複数の宅建業者が関与した場合、これらの宅建業者が受け取る報酬の合計額は、1つの宅建業者が関与した場合の報酬の限度額以内でなければならない。本肢において、その限度額は（4,000万円×3％＋6万円）×2×1.1＝277万2,000円であるが、本肢のAとBが受領する報酬額を合計すると415万8,000円となるので、AおよびBは本肢の額の報酬を受領できない。

4　誤　　　　　　　　　　　　　　　　　　　　　【報酬の限度額(貸借)】 教P135、136

　媒介の依頼を受けて居住用建物の賃貸借契約を成立させた場合は、賃貸人および賃借人それぞれから受領できる報酬は、原則として借賃0.55か月分までとなるが、代理の依頼を受けていた場合には、この規定の適用はない。

> 建物の貸借の場合の報酬の限度額については、当該建物が居住用かどうかによって異なりますので、その点に注意しましょう。

➡ 「問題集」 **CH01** 問題93〜問題99 ≫

問45　解答 2　住宅瑕疵担保履行法 ----------------- ランク A

1　誤　　　　　　　　　　　　　　　　　　　　　【責任保険の契約者】 教P157

　住宅販売瑕疵担保責任保険契約は、売主である宅建業者と住宅瑕疵担保責任保険法人が締結する保険契約であり、買主が締結するものではない。また、同保険契約の有効期間は、「引き渡した時」から10年間である。

2　正　　　　　　　　　　　　　　　　　【住宅販売瑕疵担保保証金の取戻し】 教P156

　住宅販売瑕疵担保保証金の取戻しについては、当該宅建業者または宅建業者であった者が、宅建業の免許を受けた国土交通大臣または都道府県知事の承認を受けてすることになっている。

3　誤　　　　　　　　　　　　　　　　　　　　【主たる事務所の移転】 記載なし

　宅建業者は、有価証券または有価証券および金銭で住宅販売瑕疵担保保証金の供託をしている場合において、主たる事務所を移転したためその最寄りの供託所が変更したときは、保管替えを請求することはできず、遅滞なく、当該住宅販売瑕疵担保保証金の額と同額の住宅販売瑕疵担保保証金の供託を移転後の主たる事務所の最寄りの供託所にしなければならない。

4　誤　　　　　　　　　　　　　　　　　　　【買主が建設業者の場合】 教P154

　買主が宅建業者である場合には、資力確保措置を講じる必要はないが、買主が建設業者(宅建業者以外の者)である場合には、資力確保措置を講じなければならない。

肢4は、宅建業者から新築住宅を買った人が「たまたま」建設業をしている人だっただけということです。建設業者は自分で住むために新築住宅を購入したのであって、これを業務として転売するようなことはしません。ですので、サラリーマンに売却した場合と同様に、宅建業者は資力確保措置を講ずる義務を負うのです。

➡️ 「問題集」CH01 問題108〜問題109 ➤➤

問46　解答 1　住宅金融支援機構 ──────────── ランク B

1　誤　　　　　【証券化支援事業(買取型)の買取りの対象となる貸付債権】 教P568

証券化支援事業(買取型)において、住宅の改良(リフォーム)に必要な資金の貸付債権は、譲受けの対象としていない。ただし、中古住宅の購入と併せて行うリフォーム工事については、対象となる。

2　正　　　　　　　　　　　　　　　　　【証券化支援事業(保証型)】 教P568

その通り。証券化支援事業の保証型である。

3　正　　　　　　　　　　　　　　　　　　　　【災害復興建築物】 教P570

その通り。機構は、災害復興建築物の建設若しくは購入または被災建築物の補修に必要な資金の貸付けを業務として行っている。

4　正　　　　　　　　　　　　　　　　　　【合理的土地利用建築物】 教P570

その通り。市街地再開発等のための建築物の建設に必要な資金の貸付けを業務として行っている。

中古住宅を購入しやすくするために、その購入に付随するリフォーム工事にかかる資金の貸付け債権も証券化支援事業の対象となっています。

➡️ 「問題集」CH04 問題24〜問題27 ➤➤

問47　解答 4　景表法 ──────────────────── ランク B

1　誤　【一団の宅地等における駅等の施設までの道路距離・所要時間の算出方法】 記載なし

団地(一団の宅地または建物をいう)と駅その他の施設との間の道路距離または所要時間は、取引する区画のうちそれぞれの施設ごとにその施設から最も近い区画を起点として算出した数値とともに、その施設から最も遠い区画を起点として算出した数値も表示しなければならない。従来は、最も近い区画を起点として算出した数値を表示すれば足りたが、令和4年9月1日施行の不動産の表示に関する公正競争規約・同施行規則の改正によっ

第3回　解答・解説

て、購入者の利益を考慮して、最も遠い区画を起点として算出した数値も表示しなければならないこととされた。

2　誤　　　　　　　　　　　　　　　　　　　　　　　　　　**【賃料】** 教P579

賃貸される住宅（マンションまたはアパートにあっては、住戸）の賃料については、取引する全ての住戸の1か月当たりの賃料を表示しなければならない。ただし、新築賃貸マンションまたは新築賃貸アパートの賃料については、パンフレット等の媒体を除き、1住戸当たりの最低賃料および最高賃料のみで表示することができる。したがって、「標準的な賃料」を表示することでは足りない。

3　誤　　　　　　　　　　　　　　　　　　　　　　　　　　**【畳の広さ】** 記載なし

住宅の居室等の広さを畳数で表示する場合においては、畳1枚当たりの広さは1.62平方メートル（各室の壁心面積を畳数で除した数値）以上の広さがあるという意味で用いなければならない。このことは中古の建物であっても同じである。

4　正　　　　　　　　　　　　　　　　　　　　　　　　**【建物の外観写真】** 教P578

その通り。建物が未完成の場合、従来は、取引する物件と同一でないと他の建物の外観写真を一切掲載できないこととされていたが、令和4年9月1日施行の改正によって、同一の建物でなくとも、構造、階数、仕様が同一であって、規模、形状、色等が類似する建物であれば掲載できることとされた。なお、動画についても同様な規定があることに注意。

肢2について、「標準的な賃料」といっても、いくらが標準的なのかは人によって判断が異なるので、賃料を明示したことにはなりません。

→「問題集」CH04 問題28〜問題34 ≫

問48　解答 **1**　統計　　　　　　　　　　　　　　　　　　ランク **A**

1　正　　　　　　　　　　　　　　　　　　　　　　　　**【法人企業統計調査】** 記載なし

令和4年度における不動産業の売上高は、46兆2,682億円であり、全産業の売上高（1,578兆4,396億円）に占める割合は2.9％である。

2　誤　　　　　　　　　　　　　　　　　　　　　　　　　　**【宅建業者数】** 記載なし

令和4年度末（令和5年3月末）現在の宅地建物取引業者数は、129,604業者（大臣免許が2,922業者、知事免許が126,682業者）であり、9年連続の増加となっている。したがって、「9年ぶりの減少となった」とする本肢は誤りである。

3　誤　　　　　　　　　　　　　　　　　　　　　　【地価公示】 記載なし

　三大都市圏平均では、全用途平均、住宅地、商業地、工業地のいずれについても昨年と比べて上昇となっている。また、地方圏平均でも、全用途平均、住宅地、商業地、工業地のいずれも昨年と比べて上昇となっている。したがって、「住宅地は下落となっている」とする本肢は誤りである。

4　誤　　　　　　　　　　　　　　　　　　　　【建築着工統計調査報告】 記載なし

　令和5年の新設住宅着工戸数は、持家、貸家及び分譲住宅が減少したため、全体で4.6％の減少となり、3年ぶりの減少となった。したがって、「貸家と分譲住宅が増加したため、全体では前年と比べて増加となった」とする本肢は誤りである。

> 法人企業統計調査は宅建試験で定番の統計ですが、その中でも不動産業の「売上高」と「経常利益」がよく出題されます。

問49　解答 1　土地　　　　　　　　　　　　　　　　　　　ランク A

1　最も不適当　　　　　　　　　　　　　　　　　　　　　　【切土斜面】 記載なし

　切土掘削直後に斜面安定が確認されたとしても、その後の風雨や地震等により地盤が不安定になることもあるから、以後も安心とは限らない。

2　適当　　　　　　　　　　　　　　　　　　　　　　【扇状地】 教P583、584

　扇状地は、一般的には宅地に適しているが、谷の出口に広がる扇状地は、鉄砲水のおそれがあるから、土石流災害に対して安全であるとはいえない。

3　適当　　　　　　　　　　　　　　　　　　　　　【干拓地・埋立地】 教P584

　その通り。干拓地はもともと水中にあった土地であるのに対して、埋立地は海や湖に土砂を入れて造った土地であることを考えれば、本肢の内容は適当であることがわかる。

4　適当　　　　　　　　　　　　　　　　　　　　　　　　【山麓部】 記載なし

　その通り。地すべりによってできた地形は、宅地としてではなく、棚田などの水田として利用されることが多い。

切土部分は盛土部分より地盤は安定していますが、豪雨や地震などの災害も起こりうるので、全体に安全とは言えません。

➡ 「問題集」**CH04** 問題35〜問題40 ➤

問 50 | 解答 **4** | 建物 ------------------------------- ランク **B**

1 適当
【木造建築物の壁の補強】 教P589

その通り。木造建築物の壁の耐力を確保するためにたすき掛けにする場合には、欠込みも許される。

---

2 適当
【木造建築物の柱】 教P589

その通り。なお、土台については、柱を基礎に緊結した場合には、設ける必要はない。

---

3 適当
【コンクリート構造の中性化】 記載なし

ひび割れ等で空気中の二酸化炭素がコンクリート内に進入すると、コンクリートのアルカリ性が失われることによって、鉄筋の腐食、コンクリートのひび割れ・剥離といった鉄筋コンクリート構造の劣化現象が生じる。

---

4 最も不適当
【鉄骨造の構造耐力上主要な部分の材料】 記載なし

鉄骨造の建築物の構造耐力上主要な部分の材料は、炭素鋼もしくはステンレス鋼または鋳鉄としなければならない。

鉄は腐食すると膨張するので、鉄筋を覆っているコンクリートに圧力がかかり、コンクリートのひび割れ・剥離という現象が起こります。

➡ 「問題集」**CH04** 問題41〜問題46 ➤

直前予想問題

解答解説

合格基準点 ＝ 37点

第4回　解答一覧・得点計画表

問題番号	分野	テーマ	ランク	正解
1	権利関係	判決文（債権譲渡）	B	2
2		意思表示	B	2
3		共有	A	3
4		不法行為（工作物責任）	B	3
5		担保物権総合	B	1
6		保証・連帯保証	A	1
7		契約内容不適合責任	A	3
8		相続	A	4
9		請負	A	1
10		賃貸借	A	3
11		借地借家法（借地権）	B	2
12		借地借家法（借家権）	A	2
13		区分所有法	A	2
14		不動産登記法	B	4
15	法令上の制限	都市計画法（都市計画）	A	3
16		都市計画法（開発許可）	B	3
17		建築基準法	B	2
18		建築基準法	B	4
19		盛土規制法（宅地造成等工事規制区域・造成宅地防災区域）	A	1
20		土地区画整理法	B	1
21		農地法	A	2
22		国土利用計画法（事後届出）	A	4
23	税・その他	贈与税	B	2
24		不動産取得税	A	1
25		不動産鑑定評価基準	A	4

問題番号	分野	テーマ	ランク	正解
26	宅建業法	免許複合	A	4
27		媒介契約	A	2
28		35条書面・37条書面	B	4
29		8種規制総合	B	1
30		宅建士	B	1
31		業務上の規制	A	4
32		重要事項の説明	A	4
33		営業保証金	A	4
34		保証協会	A	3
35		重要事項の説明	A	2
36		事務所・案内所	A	1
37		手付金等の保全措置	A	2
38		業務上の規制	A	3
39		監督処分	B	1
40		免許複合	B	2
41		宅建業者・宅建士	A	3
42		業務上の規制	A	3
43		クーリング・オフ	A	4
44		報酬	A	2
45		住宅瑕疵担保履行法	A	4
46	税・その他	住宅金融支援機構	A	3
47		景表法	B	2
48		統計	A	4
49		土地	A	3
50		建物	A	1

第4回	A	B	C	計	得点目標	あなたの得点		
						日付 ／	日付 ／	日付 ／
権利関係	8	6	0	14	9			
法令上の制限	4	4	0	8	4			
宅建業法	15	5	0	20	17			
税・その他	6	2	0	8	7			
計	33	17	0	50	37			
得点目標	33	4	0	37	第4回			

あなたの得点	日付 ／			
	日付 ／			
	日付 ／			

1　正　　　　　　　　　　　　　　　　　　　　【譲渡債権の特定】記載なし

　判決文は「債権譲渡契約にあっては、譲渡の目的とされる債権がその発生原因や譲渡に係る額等をもって特定される必要があることはいうまでもなく」としている。したがって、債権譲渡の目的とされる債権がその発生原因や譲渡に係る額等によって特定されていない場合、当該債権譲渡契約は無効となる。

2　誤　　　　　　　　　　　　　　【将来発生する可能性の低い債権の譲渡】記載なし

　判決文は「債権譲渡契約の締結時において譲渡される債権の発生の可能性が低かったことは、債権譲渡契約の効力を当然に左右するものではないと解するのが相当である」としている。したがって、将来発生する可能性の低い債権の譲渡であっても当然に無効となることはない。

3　正　　　　　　　　　　　　　　　　　　【将来発生する債権の特定】記載なし

　判決文は「将来の一定期間内に発生し、又は弁済期が到来すべき幾つかの債権を譲渡の目的とする場合には、適宜の方法により右期間の始期と終期を明確にするなどして譲渡の目的とされる債権が特定されるべきである」としている。したがって、本肢の記述は判決文で述べられている通りなので、正しい。

4　正　　　　　　　　　　　　　　　　　　【譲渡する当事者の意思】記載なし

　判決文は、将来発生する可能性の低い債権の譲渡契約も有効であるとしているが、その場合、現実に当該債権が発生しなかったときは、譲受人が損失を被ることもある。そのような場合について、本問の題材とした判決文は、本問にある記述に続けて「債権が見込みどおり発生しなかった場合に譲受人に生ずる不利益については譲渡人の契約上の責任の追及により清算する」のが当事者の意思であるとしている。

　将来発生する債権の譲渡については、過去問でも4肢択一の問題で出題されています。

→ 「問題集」**CH02** 問題24 ～ 問題28

1　正　　　　　　　　　　　　　　　　　【強迫による取消し前の第三者】教P176

　強迫による意思表示は、取り消すことができる。そして、詐欺の場合とは異なり、強迫の事実について善意・無過失の第三者に対しても強迫による意思表示の取消しを対抗

することができる。

2　**誤**　　　　　　　　　　　　　　　　　【通謀虚偽表示の無効における第三者】 教P177

　　AとDとが通じてした虚偽の売買契約は通謀虚偽表示として無効である。しかし、この売買契約の無効は、善意の第三者に対抗することはできない。また、第三者は保護されるために登記を備えている必要はない。

3　**正**　　　　　　　　　　　　　　　　　【錯誤による取消しにおける第三者】 教P179、180

　　錯誤による意思表示の取消しについては、錯誤による意思表示を信頼した第三者を保護するために、令和2年の民法改正によって、善意無過失の第三者には取消しを対抗することはできないことが明文化されている。

4　**正**　　　　　　　　　　　　　　　　　【心裡留保の無効における第三者】 教P181、182

　　心裡留保による意思表示は、表意者がその真意でないことを知ってしたときであっても有効であるが、相手方が、表意者の真意を知り、または知ることができたときは、無効となる。ただし、この無効は、善意の第三者に対抗することはできないとされており、第三者には無過失であることは要求されていない。

> 第三者が保護されるための要件として、善意だけで足りるのか、無過失まで要求されるのかを、意識して覚えていきましょう。

　　　　　　　　　　　　　　　　　　　　→「問題集」**CH02** 問題4 ～ 問題8 ▶

問3　解答 3　共有 .... ランク A

1　**正**　　　　　　　　　　　　　　　　　【自己の持分を超える使用の対価の償還】 教P361

　　各共有者は、その持分割合に応じて、共有物の全部を使用することができるが、自己の持分を超える使用の対価を、他の共有者に対して償還しなければならない。なお、独占使用等を無償とする旨の特約があるときは、この償還義務はない。

2　**正**　　　　　　　　　　　　　　　　　【共有物の変更・持分の処分】 教P360、362

　　各共有者は、共有物にその形状または効用の著しい変更を伴う変更を加える場合には、他の共有者全員の同意を得なければならないが、自己の持分（権）の処分（譲渡、担保権の設定等）は、単独ですることができる。

3　**誤**　　　　　　　　　　　　　　　　　【共有物の管理により特別の影響を受ける者の承諾】 教P362

　　共有物の形状または効用の著しい変更を伴わない軽微変更や物の性質を変えることな

く物を利用・改良する共有物の管理に関する事項は、各共有者の持分の価格に従い、その過半数で決することができる。ただし、共有者間の決定に基づいて共有物を使用する共有者に特別の影響を及ぼすべきときは、その承諾を得なければならない。

4　正　　　　　　　　　　　【共有物の使用における善管注意義務】 記載なし

共有物を使用する共有者は、それぞれ他の共有者の持分との関係では、実質的に他人の物を管理しているということができるので、善良な管理者の注意をもって、共有物を使用しなければならない。

> 共有については、令和5年の他の改正点についても、必ず学習しておきましょう。

➡ 「問題集」 CH02 問題80～問題81 》》

問4　解答 3　不法行為（工作物責任） ------------------------- ランク B

ア　認められない　　　　　　　　　　【占有者の工作物責任】 教P344,345

土地の工作物（建物等）の設置または保存に瑕疵（欠陥）があることによって他人に損害を生じたときは、その工作物の占有者（本問のCのような賃借人等）は、被害者に対してその損害を賠償する責任を負う。ただし、占有者が損害の発生を防止するのに必要な注意をしたときは、その占有者は損害賠償の責任を負わず、所有者（本肢においてはA）がその損害を賠償しなければならない（工作物責任）。占有者であるCは、屋根瓦が落下することがないように必要な注意をしていたので、Dに対して損害賠償の責任を負わない。

イ　認められない　　　　　　　　　　【所有者の工作物責任】 教P344,345

占有者であるCは、屋根瓦が落下することがないようにすべき必要な注意を怠っていたので、Dに対して損害賠償責任を負う。そして、工作物責任において、占有者が責任を負うときは、所有者は責任を負わない。したがって、本肢では、所有者のAは、Dに対して損害賠償責任を負わない。

ウ　認められる　　　　　　　　　　　【所有者の工作物責任】 教P344,345

占有者であるCは、屋根瓦が落下することがないようにすべき必要な注意をしていたので、Dに対して損害賠償責任を負わない。その場合、所有者であるAが工作物責任を負うことになるが、この所有者の工作物責任は無過失責任（落ち度がなくても責任を負う）とされている。したがって、所有者であるAは、屋根瓦が落下することがないように必要な注意をしていたとしても、Dに対して損害賠償責任を負う。

エ　認められる　　　　　　　　　　　　　　　　　　　　【不法行為責任】教P346

　屋根瓦が落下したのがBの手抜き工事が原因である場合、Bは、Dに対して一般の不法行為責任を負う。したがって、BはDに対して損害賠償責任を負う。

以上より、Dの損害賠償請求が認められるものはウ、エなので、正解は3である。

> 工作物責任については、占有者が第一次的な責任を負い、所有者は、占有者が責任を負わないときに第二次的に責任を負います。そして、占有者の責任は過失責任（落ち度があるときだけ責任を負う）ですが、所有者の責任は無過失責任（落ち度がなくても責任を負う）です。

➡「問題集」**CH02** 問題70～問題73 ➤➤

問5　解答 **1**　担保物権総合　--------------------------------　ランク **B**

1　誤　　　　　　　　　　　　　　　　　　　　　　【留置権の性質】教P600、601

　留置権は、物に関して生じた債権の弁済を受けるまで、債権者がその物を留置することができる権利であり、その物の競売等をしてその代金から優先弁済を受けることはできない。したがって、担保目的物について優先弁済を受けられることを前提とする物上代位をすることはできない。

2　正　　　　　　　　　　　【不動産工事の先取特権と抵当権の優先関係】記載なし

　不動産の工事をする者が債務者に対して有する工事費用に関する債権のために、当該不動産上に先取特権が成立する。この不動産工事の先取特権の効力を保存するには、債権者は、工事開始前に、その予算額を登記しなければならない。そして、登記を備えた不動産の工事の先取特権は、常に抵当権に優先する。

3　正　　　　　　　　　　　　　　　　　　【法定担保物権・約定担保物権】教P599

　債権を目的とする質権は、当事者の合意によって成立する約定担保物権である。他方、先取特権は、当事者の合意がなくても、一定の要件を満たせば法律上当然に成立する法定担保物権である。

4　正　　　　　　　　　　　　　　　　　　　【不動産質権の存続期間】記載なし

　不動産質権の存続期間は、10年を超えることができず、設定行為により、これより長い期間を定めた場合でも、その期間は10年に短縮される。

それぞれの担保物権が、どのような特徴を持っているのかを整理しておきましょう。

➡「問題集」CH02 問題92〜問題97

問6　解答 1　保証・連帯保証　ランク A

1　**正**　【連帯保証人に対して生じた事由の効力】教P285

令和2年の民法改正により、連帯債務において履行の請求が絶対効を有しないとされたことに伴って、連帯保証人に対する履行の請求は、原則として、主たる債務者に対して効力を生じないとされている。

2　**誤**　【主たる債務者に対して生じた事由の効力】教P281

主たる債務者に対する履行の請求などによる、主たる債務の時効の完成猶予および更新は、保証人に対しても、その効力を生ずる。

3　**誤**　【分別の利益】教P286

連帯保証人には分別の利益がなく、各自が債務全額を支払う義務を負う。

4　**誤**　【主たる債務者の相殺権等に基づく履行拒絶】教P282、283

主たる債務者が債権者に対して相殺権、取消権または解除権を有しているときは、これらの権利の行使によって主たる債務者がその債務を免れることになる限度において、保証人は、債権者に対して、保証債務の履行を拒むことができる。主たる債務者の権利を行使できるわけではない。

連帯保証人には、催告の抗弁権と検索の抗弁権が認められていません。頻出事項なので確認しておいてください。

➡「問題集」CH02 問題46〜問題49

問7　解答 3　契約内容不適合責任　ランク A

1　**正**　【担保責任を排除する特約】教P245、246

売主の担保責任を免除する特約をすることも可能であるが、特約をしたとしても、売主は、知りながら告げなかった事実については、担保責任を免れることはできない。

2　**正**　【履行の追完】教P242

追完の方法として複数の方法が選択可能な場合、買主は、売主に対して、どのような

方法で履行の追完をすべきかを選択して請求することができるが、売主は、買主に不相当な負担を課するものでないときは、買主が請求した方法と異なる方法による履行の追完をすることができる。

3　**誤**　　　　　　　　　　　　　　　　　　　　　　【担保責任追及の期間制限】教P244

売主が種類または品質に関して契約の内容に適合しない目的物を買主に引き渡した場合において、買主がその不適合を知った時から1年以内にその旨を売主に通知しないときは、買主は、その不適合を理由として、売主の担保責任を追及することができない。契約締結時から1年以内ではない。

4　**正**　　　　　　　　　　　　　　　　　　　　【催告を要しない代金減額請求】教P242,243

買主が代金の減額を請求するには、相当の期間を定めて履行の催告をすることが必要となる。ただし、履行の追完が不能である場合や売主が履行の追完を拒絶する意思を明確に表示した場合等は、買主は、催告をすることなく、直ちに代金の減額を請求することができる。

> 契約内容の不適合が目的物の種類・品質・数量・権利のいずれにある場合でも、買主が採ることのできる手段は、①修補等の追完請求、②代金減額請求、③損害賠償請求、④契約の解除です。それぞれの要件について、確認しておきましょう。

➜ 「問題集」 CH02 問題29～問題33 ➔➔

問8　解答 4　相続 ⸺⸺⸺⸺⸺⸺⸺⸺⸺⸺⸺⸺⸺ ランク A

1　**誤**　　　　　　　　　　　　　　　　　　　　　　　【法定相続分(胎児)】教P163

胎児は、相続については、既に生まれたものとみなされる。相続分は、配偶者および子が相続人であるときは、配偶者が2分の1、子が残りの2分の1を均等に分ける。したがって、Bの相続分は2分の1、C、DおよびEの相続分は各6分の1である。

2　**誤**　　　　　　　　　　　　　　　　　　　　　　　　【配偶者居住権】教P623

配偶者居住権に基づいて建物に居住する配偶者は、居住建物を従前の用法に従い、善良な管理者の注意をもって、使用・収益しなければならない。自己の財産におけるのと同一の注意をもって居住するのではない。

3　**誤**　　　　　　　　　　　　　　　　　　　　　　　　【遺留分の放棄】教P358

相続開始前に遺留分を放棄するには、家庭裁判所の許可が必要となるので、たとえ書

面により他の相続人に対して遺留分放棄の意思を明示したとしても、その放棄は無効である。

4　正　　　　　　　　　　　　　　　　　　　　　　【限定承認】教P354

　共同相続において、単独の限定承認はすることができず、共同相続人の全員が共同して行わなければならないとされている。

> 胎児は、原則として、権利を取得したり、義務を負担したりすることはできませんが、相続・遺贈・不法行為による損害賠償請求権については、既に生まれたものとみなされることを押さえておきましょう。

⊙「問題集」CH02 問題74〜問題79 ▶

問9　解答 1　請負 ──────────────────── ランク A

1　正　　　　　　　　　　　　　　　　　　　　【割合的報酬請求権】教P336

　請負契約が仕事の完成前に解除された場合において、請負人が既にした仕事の結果のうち可分な部分の給付により注文者が利益を受けるときは、その部分を仕事の完成とみなし、請負人は、注文者が受ける利益の割合に応じて報酬を請求することができる。

2　誤　　　　　　　　　　　　　　　　　　　【担保責任の期間の制限】教P338

　請負人が種類または品質に関して契約の内容に適合しない契約の目的物を注文者に引き渡した場合、注文者は、原則として、その不適合を知った時から1年以内にその旨を請負人に「通知」しないと、請負人に対し、その担保責任を追及できなくなる。

3　誤　　　　　　　【建物等の土地の工作物の建築請負契約の解除】教P337

　令和2年の民法改正前は、仕事の目的物が建物その他の土地の工作物であるときは、注文者は、仕事の目的物に瑕疵があっても契約の解除はできないとされていたが、この規定は削除されている。建物の建築請負契約においても、完成した建物に契約に適合しない部分があるときには、注文者は、追完請求、報酬減額請求、損害賠償請求に加え、契約目的を達成することができないときは、無催告で解除することができ、それ以外の場合には、不適合の程度が軽微でなければ、履行の催告をして解除することができる。

4　誤　　　　　　　　　　　　　　　　　【請負人の担保責任の制限】教P338

　請負人が種類または品質に関して契約の内容に適合しない仕事の目的物を注文者に引き渡した場合、注文者は、注文者の供した材料の性質または注文者の与えた指図によって生じた不適合を理由として、請負人に担保責任を追及することはできない。しかし、

請負人がその材料または指図が不適当であることを知りながら告げなかったときは、追及が可能となる。

令和2年の民法改正前は、瑕疵が重要な場合には、その修補に過分の費用がかかる場合でも、請負人は修補をしなければならないとされていましたが、改正により、修補することに過分の費用を要すると判断されるときは、取引上の社会通念に基づいて不能であると扱われ、履行不能の規定によることとされました。

→ 「問題集」CH02 問題68 ～ 問題69 →

問10 　解答 3 　賃貸借 .... ランク A

1 誤 【賃貸人による修繕】教P292

賃借物の修繕が必要である場合において、賃借人が賃貸人に修繕が必要である旨を通知し、または賃貸人がその旨を知ったにもかかわらず、賃貸人が相当の期間内に必要な修繕をしないとき、および急迫の事情があるときは、賃借人は、賃借物の修繕をすることができる。

2 誤 【賃貸借契約継続中における賃料債務の敷金からの充当】教P299

敷金は賃貸人の債権の担保であり、敷金から弁済の充当を受けることは、賃貸人の権利であるから、賃借人は、賃料の支払いが困難になっても、敷金を賃料債務の弁済に充当するよう賃貸人に請求することはできない。

3 正 【一部滅失による賃料の減額】教P294

賃借人の責めに帰することができない事由により、賃借物の一部が滅失その他の事由により使用および収益をすることができなくなった場合、賃料は、その使用および収益をすることができなくなった部分の割合に応じて、当然に減額される。

4 誤 【賃借物の全部滅失等による契約の終了】教P294

賃借物の全部が滅失その他の事由により使用および収益をすることができなくなった場合には、賃貸借は、これによって終了する。

賃貸借契約については、令和2年の民法改正によって多くの点が変更されています。改正点は本試験での出題確率が高いので、しっかり勉強しておきましょう。

→ 「問題集」CH02 問題50 ～ 問題53 →

1　正　　　　　　　　　　　　　　　　　　　　【借地権の更新後の期間】教P306

　当事者が借地契約を更新する場合、その期間は、最初の更新に関しては更新の日から20年以上、2回目以降は更新の日から10年以上で定めなければならない。そして、この規定に反する特約で借地権者に不利なものは、無効となる。本肢は最初の更新であるから、当事者間で存続期間を10年と定めても、その特約は無効となる。したがって、更新後の存続期間は、更新の日から20年となる。

2　誤　　　　　　　　　　　　　　　　　　　　【請求による借地権の更新】教P307

　借地権の存続期間が満了した時に借地上に建物が残っている場合、借地権者からの更新の請求により、借地権設定者の承諾がなくても、借地契約は更新されることがある。

3　正　　　　　　　　　　　　　　　　　【当初の契約期間中の建物の滅失等】記載なし

　契約の更新後に借地上の建物の滅失があった場合、借地権者は、地上権の放棄または土地の賃貸借の解約の申入れをすることができる。しかし、この規定は、借地権の当初の存続期間中の建物の滅失の場合には適用はない。

4　正　　　　　　　　　　　　　　　【土地賃借権の譲渡または転貸の許可】教P311、312

　本肢のような場合、裁判所は、借地権者の申立てにより、借地権設定者の承諾に代わる許可を与えることができる。

①裁判所による土地賃借権の譲渡または転貸の許可が認められる場合、②借地契約の更新が認められる場合について、しっかり押さえておきましょう。

「問題集」CH02 問題54 ～ 問題59

1　正　　　　　　　　　　　　　　　　　　　　　　【契約の存続期間】教P320、333

　民法上の賃貸借の場合には、存続期間は50年を超えることができないとされているが、借地借家法においては、この制限は排除されており、定期建物賃貸借においても、普通建物賃貸借においても存続期間の制限はない。

2　誤　　　　　　　　　　　　　【契約期間満了前の通知を怠った場合の効果】教P321、331

　存続期間が1年以上である定期建物賃貸借の場合、賃貸人は、期間の満了の1年前から6か月前までの間に賃借人に対し期間の満了により建物の賃貸借が終了する旨の通知

をしなければ、その終了を建物の賃借人に対抗することができない。期間の定めがある普通建物賃貸借の場合、賃貸人が期間の満了の1年前から6か月前までの間に相手方に対して更新をしない旨の通知または条件を変更しなければ更新をしない旨の通知をしなかったときは、従前の契約と同一の条件で契約を更新したものとみなされる。

3　**正**　　　　　　　　　　　　　　　【建物の使用目的の制限の有無】 教P320、330、331

　その通り。定期建物賃貸借をする場合においても、普通建物賃貸借をする場合においても、その対象となる建物の種類に制限はなく、事業の用に供するものであるか否かにかかわらず、有効に契約をすることができる。

4　**正**　　　　　　　　　　　　　　　【契約締結における書面の要否】 教P330、331

　定期建物賃貸借をする場合には、書面によって契約をしなければならない。書面によればよいのであって、公正証書である必要はない。また、建物の賃貸借の契約がその内容を記録した電磁的記録によってされたときは、その契約は、書面によってされたものとみなすとの法改正が令和4年になされている。普通建物賃貸借をする場合には、書面は要求されておらず、諾成契約として口頭で契約しても有効となる。

 定期建物賃貸借と普通建物賃貸借の相違点について、しっかりまとめておきましょう。

⏩ 「問題集」**CH02** 問題60〜問題67 ⏩

問13　解答 2　区分所有法　　　　　　　　　　　　　　　　ランク A

1　**誤**　　　　　　　　　　　　　　　【占有者の意見陳述権】 教P377

　区分所有者の承諾を得て専有部分を占有する者は、会議の目的たる事項につき利害関係を有する場合には、集会に出席して意見を述べることができる。しかし、議決権は、区分所有者の権利であるから、専有部分の占有者は議決権を行使することはできない。

2　**正**　　　　　　　　　　　【一部共用部分に関する全体の規約の定め】 記載なし

　一部共用部分に関する事項で区分所有者全員の利害に関係しないものは、区分所有者全員の規約に定めがある場合を除いて、これを共用すべき区分所有者の規約で定めることができる。つまり、一部共用部分の管理に関する事項で区分所有者全員の利害に関係しないものについては、区分所有者全員の規約により定めることもできる。

3　**誤**　　　　　　　　　　　　　　　【規約の保管者】 教P374

　規約は、管理者が保管しなければならないが、管理者がないときは、建物を使用して

いる区分所有者またはその代理人で、規約または集会の決議で定めるものが保管しなければならない。したがって、管理者がいない場合、規約の保管者を規約で定めることができる。

4　**誤**　　　　　　　　　　　　　　　　　【議決権行使者の指定】**教P377**

　専有部分が数人の共有に属するときは、共有者は、議決権を行使すべき者1人を定めなければならない。

 専有部分が数人の共有に属する場合において、議決権行使者を定めたときは、集会の招集通知は、議決権行使者のみに対してすればよく、他の共有者に対してすることを要しないことも覚えておきましょう。

➡️「問題集」CH02 問題82〜問題86 ➡️➡️

問 14　解答 4　不動産登記法 ⸺⸺⸺⸺⸺⸺⸺⸺⸺⸺ ランク B

1　**正**　　　　　　　　　　　　　　　　　【相続人である旨の申出】**教P382**

　その通り。相続登記の申請義務を簡易かつ適切に履行できるようにする観点から、各相続人の氏名および住所の公示に特化した相続人申告登記制度が新設された。令和3年に改正され、令和6年4月1日に施行されている改正点である。

2　**正**　　　　　　　　　　　　　　　　【建物の表示部の変更の登記】**教P381**

　建物の表示に関する登記事項には、建物の所在、建物の種類・構造、床面積などがある。これらの登記事項について変更があったときは、表題部所有者又は所有権の登記名義人等は、変更があった日から1か月以内に、その変更の登記を申請しなければならない。

3　**正**　　　　　　　【遺産分割により法定相続分を超えて取得した所有権の登記】**記載なし**

　相続により法定相続分に基づいて取得した所有権の移転登記がされた後に遺産の分割があったときは、当該遺産の分割によって法定相続分を超えて所有権を取得した者は、当該遺産の分割の日から3年以内に、所有権の移転の登記を申請しなければならない。令和3年に改正され、令和6年4月1日に施行されている改正点である。

4　**誤**　　　　　　　　　　　　　　　　【登記することのできる権利】**教P384、623**

　不動産登記法において登記することができる権利として、①所有権、②地上権、③永小作権、④地役権、⑤先取特権、⑥質権、⑦抵当権、⑧賃借権、⑨配偶者居住権、⑩採石権がある。したがって、配偶者居住権は登記することができる権利に含まれる。

令和6年に施行された相続登記の申請の義務化に関する改正点は本試験での出題の可能性が高いので、しっかり押さえておきましょう。

「問題集」CH02 問題87〜問題91

問 15　解答 3　都市計画法（都市計画）　ランク A

1　誤　【市町村が定めた都市計画と都道府県が定めた都市計画の抵触】教P407

　市町村が定めた都市計画が、都道府県が定めた都市計画と抵触するときは、その限りにおいて、「都道府県が定めた都市計画」が優先するものとされている。

2　誤　【準都市計画区域に定める高度地区】教P401

　高度地区においては建築物の高さの最高限度または最低限度を定めることとされているが、準都市計画区域において定める高度地区については、高さの「最高限度」を定めるものとされている。

3　正　【用途地域を指定する場所】教P398、399

　市街化区域については、少なくとも用途地域を定めるものとし、市街化調整区域については、原則として用途地域を定めないものとされている。

4　誤　【地区計画の区域内での建築等の制限】教P405、406

　市町村長への届出は、建築等の行為に着手する日の30日前までにしなければならない。建築等をしてから30日以内に届出をするのではない。

準都市計画区域には、その都市計画として高度地区を定めることはできますが、高度利用地区を定めることはできません。

「問題集」CH03 問題1〜問題16

問 16　解答 3　都市計画法（開発許可）　ランク B

1　正　【ゴルフコースの建設を目的とする開発行為】教P409〜413

　ゴルフコースの建設を目的とする土地の区画形質の変更は、開発行為にあたる。そして、都市計画区域でも準都市計画区域でもない区域内において開発許可が不要となる面積は1ha（10,000㎡）未満である。したがって、本肢の行為は開発許可を受ける必要がある。

2　正　【農林漁業用建築物】教P411〜413

　本肢の行為は開発行為にあたる。しかし、準都市計画区域内において行う農林漁業を

営む者の居住の用に供する建築物を建築するための開発行為は、開発許可は不要である。また、準都市計画区域内において行う面積規模が3,000㎡未満の開発行為も、開発許可が不要となる。

---

3 **誤** 　　　　　　　　　　　　　　　　　【市街地開発事業の施行として行う開発行為】 教P412

市街地開発事業の施行として行う開発行為は、開発許可を受ける必要がない。このことは、市街化区域内で行う開発行為で、その規模が1haであっても同じである。

---

4 **正** 　　　　　　　　　　　　　　　　　　　　　　【開発行為の定義】 教P410

建築物の建築または特定工作物の建設を目的としない土地の区画形質の変更は開発行為ではない。したがって、本肢の土地の区画形質の変更は、市街化区域内で行う1,000㎡を超えるものであっても、開発許可を受ける必要はない。

> 肢3について「〜事業の施行として行う開発行為」は開発許可が不要となると覚えると良いです。

● 「問題集」CH03 問題1 〜 問題16 ≫

問17 解答 **2** 建築基準法 -- ランク **B**

1 **誤** 　　　　　　　　　　　　　　　　　　　　　【既存不適格建築物】 教P434

建築基準法の改正により、現に存する建築物が改正後の規定に適合しなくなった場合でも、当該建築物には改正後の建築基準法の規定は適用されない。

---

2 **正** 　　　　　　　　【容積率（住宅等の給湯設備を設ける部分の床面積）】 教P456

住宅または老人ホーム等に設ける機械室その他これに類する建築物の部分（給湯設備その他の一定の建築設備を設置するためのものであって、市街地の環境を害するおそれがないものとして国土交通省令で定める基準に適合するものに限る）で、特定行政庁が交通上、安全上、防火上および衛生上支障がないと認めるものの床面積は、建築物の容積率を算定するための床面積に算入しない。

---

3 **誤** 　　　　　　　　　　　　　　　　　　　　　　　　【日影規制】 教P460

近隣商業地域で日影規制の適用を受ける建築物は、高さ10mを超える建築物である。本肢のような建築物が日影規制の対象となるのは、第一種・第二種低層住居専用地域、田園住居地域である。

4 誤　　　　　　　　　　　　　　　　　　　　【外壁の後退距離の限度】教P462

「10 m または12 m」ではなく「1.5 m または1 m」である。「10 m または12 m」という
のは、当該用途地域における建築物の高さの限度である。

肢2は近年の法改正なので、これを機会に押さえておいてください。

➡「問題集」CH03 問題17〜問題33 ≫

問18　**解答 4**　**建築基準法** ------------------------------------ **ランク B**

1 正　　　　　　　　　　　　　　　　　　　　【採光・換気のための窓等】記載なし

その通り。なお、住宅の居室において必要とされる窓その他の開口部の面積は、原則
として、採光については床面積の7分の1以上、換気については床面積の20分の1以上
である。

---

2 正　　　　　　　　　　　　　　　　　　　　　　　　　【容積率】教P454、455

その通り。なお、前面道路の幅員のメートル数に乗じる数値（法定の乗数）は住居系の用
途地域では、原則として10分の4であり、その他の用途地域では、原則として10分の6
である。

---

3 正　　　　　　　　　　　　　　　　　　　　　　　【接道義務の例外】教P442、443

その通り。このように接道義務が緩和されるためには、特定行政庁の許可が必要であ
ることに注意。

---

4 誤　　　　　　　　　　　　　　　　　　　　　　　　【建築確認】教P467、468

本肢については、増築をすることによって大規模建築物（木造以外で階数が2）となるの
で、大規模建築物の増築となる。そして、大規模建築物の増築をする場合、増築に係る
部分の面積が10㎡以下であっても、防火地域または準防火地域内の建築物であるときは、
建築確認が必要となる。

肢3について、接道義務が緩和されるためには「建築審査会の同意を得た特定行
政庁の許可」が必要なことも押さえておいてください。

➡「問題集」CH03 問題17〜問題33 ≫

1　誤　　　　　　　　　　　　　【宅地造成等工事規制区域内における届出】 教P503

　宅地造成等工事規制区域の指定の際、当該宅地造成等工事規制区域内において行われている宅地造成等に関する工事の工事主は、その指定があった日から「21日以内」に、当該工事について都道府県知事に「届け出なければならない」。「14日以内に許可を受けなければならない」としている本肢は誤りである。

2　正　　　　　　　　　　　　　　　　　　　　　　【標識の掲示】 教P500

　その通り。なお、特定盛土等規制区域内において行われる特定盛土等または土石の堆積に関する工事の許可を受けた工事主にも標識の掲示義務がある。

3　正　　　　　　　　　　　　　　　　　　【開発許可を受けた工事】 教P499

　宅地造成等工事規制区域内において行われる宅地造成または特定盛土等について当該宅地造成等工事規制区域の指定後に都市計画法29条1項または2項の許可(開発許可)を受けたときは、当該宅地造成または特定盛土等に関する工事については、盛土規制法による工事の許可を受けたものとみなされる。

4　正　　　　　　　　　　　【造成宅地防災区域内における災害防止のための措置】 教P511

　その通り。なお、都道府県知事は、造成宅地防災区域内の造成宅地について、災害の防止のため必要があると認める場合においては、その造成宅地の所有者、管理者または占有者に対し、擁壁等の設置または改造その他災害の防止のため必要な措置をとることを勧告することができる。

> 宅地造成等工事規制区域については、旧宅造法と同じような届出義務が規定されています。

➡ 「問題集」CH03 問題48〜問題55 ➤

1　誤　　　　　　　　　　　　　　　　　　【換地処分後の地役権】 教P523

　施行地区内の宅地について存する地役権は、土地区画整理事業の施行により行使する利益のなくなった場合を除き、換地処分のあった旨の公告があった日の翌日以後においても、なお従前の宅地の上に存する。「換地の上に存する」のではない。

右側余白：第4回 解答・解説

2　正　　　　　　　　　　　　　　　　　　【変動の登記】記載なし

　換地処分に係る公告があった日後においては、施行地区内の土地および建物に関しては、原則として、土地区画整理事業による変動の登記がされるまでは、他の登記をすることができない。しかし、登記の申請人が確定日付のある書類によりその公告前に登記原因が生じたことを証明した場合においては、その旨の登記をすることができる。

3　正　　　　　　　　　　　　　　　　　　【保留地を定める目的】教P517

　土地区画整理組合が施行する土地区画整理事業の換地計画においては、土地区画整理事業の施行の費用に充てるため、または定款で定める目的のため、一定の土地を換地として定めないで、その土地を保留地として定めることができる。施行者が土地区画整理組合の場合、定款で定める目的のためにも保留地を定めることができる。

4　正　　　　　　　　　　　　　　　　　　【仮換地の指定の効果】教P625

　その通り。仮換地に指定されていない宅地については、施行者が工事をしたりするので、施行者が管理する。

> 地役権は土地（その場所）に付着する権利なので、換地処分があった後でも、換地に移行することはなく、従前の宅地の上に存することになります。

➡ 「問題集」**CH03** 問題56〜問題61 ➤

問21　解答 **2**　農地法　　　　　　　　　　　　　　　　　ランク **A**

1　誤　　　　　　　　　　　　　　　　　　【3条の許可】教P490、491

　農地法3条の許可については農業委員会への届出で足りるとする市街化区域の特例はない。したがって、市街化区域内の農地を耕作目的で取得する場合には、農地法3条の許可が必要である。

2　正　　　　　　　　　　　　　　　　　　【市町村が農地を転用する場合】教P490

　市町村が、その設置する道路、河川、堤防、水路もしくはため池またはその他の施設で土地収用法3条各号に掲げるものの敷地に供するため、その区域内にある農地を農地以外のものにする場合には、農地法4条の許可を受ける必要はない。

3　誤　　　　　　　　　　　　　　　　　　【4条の許可】教P490

　自己所有の農地を自己の住宅用地として転用する場合、農地法4条の許可が必要である。このことは、その農地が相続によって取得されたものであっても同じである。また、

本肢の農地は市街化区域外にあるので、農業委員会への届出で足りることもない。

4　誤　　　　　　　　　　　　　　　　　　　　【5条の許可】教P488〜490

　宅地に転用する目的で市街化区域外の農地を購入する場合、農地法5条の許可を受けなければならない。農地法3条と4条の許可を受けるのではない。

> 肢2は少し細かい内容かも知れませんが、他の肢は基本事項なので、消去法でも正解に至ることができると思います。

→「問題集」CH03 問題42 〜 問題47 ≫

問22　解答4　国土利用計画法（事後届出）--------------- ランクA

1　正　　　　　　　　　　　　　　　　　　　【事後届出の要否（競売）】記載なし

　準都市計画区域内の10,000㎡以上の土地を買い受けた場合、原則として、事後届出が必要となるが、それが担保権（抵当権等）の実行としての競売によるときは、事後届出をする必要はない。したがって、Bは、事後届出をする必要はない。

2　正　　　　　　　　　　　　　　　　　　　【届出事項（権利設定の対価）】記載なし

　権利取得者は、事後届出をする場合、土地売買等の契約に係る土地に関する権利の移転または設定の対価が金銭以外のものであるときは、これを時価を基準として金銭に見積もった額を届け出なければならない。

3　正　　　　　　　　　　　　　　　　　　　　　　【勧告すべき期間】教P481

　その通り。なお、この期間は、一定の合理的な理由があるときは、3週間の範囲内において延長することができる。

4　誤　　　　　　　　　　　　　　　　　　　　　【売買契約の予約】教P476

　市街化区域内においては、2,000㎡以上の土地の売買契約について事後届出が必要となる。そして、土地売買等の契約については、予約をした段階で事後届出が必要となる。

> 抵当権を設定した場合も、それに基づいて競売で取得した場合も、事後届出は不要です。

→「問題集」CH03 問題34 〜 問題41 ≫

問23 解答 2 贈与税 ···································· ランク B

1 正 　　　　　　　　　　　　　　　　　　　　　　　【所得要件】記載なし

　この特例の適用については、所得金額の要件はない。したがって、贈与を受けた年の所得金額が2,000万円を超えていても、この特例の適用を受けることができる。

---

2 誤 　　　　　　　　　　　　　　　　　　　　　　【住宅を取得する時期】記載なし

　住宅取得のための資金の贈与を受けた年の「翌年の3月15日」までに住宅用の家屋の新築等をして居住の用に供すれば、この特例の適用を受けることができる。

---

3 正 　　　　　　　　　　　　　　　【既存住宅を取得する場合の適用要件】記載なし

　適用対象となる既存住宅用家屋の要件としては、令和4年の税制改正によって、築年数の要件は廃止されたが、新耐震基準に適合していることがその要件として加わった。

---

4 正 　　　　　　　　　　　　　　　　　　　　　　【受贈者の年齢要件】記載なし

　従来、受贈者の要件としては20歳以上の者であることが必要とされていたが、令和4年の税制改正によって、令和4年4月1日以降の贈与については、18歳以上に引き下げられた。したがって、受贈者が20歳未満の者である場合でも、この特例の適用を受けることができる場合がある。

> 贈与する祖父母、父母については、年齢要件はありません。

●「問題集」CH04 問題1 〜 問題14 ▷▷

問24 解答 1 不動産取得税 ···································· ランク A

1 正 　　　　　　　　　　　　　　　　　　　　　　　【標準税率】教P531

　不動産取得税の標準税率は4％であるが、令和9年3月31日までに土地または住宅を取得した場合には、標準税率を3％とする特例が適用される。したがって、住宅を取得したときの標準税率は3％であり、住宅以外の家屋を取得したときの標準税率は4％である。

---

2 誤 　　　　　　　　　　　　　　　【新築住宅の課税標準の特例】教P532,533

　新築住宅を取得した場合の課税標準については、1,200万円が控除される特例があるが、この特例の適用を受けるための床面積の要件は、50㎡以上240㎡以下とされている。本肢の住宅の床面積は250㎡であるので、この特例の適用を受けることはできない。

3 **誤**　　　　　　　　　　　【一定期間内に最初の使用等がない場合の特例】 教P530

本肢は、家屋の新築があってから一定の期間内に家屋の最初の使用がなされない場合の特例であるが、その期間は2年ではなく「6か月（宅建業者における建売住宅については1年）」である。

4 **誤**　　　　　　　　　　　　　　　【宅地の課税標準の特例】 教P532

令和9年3月31日までに宅地を取得した場合、当該取得に係る不動産取得税の課税標準は、当該宅地の価格の「2分の1」の額とされる。

本問の特例は宅建試験で頻出の事項ですので、数字等をしっかりと押さえましょう。

➡「問題集」CH04 問題1〜問題14 ➤➤

問25 | 解答 4 | 不動産鑑定評価基準 --------------- ランク A

1 **誤**　　　　　　　　　　　　　　　【鑑定評価の手法】 教P557

鑑定評価の手法の適用に当たっては、鑑定評価の手法を当該案件に即して適切に適用すべきである。この場合、地域分析および個別分析により把握した対象不動産に係る市場の特性等を適切に反映した複数の鑑定評価の手法を適用すべきであり、対象不動産の種類、所在地の実情、資料の信頼性等により複数の鑑定評価の手法の適用が困難な場合においても、その考え方をできるだけ参酌するように努めるべきである。

2 **誤**　　　　　　　　　　　　　　　【原価法（再調達原価）】 記載なし

建設資材、工法等の変遷により、対象不動産の再調達価格を求めることが困難な場合には、対象不動産と同等の有用性を持つものに置き換えて求めた原価（置換原価）を再調達原価とみなすものとされている。したがって、本肢のような場合にも原価法を適用することは可能である。

3 **誤**　　　　　　　　　　　　　　　【収益還元法の適用】 教P560

収益還元法は、文化財の指定を受けた建造物等の一般的に市場性を有しない不動産については適用すべきでない。

4 **正**　　　　　　　　　　　　　　　　　【取引事例】 教P559

その通り。なお、取引事例は、①取引事情が正常なものと認められるものであることまたは正常なものに補正することができるものであること、②時点修正をすることが可

能なものであること、③地域要因の比較および個別的要因の比較が可能なものであることの全部の要件を備えている必要がある。

肢1は基本事項ですので、しっかりと押さえておいてください。

➡ 「問題集」 CH04 問題15 〜 問題19 ➡

問26 解答4 免許複合 ──────────────────────── ランクA

1 誤 【従業者名簿の記載事項】教P71

宅建業者の従業者が、その従業者でなくなったときは、その年月日を記載しなければならない。

2 誤 【免許の一身専属性】記載なし

免許には一身専属性があるので、個人である宅建業者が法人を設立してその代表取締役に就任する場合でも、当該法人は個人である宅建業者の免許を承継することはできない。

3 誤 【合併によって消滅した場合の届出】教P17

法人である宅建業者が合併によって消滅した場合、当該消滅した宅建業者の代表役員であった者は、その日から30日以内に、その旨を「当該消滅した宅建業者」の免許権者に届け出なければならない。本肢の場合、届出先は甲県知事であって、国土交通大臣ではない。

4 正 【免許】教P3、9

宅建業者の専任の宅建士であり、その宅建業者の宅建業に係る業務に関与していたとしても、新たに宅建業を営むのであれば、免許を受けなければならない。

法人が合併によって消滅した場合、「誰が」「誰に対して」届出をするのかを押さえましょう。

➡ 「問題集」 CH04 問題5 〜 問題17 ➡

問27 解答2 媒介契約 ──────────────────────── ランクA

1 誤 【媒介契約書面の記載事項】教P81

一般媒介契約の場合、指定流通機構へ登録する義務はないが、任意に登録することはできるので、媒介契約書面には指定流通機構への登録に関する事項を記載しなければな

らない。

---

2 **正**　　　　　　　　　　　　　　　　　　【専任媒介契約】教P76、79

専任媒介契約の場合、他の宅建業者に重ねて媒介を依頼することはできないが、自己発見取引はすることができる。

---

3 **誤**　　　　　　　　　　　　　　　　　【媒介契約書面の交付】教P80

宅建業者は、媒介契約を締結したときは、原則として、遅滞なく、媒介契約書面を作成して記名押印し、依頼者にこれを交付しなければならない。令和4年5月18日施行の法改正後においても、媒介契約書面には宅建業者の記名「押印」が必要とされている。

---

4 **誤**　　　　　　　　　　　　　　　　　　　【成約の報告】教P80

物件の所在・規模・形質は、成約した場合の通知事項とされていない。これらは既に指定流通機構に登録されて、物件には登録番号が付されているので、登録番号を通知する。なお、当事者の氏名・住所も通知すべき事項とされていないことに注意。

媒介契約については、まずは一般媒介、専任媒介、専属専任媒介がどのような契約なのかを押さえた上で、それぞれの媒介契約の規制の内容を押さえるということになります。

➡「問題集」CH01 問題45〜問題50 ≫

問28　解答 4　35条書面・37条書面 ・・・・・・・・・・・・・・・・・ ランク B

ア **誤**　　　　　　　　　　　　　【損害賠償額の予定】教P93、94、98、99

損害賠償額の予定がある場合、宅建業者は、35条書面および37条書面のいずれについても、その内容を記載しなければならない。このことは、その額が代金額の10分の2以下であっても同じである。

イ **誤**　　　　　　　　　　　　　　　　【代金額】教P93、94、98、99

代金額は37条書面の記載事項ではあるが、35条書面の記載事項ではない。本肢は、両書面に係る記述が正しい内容と逆の記述となっている。

ウ **誤**　　　　　　　　　　　　　　　【定期建物賃貸借】教P95、98

定期建物賃貸借である旨は、35条書面の記載事項ではあるが、37条書面の記載事項ではない。本肢も、両書面に係る記述が正しい内容と逆の記述となっている。

エ **誤**　　　　　　　　　　　　　【契約内容不適合責任に関する特約】教P98、99

　　当該契約に契約内容不適合責任に関する特約がある場合、売買・交換のときは、その内容を37条書面に記載しなければならない。しかし、貸借の場合には記載する必要はない。

以上より、正しいものはないので、正解は4である。

> 35条書面・37条書面の記載事項はたくさんあるので、「できるだけ覚える」というスタンスで良いと思います。

➡「問題集」CH01 問題74 ～ 問題75 ≫

問 29　**解答 1**　**8種規制総合** ------------------------------- **ランク B**

ア **誤**　　　　　　　　　　　　　　　　　　　【手付金の額の制限】教P116、117

　　宅建業者が自ら売主となる売買契約の場合、代金額の20％を超える手付金を受領することはできない。このことは保全措置を講じた場合も同じである。したがって、Aは代金額（3,000万円）の20％（600万円）を超える1,000万円を手付金として受領することはできない。

イ **正**　　　　　　　　　　　　　　　　　　　　　　　　　【他人物売買】教P120

　　宅建業者は物件を取得する契約を締結していなければ、他人物売買をすることができないが、この取得する契約は予約でもよい。したがって、Cから建物を取得する売買契約の予約をしているAは、当該建物についてBと売買契約を締結することができる。

ウ **誤**　　　　　　　　　　　　　　　　　　　　【手付金等の保全措置】教P118

　　買主への所有権移転登記をしたときには、売主である宅建業者は、保全措置を講ずることなく手付金等（中間金も含む）を受領することができる。

エ **誤**　　　　　　　　　　　　　　　　　　　【損害賠償の予定額等】教P113、114

　　当事者の債務の不履行を理由とする契約の解除に伴う損害賠償の額を予定し、または違約金を定めるときは、これらを合算した額が代金の額の10分の2を超えることとなる定めをしてはならない。本肢の損害賠償の予定額500万円と違約金の額500万円を合算すると1,000万円となり、代金額3,000万円の10分の2である600万円を超えることとなる。

以上より、正しいものはイの一つなので、正解は1である。

肢ウについて、買主が所有権の登記をしたときは、買主は当該物件の所有権を確実に取得することができるので、手付金の保全措置も不要となります。

➡️ 「問題集」CH01 問題90〜問題92 ➤➤

問30 解答 1 宅建士 ランク B

ア 誤 【宅建士の登録】教P26

宅建士の登録は、宅建試験に合格した都道府県の知事に対して行われなければならない。したがって、甲県で宅建試験に合格したAは、たとえ転居して現在は乙県に居住しているとしても、甲県知事の登録を受けなければならない。

イ 誤 【宅建士証の提示】教P37、38

従業者証明書の提示をもって、宅建士証の提示に代えることはできない。

ウ 誤 【登録の移転】教P35

事務禁止処分期間中は、登録の移転を申請することはできない。

エ 誤 【変更の登録】教P32、33

宅建士の登録を受けている者の本籍は資格登録簿の登載事項なので、その変更があった場合、Dは、「遅滞なく」変更の登録を申請しなければならない。

以上より、正しいものはないので、正解は1である。

宅建業法において、届出等をするべき期間は「遅滞なく」「2週間以内」「30日以内」等といろいろなので、正確に押さえておきましょう。

➡️ 「問題集」CH01 問題18〜問題23 ➤➤

問31 解答 4 業務上の規制 ランク A

1 正 【公正競争規約】教P82、574

その通り。不動産の表示に関する公正競争規約は不動産業界の自主規制であるが、これに違反するときは、宅建業法で禁止されている誇大広告に該当することがある。

2 正 【取引態様の別の明示】教P85

取引態様の別の明示は、広告をするとき、および注文を受けたときの双方でする必要がある。広告を見て取引態様を知っている者に対しても、注文を受けたときに取引態様の別を明示する必要がある。このことは注文をしてきた者が宅建業者であっても同じで

ある。

3　**正**　　　　　　　　　　　　　　　　【供託所等に関する説明】 教P95、96

　その通り。供託所等の説明は、取引の相手方等が還付を受けられるようにするためなので、実際の供託額までは説明する必要はない。

4　**誤**　　　　　　　　　　　　　　　　【業務停止処分期間中の広告】 記載なし

　業務停止処分の期間中は宅地建物の広告をすることはできない。このことは、契約の締結を業務停止処分期間が終了した後に行うとしても同じである。

 肢4について、広告を行うことも業務に含まれます。

➡ 「問題集」CH01 問題76 〜 問題78 ➤➤

問32　解答 4　重要事項の説明　　　　　　　　　　ランク A

1　**正**　　　　　　　　　　　　　【ＩＴを活用した重要事項の説明】 教P88

　令和3年3月30日より、貸借の場合だけでなく、売買や交換の場合も、ＩＴを活用した重要事項の説明を行うことができるようになった。そして、宅建士は、重要事項の説明をする際に、宅建士証を提示して、説明の相手方が宅建士証を画面上で視認したことを確認しなければならない。

2　**正**　　　　　　　　　　　　　　【重要事項の説明の相手方】 教P87

　重要事項の説明は、権利を取得しようとする者（本肢では買主）に対してしなければならない。したがって、買主である宅建業者は、売主に対して重要事項の説明をする義務を負わない。

3　**正**　　　　　　　　　　　【台所・便所・浴室等の整備の状況】 教P95

　台所、便所、浴室その他の当該建物の設備の整備の状況は貸借の場合に説明すべき事項であり、売買の場合には説明する必要はない。

4　**誤**　　　　　　　　　　　　　　【重要事項の説明の担当者】 教P87

　重要事項の説明は、宅建士にさせなければならない。したがって、宅建士でない他の従業者に重要事項の説明を行わせた本肢は、宅建業法の規定に違反する。

肢2は、重要事項の説明をする相手方はあくまで「買主」であることに気づけば、正しい内容であることが分かったと思います。

「問題集」CH01 問題55〜問題66

問33　解答 4　営業保証金 ＝＝＝＝＝＝＝＝＝＝＝＝＝＝ ランク A

1　誤　　　　　　　　　　　　　　　　　　【事業の開始時期】教P44

　宅建業者は、支店を新設・増設したときは、その支店に係る営業保証金を供託した旨の届出をした後でなければ、その支店での業務を開始することはできない。業務の中には広告をすることも含まれるので、供託した旨の届出をするまでは、広告をすることもできない。

2　誤　　　　　　　　　【一部事務所廃止の場合の営業保証金の取戻し】教P48

　宅建業者が一部の事務所を廃止した場合において、営業保証金の額が政令で定める額を超えることとなったときは、還付請求権者に対し6か月を下らない一定期間内に申し出るべき旨を公告し、その期間内にその申出がなかった場合でなければ、その超過額について、取り戻すことができない。

3　誤　　　　　　　　　　　　　　　　　【営業保証金の供託】教P3、43

　宅建業を営もうとする者は、まず免許を受け、その後に営業保証金を供託し、その旨の届出をしなければならない。本肢の記述は、免許の取得と営業保証金の供託の順序が逆である。

4　正　　　　　　　　　　　　　　　　　【営業保証金の取戻し】教P48

　宅建業者がその主たる事務所を移転したためその最寄りの供託所が変更した場合において、営業保証金を移転後の主たる事務所の最寄りの供託所に新たに供託したときは、移転前の主たる事務所の最寄りの供託所に供託した営業保証金を、公告をしないで取り戻すことができる。

保証協会に加入している宅建業者の場合、一部事務所を廃止したときに保証協会が弁済業務保証金分担金を当該宅建業者に返還する際には、公告は不要です。

「問題集」CH01 問題24〜問題30

第4回　解答・解説

問 34   解答 3   保証協会 --------------------------------- ランク A

1   誤   【分担金の納付を受けた場合の弁済業務保証金の供託】 教P54、57

　　保証協会は、弁済業務保証金分担金の納付を受けたときは、その日から1週間以内に、その納付を受けた額に相当する額の弁済業務保証金を、「法務大臣および国土交通大臣の定める供託所」に供託しなければならない。

2   誤   【社員の地位を失った宅建業者】 教P60、62

　　本肢のような規定はない。保証協会の社員の地位を失った宅建業者は、1週間以内に営業保証金を供託しなければならない。

3   正   【社員の地位を失った者についての公告】 教P61

　　保証協会は、社員が社員の地位を失ったときは、当該社員であった者に係る宅建業に関する取引により生じた債権に関し弁済業務保証金から還付を受ける権利を有する者に対し、6か月を下らない一定期間内に認証を受けるため申し出るべき旨を公告しなければならない。

4   誤   【還付充当金の納付】 教P59

　　保証協会から還付充当金を納付すべきことの通知を受けた社員は、その通知を受けた日から2週間以内に、その通知された額の還付充当金を「当該保証協会に納付しなければならない」。

> 肢4について、宅建業者が還付充当金を保証協会に納付しないときは、当該宅建業者は保証協会の社員の地位を失います。そして、引き続き宅建業を営もうとするときは、1週間以内に営業保証金を供託しなければなりません。

● 「問題集」CH01 問題31〜問題36 ▶

問 35   解答 2   重要事項の説明 ------------------------------- ランク A

1   誤   【耐震診断】 教P91

　　昭和56年6月1日以降に新築工事に着手した建物については、耐震診断の内容を説明する必要はない。

2   正   【ライフライン】 教P89

　　その通り。整備の見通しだけでなく、その整備についての特別の負担に関する事項も説明しなければならないことに注意。

3　誤　　　　　　　　　　　　　　　　　　【金銭の貸借のあっせん】教P93

あっせんの内容だけでなく、当該あっせんに係る金銭の貸借が成立しないときの措置も説明しなければならない。

4　誤　　　　　　　　　　　　　　　　　　【石綿の使用の有無】教P90

建物について石綿の使用の有無の調査の結果が記録されているときは、その内容を重要事項として説明しなければならない。しかし、調査の結果が記録されていない場合、宅建業者には、その調査をする義務はない。

> 肢1、4の説明事項は頻出ですので、しっかりと押さえておいてください。

➡ 「問題集」CH01 問題55～問題66 ▶

問36　解答 1　事務所・案内所 ---------------------- ランク **A**

1　正　　　　　　　　　　　　　　【標識の掲示義務（案内所）】教P68

宅建業者は、事務所等および事務所等以外の国土交通省令で定めるその業務を行う場所ごとに、公衆の見やすい場所に、標識を掲げなければならない。そして、宅建業者が業務に関して展示会その他これに類する催しを実施する場所は、そこで契約を締結せず、契約の申込みも受けないときも、標識を掲げなければならない場所である。

2　誤　　　　　　　　　　　　　　　【従業者名簿の記載事項】教P71

宅建業者は、その事務所ごとに、従業者名簿を備え、従業者の氏名、従業者証明書の番号その他国土交通省令で定める事項を記載しなければならない。従業者の「住所」は従業者名簿に記載する必要はない。「従業者の住所」は従業者名簿の記載事項となっていないことに注意。

3　誤　　　　　　　　　　　　　　　　　　【従業者証明書】教P73

宅建業者は、従業者に、その従業者であることを証する証明書を携帯させなければ、その者をその業務に従事させてはならない。従業者証明書を携帯させるべき者の範囲には、代表者および非常勤の役員も含まれる。

4　誤　　　　　　　　　　　　　　　　　　【案内所の届出】教P64、65

案内所の届出は、そこで業務を開始する「10日前まで」にしなければならない。

<blockquote>
従業者証明書は、その者が当該宅建業者の人間であるかどうか（宅建業者と関係のない者でないこと）を証明するものなので、代表者や役員にも携帯させる義務があります。
</blockquote>

<blockquote>
→ 「問題集」CH01 問題37 〜 問題44 》
</blockquote>

問 37　解答 2　手付金等の保全措置 .... ランク A

1　正　【保証委託契約を締結した場合に弁済を受けられる額】教P118

　銀行と保証委託契約を締結することによって保全措置を講じた場合、宅建業者に対して手付金等の返還にかかる債権を有する買主は、その全額について銀行に対して支払いを請求することができる。

2　誤　【保証委託契約】教P118

　手付金等の保全措置として保証委託契約を行う際は、その契約の相手方は銀行等の金融機関でなければならない。宅建業者Aの代表取締役と保証委託契約を締結しても保全措置を講じたことにはならない。

3　正　【保全措置が必要となる額】教P118、119

　未完成物件の場合で手付金（200万円）が代金額（5,000万円）の5％（250万円）以下、かつ、1,000万円以下であるので、Aは、手付金を受領する時には保全措置を講ずる必要はない。しかし、中間金800万円を受領すると、手付金と合計して代金額の5％を超える1,000万円となるので、Aは、中間金を受領する際に1,000万円全額について保全措置を講じなければならない。

4　正　【未完成物件・完成物件の判断時期】記載なし

　手付金等の保全措置の要否について、当該物件が未完成物件か完成物件かは、契約締結の時において判断するので、本問では未完成物件として判断することになる。Aが、建築工事完了後、引渡し前に中間金として300万円を受領するときは、既に受領している手付金200万円と合計して500万円となり、代金額（5,000万円）の5％である250万円を超えることになるから、Aは、500万円全額について保全措置を講じないと、Bから中間金300万円を受領することはできない。

<blockquote>
保全が必要な手付金等の額については、契約締結の日から引渡しまでに受領する額を累積して考えます。
</blockquote>

<blockquote>
→ 「問題集」CH01 問題85 〜 問題88 》
</blockquote>

1 誤　　　　　　　　　　　　　　　　　　　　　　　　　【守秘義務】 教P103

　業務上取り扱ったことについて知り得た秘密は、「正当な理由なくして」他に漏らしてはならないのであって、一切他に漏らしてはならないわけではない。正当な理由があれば、秘密にあたることを公表することも許される。

---

2 誤　　　　　　　　　　　　　　　　　　　　　　　【売る意思のない物件の広告】 教P83

　売る意思のない物件の広告をすることは許されない。たとえ広告における当該物件の内容に誤りがなくても、広告を見た者は購入を希望しても買うことはできないので、いわゆる「おとり広告」ということになり、誇大広告の禁止の規定に違反する。

---

3 正　　　　　　　　　　　　　　　　　【制限行為能力を理由とする契約の取消し】 教P103

　その通り。近年の法改正によって、成年被後見人または被保佐人であることは免許の欠格事由ではなくなったので、これらの者が宅建業者であることもありうる。そこで、取引の安全を図るために、宅建業者による制限行為能力を理由とする契約の取消しが制限されるようになった。

---

4 誤　　　　　　　　　　　　　　　　　　　　　　　　　【契約締結の勧誘】 教P102

　宅建業者は、相手方が契約の締結をしない旨の意思を表示したにもかかわらず、勧誘を継続する行為をしてはならない。このことは、別の従業者が勧誘をするとしても同じである。

　　宅建業者の従業者についても、宅建業者と同様な守秘義務があります。

➡ 「問題集」 CH01 問題76 ～ 問題78 ➤

ア 正　　　　　　　　　　　　　　　　　　　　　　　　　【指示処分】 教P140

　宅建業者が、業務に関し宅建業法以外の法令に違反して、宅建業者として不適当と認められるときは、当該宅建業者は指示処分を受けることがある。

イ 誤　　　　　　　　　　　　　　　　　　　　　　　　　【聴聞】 教P148、149

　免許取消処分または業務停止処分をする場合だけでなく、指示処分をする場合にも聴聞は必要である。

ウ **誤** 　　　　　　　　　　　　　　　　　　　　　　【公告】教P148、149

　業務停止処分を行った場合と免許取消処分を行った場合は、公告を行うが、指示処分を行った場合には公告は行われない。

エ **誤** 　　　　　　　　　　　　　　　　　　　　　　【勧告】教P144

　国土交通大臣が、丁県知事免許を受けている宅建業者に勧告した場合、その旨を丁県知事に通知しなければならないとする規定はない。

以上より、正しいものはアの一つなので、正解は1である。

> 宅建士に対して監督処分をした場合も公告は行われません。

➡ 「問題集」**CH01** 問題100～問題107 ⟩⟩

問 40 　解答 **2** 　免許複合 --------------------------------- ランク **B**

ア **誤** 　　　　　　　　　　　　　　　　　　　　　　【免許の更新】記載なし

業務停止処分期間中であっても、免許の更新を受けることはできる。

イ **誤** 　　　　　　　　　　　　　　　【免許換えの申請を怠った場合】教P143

　免許換えが必要な状況になっているにもかかわらず、免許換えの申請を怠っていることが判明したときは、免許取消処分を受ける。業務停止処分を受けるのではない。

ウ **誤** 　　　　　　　　　　　　　　　　　　　　　　【免許取消処分】教P6

　信託業法3条の免許を受けた信託会社が宅建業を営む場合は、国土交通大臣の免許を受けたものとみなされる。よって、実際には宅建業の免許を受けることはないので、当該信託会社には免許取消処分に係る宅建業法66条の規定の適用はない。したがって、Cが業務停止処分に違反したとしても、免許取消処分を受けることはない。

エ **正** 　　　　　　　　　　　　　【免許欠格事由（宅建業法違反で罰金刑）】教P143

　宅建業法に違反して罰金刑に処せられると、欠格事由に該当する。したがって、丁県知事は、Dの免許を取り消さなければならない。

以上より、正しいものはエの一つなので、正解は2である。

「問題集」CH01 問題5 ～ 問題17

問41 解答 3 宅建業者・宅建士 ---------------- ランク A

1 誤　　　　　　　　　　　　　　　　　【事務所の専任の宅建士】 教P66

宅建業者の事務所にはその業務に従事する者(営業だけでなく一般管理も含む)の5名に1名以上の割合で、専任の宅建士を設置しなければならない。AがBを退職すると、Bの本店の従業者は11名であり、専任の宅建士は3名ということになるが、この数は「5名に1名以上」という要件を満たしている。したがって、Bは、本店の専任の宅建士を補充する等の措置を執る必要はない。

2 誤　　　　　　　　　　　　　　　【事務禁止期間中の登録の申請】 教P31

事務禁止処分を受け、その禁止期間中に本人の申請により登録が消除された場合、当該期間中は再度の登録を受けることはできない。このことは、他の都道府県で宅建試験に合格して他の都道府県知事の登録を申請する場合も同じである。

3 正　　　　　　　　　　　【登録の移転に伴う宅建士証の有効期間】 教P35

登録の移転の申請とともに宅建士証の交付の申請が行われた場合、移転後の都道府県知事は、移転申請前の宅建士証の有効期間が経過するまでの期間(残存期間)を有効期間とする宅建士証を交付しなければならない。

4 誤　　　　　　　　　　　　　　　　【提出した宅建士証の返還】 教P40

宅建士証の提出を受けた都道府県知事は、事務禁止期間が満了した場合において、その提出者から返還の請求があったときは、直ちに、当該宅建士証を返還しなければならない。宅建士証の返還は、その請求を受けてすることに注意。

「問題集」CH01 問題18 ～ 問題23

問42 解答 3 業務上の規制 ---------------- ランク A

1 誤　　　　　　　　　　　　　　　【品確法による瑕疵担保責任】 教P153、154

新築住宅を売却する場合、売主は、住宅の構造耐力上主要な部分および雨水の浸入を

防止する部分について、引き渡した時から10年間の瑕疵担保責任を負わなければならない。買主が宅建業者である場合、宅建業者である売主は住宅瑕疵担保履行法による資力確保措置を講じる必要はないが、上記瑕疵担保責任は負わなければならない。

2　誤　　　　　　　　　　　　　　　　　　　　　　　【みなし宅建業者】 教P18

　免許取消処分を受けた場合でも、当該宅建業者であった者は、当該宅建業者が締結した契約に基づく取引を結了する目的の範囲内においては、なお宅建業者とみなされる。しかし、本肢のAは、免許取消処分前に広告をしていただけであり、契約の締結をしていたわけではない。したがって、Aは、免許取消処分の後には、広告をしていた宅地の売買契約を締結することはできない。

3　正　　　　　　　　　　　　　【手付の放棄による契約の解除】 教P102、115、116

　宅建業者は、相手方等が、手付の放棄をして契約の解除を行う際に、正当な理由なく、解除を拒んではならない。しかし、手付による解除をすることができるのは、相手方が契約の履行に着手するまでに限られている。したがって、建物の引渡しおよび所有権移転登記義務の履行に着手しているAは、買主の手付による解除の申出を断る正当な理由があるので、Aの行為は宅建業法に違反しない。

4　誤　　　　　　　　　　　　　　　　　　　　　　　　【従業者名簿】 教P71

　従業者名簿は、最終の記載をした日から「10年間」保存しなければならない。

> 従業者名簿については、帳簿と比較して覚えると良いでしょう。

➡「問題集」CH01 問題76 ～ 問題78 》》

問43　解答 4　クーリング・オフ　　　　　　　　　　　　ランク A

1　誤　　　　　　　　　　　　　　　【書面による告知をしなかった場合】 教P108、109

　クーリング・オフについて書面で告げることは、宅建業者の義務ではない。告げておかないと8日間の期間制限がないだけである。したがって、クーリング・オフできる旨を告げなかった場合でも、宅建業者が監督処分を受けることはない。

2　誤　　　　　　　　　　　　　　　　　　　　　　　【解除の方法】 教P109

　買主は、書面によらなければ、クーリング・オフによる契約の解除をすることができない。解除の意思表示を書面で明確にしておくことによって、後日の紛争を防止するためである。

3 　誤 　　　　　　　　　　　　　　　【クーリング・オフにより返還される金銭】教P110

　クーリング・オフによって契約が解除された場合、宅建業者は、手付金も含めて、すでに受領している金銭の全額を返還しなければならない。

4 　正 　　　　　　　　　　　　　　　【クーリング・オフができる条件】教P107、108

　売主の宅建業者から代理または媒介の依頼を受けた宅建業者の事務所は、クーリング・オフをすることができない「事務所等」にあたる。しかし、Ｃは、宅地の売却についてＡから代理または媒介の依頼を受けていないので、Ｃの事務所はこの「事務所等」にあたらない。したがって、Ｂは、クーリング・オフによる契約の解除をすることができる。

　売主である宅建業者の単なる知り合いの宅建業者の事務所で契約した買主は、クーリング・オフによる契約の解除をすることができます。

🔴「問題集」CH01 問題79〜問題82 ⟫

問44 　解答 **2** 　報酬 ------------------------------- ランク **A**

1 　誤 　　　　　　　　　　　　　　　【一方から媒介の依頼を受けた場合】教P125〜131

　まず、本問の建物の本体価格は5,500万円÷1.1＝5,000万円である。これをもとに報酬の限度額を計算する（以下、各肢で同じ）。Ａは、Ｂから媒介の依頼を受けているので、ＡがＢから受領することができる消費税抜きの報酬の限度額は5,000万円×0.03＋6万円＝156万円となり、これに消費税を加えると156万円×1.1＝171万6,000円となる。

2 　正 　　　　　　　　　　　　　　　【一方から代理の依頼を受けた場合】教P125〜131

　Ａは、Ｃから代理の依頼を受けているので、ＡがＣから受領することができる消費税抜きの報酬の限度額は（5,000万円×0.03＋6万円）×2＝312万円となり、これに消費税を加えると312万円×1.1＝343万2,000円となる。

3 　誤 　　　　　　　　　　　　　　　【媒介・代理の依頼を受けた場合】教P125〜131

　Ａが、Ｂから受領できる報酬の限度額は171万6,000円であり、Ｃから受領できる報酬の限度額は343万2,000円である。しかし、ＡがＢおよびＣの双方から受領する報酬の合計額は343万2,000円を超えることはできない。Ａが、Ｂから171万6,000円、Ｃから343万2,000円をそれぞれ受領するとこの額を超えてしまう。

【媒介・代理の依頼を受けた場合】 教P125〜131

　Aが、Bから受領できる報酬の限度額は171万6,000円であるので、Aは、Bから188万1,000円を受領することはできない。なお、Aが、Cから受領できる報酬の限度額は343万2,000円であり、AがBおよびCから受領できる報酬の合計額も343万2,000円なので、本肢は、この点については問題ない。

本問は売買に係る報酬の限度額を問う基本的な問題ですので、本試験でこのような問題が出題されたら、確実に得点できるようにしておいてください。

➡️「問題集」CH01 問題93〜問題99 ➤➤

問45　解答4　住宅瑕疵担保履行法 ―――――――――― ランク A

1　誤

【保険契約によって填補される損害】 教P157

　住宅販売瑕疵担保責任保険契約は、買主の損害を填補するだけでなく、宅建業者が特定住宅販売瑕疵担保責任を履行した場合の損害も填補される。

2　誤

【供託所等の説明】 教P159

　住宅販売瑕疵担保保証金を供託している場合の供託所等の説明は、当該新築住宅の「売買契約を締結するまで」に行わなければならない。売買契約締結後に、遅滞なく、するのではない。なお、近年の法改正によって、供託所等の説明は、書面の交付に代えて、買主の承諾を得て電磁的方法によってすることができるようになった。

3　誤

【住宅販売瑕疵担保保証金の供託】 教P156

　住宅販売瑕疵担保保証金の供託をする場合は、「主たる事務所の最寄りの供託所」に対して行う。なお、供託物として金銭のほかに有価証券が認められていることは正しい。

4　正

【新たな売買契約締結の禁止】 教P158

　自ら売主として新築住宅を宅建業者でない買主に引き渡した宅建業者は、基準日に係る資力確保措置の状況の届出をしなければ、当該基準日の翌日から起算して50日を経過した日以後においては、新たに自ら売主となる新築住宅の売買契約を締結してはならない。

「基準日の翌日から起算して50日」という数字も、過去問で問われているので、押さえておいてください。

➡️「問題集」CH01 問題108〜問題109 ➤➤

1　正　　　　　　　　　　　　　【元利金の支払が困難になった場合】記載なし

　機構は、一定の貸付条件の変更または元利金の支払方法の変更をすることはできるが、元利金の支払を免除することはできない。

2　正　　　　　　　　　　　　　【耐震工事資金の貸付け】教P570

　災害予防関連工事に関する資金の貸付けの一環として、本肢のような貸付けも業務として行っている。

3　誤　　　　　　　　　　　　　【土地や借地権の取得に係る貸付債権】教P568

　当該住宅の建設または購入に付随する土地または借地権の取得に必要な資金の貸付けに係る貸付け債権についても、譲受けの対象としている。

4　正　　　　　　　　　　　　　【団体信用生命保険】教P570

　その通り。このことによって、住宅取得資金の融資がしやすくなる。

肢3については、建物を所有するためには当然に土地も必要になることを考えれば正しいということが分かると思います。

➡「問題集」CH04 問題24 ～ 問題27

第4回 解答・解説

1　誤　　　　　　　　　　　　　【住宅ローンの表示】教P579

　住宅ローンについては、「金融機関の名称もしくは商号または都市銀行、地方銀行、信用金庫等の種類」「借入金の利率および利息を徴する方法または返済例」は表示しなければならないが、令和4年9月1日施行の公正競争規約の改正によって、「提携ローンまたは紹介ローンの別」や「融資限度額」は表示しなくてもよいことになった。

2　正　　　　　　　　　　　　　【電車、バス等の交通機関の所要時間】教P576

　その通り。電車、バス等の交通機関の所要時間については、従来「平常時の所要時間を著しく超えるときは通勤時の所要時間を明示すること」と規定されていたが、令和4年9月1日施行の公正競争規約の改正によって、本肢のように変更された。

3　誤　　　　　　　　　　　　　【他の建物の建築計画等】記載なし

　物件の広告をする場合、日照その他物件の環境条件に影響を及ぼすおそれのある建物

の建築計画または宅地の造成計画であって自己に係るものまたは自己が知り得たものがある場合には、その旨およびその規模を表示しなければならない。他の宅建業者の分譲に係るものであっても、当該宅建業者が知り得たものは表示しなければならない。

4　誤　【現況と異なる表示】　記載なし

宅地または建物のコンピュータグラフィックス、見取図、完成図または完成予想図は、その旨を明示して用い、当該物件の周囲の状況について表示するときは、現況に反する表示をしてはならない。

肢3の知識は細かいですが、これを機会に押さえておいてください。

➡ 「問題集」 CH04 問題28 ～ 問題34 ➤➤

問48　解答 4　統計　ランク A

1　正　【売買による土地の所有権移転登記件数】　記載なし

令和5年の全国の土地取引件数は、1,288,546件で、令和4年の1,304,776件より16,230件（1.24%）減少して、2年連続の減少となっている。したがって、令和5年の全国の土地取引件数は、約129万件であり、2年連続で減少したものの、ほぼ横ばいで推移しているといえる。

※　肢1について 本問作成段階では「令和6年版土地白書」は刊行されていませんので、数値は法務省の統計に基づいています。宅建試験では、土地白書の表現に沿って出題されますが、同白書では、微増・微減の場合は「〇〇万件でほぼ横ばい」と表現されることが多いので、本書でもそのような表現にしました。

2　正　【地価公示】　記載なし

その通り。全国平均、三大都市圏平均、地方圏平均の地価上昇率は以下の通りである。

【地価上昇率】(%)

	全用途平均	住宅地	商業地	工業地
全　国	2.3	2.0	3.1	4.2
三大都市圏	3.5	2.8	5.2	5.8
地方圏	1.3	1.2	1.5	2.6

3　正　【法人企業統計調査】　記載なし

その通り。令和4年度における不動産業の売上高は、46兆2,682億円であり、前年度比で4.8%減となって、2年ぶりの減収となっている。

4 **誤**　　　　　　　　　　　　　　　　　　　　　　【建築着工統計調査報告】 記載なし

　令和5年の新設住宅着工の総戸数は819,623戸で、前年比では4.6％減となり、3年ぶりの減少となった。また、新設住宅着工床面積は 64,178千㎡で、前年比では7.0％減となり、2年連続の減少となった。したがって、「着工戸数及び着工床面積ともに、前年に比べて増加して、2年ぶりの増加となった」とする本肢は誤りである。

> 統計の問題については、本問にある統計が「定番」ですので、この統計を押さえましょう。

問 49　解答 **3**　土地　　　　　　　　　　　　　　　　　　　ランク **A**

1 **適当**　　　　　　　　　　　　　　　　　　　　　　　　　　【不同沈下】 記載なし

　その通り。切土した部分はもともとの地盤であるため強固であるが、盛土した部分の地盤は人為的なものなので、切土した部分ほど強固ではないため境目では不同沈下が起こりやすい。

---

2 **適当**　　　　　　　　　　　　　　　　　　　　　　　　　　　　【台地】 教P583

　台地は一般に安定した地盤であるので、宅地に適しているが、縁辺部(台地の端の部分)は、崖崩れのおそれがある。

第4回 解答・解説

---

3 **最も不適当**　　　　　　　　　　　　　　　　　　　　　　　　【等高線】 教P586

　急傾斜地では等高線の間隔は密に(狭く)なり、傾斜が緩やかな土地では等高線の間隔は疎に(広く)なっている。本肢は「密」と「疎」が、正しい内容と逆になっている。

---

4 **適当**　　　　　　　　　　　　　　　　　　　　　　　　【砂礫質の土地】 記載なし

　砂礫質の土地は、砂・礫(小石混じりの砂)で構成された土地であり、水はけが良いので、建物の基礎の支持力が発揮されやすい。これに対して、粘土質の土地は、透水性が悪く、地盤が軟弱で、地震に弱い。

> 等高線に関する知識は学校の地理でも勉強しますし、等高線が同じ高さの地点を線で結んだものであることを考えれば、肢3が不適当であることは容易にわかると思います。

➡️ 「問題集」 CH04 問題35～問題40 〉〉

1 　**最も適当**　　　　　　　　　　　　　　　　　　　　【制震構造・免震構造】 教P593

　その通り。地震の揺れから建物を守る構造には、他に耐震構造がある。耐震構造は、建物の柱、梁、耐震壁などで剛性を高めて、地震に対して十分耐えられるようにした構造である。

2 　**不適当**　　　　　　　　　　　　　　　　　　　　　　　　　【ラーメン構造】 教P592

　鉄骨造の骨組みの一種であるラーメン式とは、柱と梁を組み合わせた直方体の集合で骨組みを構成する構造をいう。本肢の記述は、トラス式についてのものである。

3 　**不適当**　　　　　　　　　　　　　　　　　　　　【鉄筋コンクリート造の特徴】 教P591

　鉄筋コンクリート造は、圧縮力に強い「コンクリート」と引っ張り力に強い「鉄筋」を使うことで、強度の高い構造の建物を建築することができる。本肢は、コンクリートに関する記述と鉄筋に関する記述が正しい内容と逆になっている。

4 　**不適当**　　　　　　　　　　　　　　　　　　　　　　　【枠組壁工法】 記載なし

　枠組壁工法とは、主に２インチ×４インチの木材で組んだ枠組に構造用合板を打ちつけてつくった壁体によって建物全体の荷重を支える工法をいう。柱と梁で建物全体の荷重を支える在来工法（軸組工法）に比べて、耐震性に富み、工期も短く、価格も安いという長所を有する。

　　　耐震構造・制震構造・免震構造の違いを押さえておきましょう。

◯ 「問題集」CH04 問題41〜問題46 ≫

第☐回　解答用紙　日付 ／

<table>
<tr><td colspan="5" align="center">解　答　欄</td><td>得
点</td><td>／50</td></tr>
</table>

問題番号	解	答	番	号
第 1 問	①	②	③	④
第 2 問	①	②	③	④
第 3 問	①	②	③	④
第 4 問	①	②	③	④
第 5 問	①	②	③	④
第 6 問	①	②	③	④
第 7 問	①	②	③	④
第 8 問	①	②	③	④
第 9 問	①	②	③	④
第 10 問	①	②	③	④
第 11 問	①	②	③	④
第 12 問	①	②	③	④
第 13 問	①	②	③	④
第 14 問	①	②	③	④
第 15 問	①	②	③	④
第 16 問	①	②	③	④
第 17 問	①	②	③	④
第 18 問	①	②	③	④
第 19 問	①	②	③	④
第 20 問	①	②	③	④
第 21 問	①	②	③	④
第 22 問	①	②	③	④
第 23 問	①	②	③	④
第 24 問	①	②	③	④
第 25 問	①	②	③	④

問題番号	解	答	番	号
第 26 問	①	②	③	④
第 27 問	①	②	③	④
第 28 問	①	②	③	④
第 29 問	①	②	③	④
第 30 問	①	②	③	④
第 31 問	①	②	③	④
第 32 問	①	②	③	④
第 33 問	①	②	③	④
第 34 問	①	②	③	④
第 35 問	①	②	③	④
第 36 問	①	②	③	④
第 37 問	①	②	③	④
第 38 問	①	②	③	④
第 39 問	①	②	③	④
第 40 問	①	②	③	④
第 41 問	①	②	③	④
第 42 問	①	②	③	④
第 43 問	①	②	③	④
第 44 問	①	②	③	④
第 45 問	①	②	③	④
第 46 問	①	②	③	④
第 47 問	①	②	③	④
第 48 問	①	②	③	④
第 49 問	①	②	③	④
第 50 問	①	②	③	④

キリトリ

第□回　解答用紙

解　答　欄

得点 ／50

問題番号	解　答　番　号				問題番号	解　答　番　号			
第 1 問	①	②	③	④	第 26 問	①	②	③	④
第 2 問	①	②	③	④	第 27 問	①	②	③	④
第 3 問	①	②	③	④	第 28 問	①	②	③	④
第 4 問	①	②	③	④	第 29 問	①	②	③	④
第 5 問	①	②	③	④	第 30 問	①	②	③	④
第 6 問	①	②	③	④	第 31 問	①	②	③	④
第 7 問	①	②	③	④	第 32 問	①	②	③	④
第 8 問	①	②	③	④	第 33 問	①	②	③	④
第 9 問	①	②	③	④	第 34 問	①	②	③	④
第 10 問	①	②	③	④	第 35 問	①	②	③	④
第 11 問	①	②	③	④	第 36 問	①	②	③	④
第 12 問	①	②	③	④	第 37 問	①	②	③	④
第 13 問	①	②	③	④	第 38 問	①	②	③	④
第 14 問	①	②	③	④	第 39 問	①	②	③	④
第 15 問	①	②	③	④	第 40 問	①	②	③	④
第 16 問	①	②	③	④	第 41 問	①	②	③	④
第 17 問	①	②	③	④	第 42 問	①	②	③	④
第 18 問	①	②	③	④	第 43 問	①	②	③	④
第 19 問	①	②	③	④	第 44 問	①	②	③	④
第 20 問	①	②	③	④	第 45 問	①	②	③	④
第 21 問	①	②	③	④	第 46 問	①	②	③	④
第 22 問	①	②	③	④	第 47 問	①	②	③	④
第 23 問	①	②	③	④	第 48 問	①	②	③	④
第 24 問	①	②	③	④	第 49 問	①	②	③	④
第 25 問	①	②	③	④	第 50 問	①	②	③	④

キリトリ

第☐回　解答用紙　日付 ／

解答欄

問題番号	解　答　番　号				問題番号	解　答　番　号			
第 1 問	①	②	③	④	第 26 問	①	②	③	④
第 2 問	①	②	③	④	第 27 問	①	②	③	④
第 3 問	①	②	③	④	第 28 問	①	②	③	④
第 4 問	①	②	③	④	第 29 問	①	②	③	④
第 5 問	①	②	③	④	第 30 問	①	②	③	④
第 6 問	①	②	③	④	第 31 問	①	②	③	④
第 7 問	①	②	③	④	第 32 問	①	②	③	④
第 8 問	①	②	③	④	第 33 問	①	②	③	④
第 9 問	①	②	③	④	第 34 問	①	②	③	④
第 10 問	①	②	③	④	第 35 問	①	②	③	④
第 11 問	①	②	③	④	第 36 問	①	②	③	④
第 12 問	①	②	③	④	第 37 問	①	②	③	④
第 13 問	①	②	③	④	第 38 問	①	②	③	④
第 14 問	①	②	③	④	第 39 問	①	②	③	④
第 15 問	①	②	③	④	第 40 問	①	②	③	④
第 16 問	①	②	③	④	第 41 問	①	②	③	④
第 17 問	①	②	③	④	第 42 問	①	②	③	④
第 18 問	①	②	③	④	第 43 問	①	②	③	④
第 19 問	①	②	③	④	第 44 問	①	②	③	④
第 20 問	①	②	③	④	第 45 問	①	②	③	④
第 21 問	①	②	③	④	第 46 問	①	②	③	④
第 22 問	①	②	③	④	第 47 問	①	②	③	④
第 23 問	①	②	③	④	第 48 問	①	②	③	④
第 24 問	①	②	③	④	第 49 問	①	②	③	④
第 25 問	①	②	③	④	第 50 問	①	②	③	④

キリトリ

第◻回　解答用紙　日付　／

解答欄　得点　／50

問題番号	解 答 番 号				問題番号	解 答 番 号			
第 1 問	①	②	③	④	第 26 問	①	②	③	④
第 2 問	①	②	③	④	第 27 問	①	②	③	④
第 3 問	①	②	③	④	第 28 問	①	②	③	④
第 4 問	①	②	③	④	第 29 問	①	②	③	④
第 5 問	①	②	③	④	第 30 問	①	②	③	④
第 6 問	①	②	③	④	第 31 問	①	②	③	④
第 7 問	①	②	③	④	第 32 問	①	②	③	④
第 8 問	①	②	③	④	第 33 問	①	②	③	④
第 9 問	①	②	③	④	第 34 問	①	②	③	④
第 10 問	①	②	③	④	第 35 問	①	②	③	④
第 11 問	①	②	③	④	第 36 問	①	②	③	④
第 12 問	①	②	③	④	第 37 問	①	②	③	④
第 13 問	①	②	③	④	第 38 問	①	②	③	④
第 14 問	①	②	③	④	第 39 問	①	②	③	④
第 15 問	①	②	③	④	第 40 問	①	②	③	④
第 16 問	①	②	③	④	第 41 問	①	②	③	④
第 17 問	①	②	③	④	第 42 問	①	②	③	④
第 18 問	①	②	③	④	第 43 問	①	②	③	④
第 19 問	①	②	③	④	第 44 問	①	②	③	④
第 20 問	①	②	③	④	第 45 問	①	②	③	④
第 21 問	①	②	③	④	第 46 問	①	②	③	④
第 22 問	①	②	③	④	第 47 問	①	②	③	④
第 23 問	①	②	③	④	第 48 問	①	②	③	④
第 24 問	①	②	③	④	第 49 問	①	②	③	④
第 25 問	①	②	③	④	第 50 問	①	②	③	④

キリトリ

滝澤ななみ（たきざわ・ななみ）

簿記、ＦＰなど多くの資格書を執筆している。本書の姉妹書『みんなが欲しかった！宅建士の教科書』および『問題集』は、刊行以来９年連続売上№１※１を記録している。その他の主な著作は『スッキリわかる日商簿記』１～３級（15年連続全国チェーン売上№１※２）、『みんなが欲しかった！ＦＰの教科書』２～３級（10年連続売上№１※３）など。

※１ 紀伊國屋書店　2015年度版～ 2023年度版（毎年度10月～ ９月で集計）
※２ 紀伊國屋書店／くまざわ書店／三省堂書店／丸善ジュンク堂書店／未来屋書店
　　　2009年１月～ 2023年12月（各社調べ、50音順）
※３ 紀伊國屋書店　2014年１月～ 2023年12月で集計

〈ホームページ〉『滝澤ななみのすすめ！』
URL: https://takizawananami-susume.jp/

・装丁：Nakaguro Graph（黒瀬章夫）
・装画：matsu（マツモト　ナオコ）
・本文イラスト：napocon

みんなが欲しかった！　宅建士シリーズ

2024年度版
みんなが欲しかった！　宅建士の直前予想問題集

（2018年度版　2018年７月30日　初版　第１刷発行）
2024年５月30日　初　版　第１刷発行

著　　者	滝　澤　な　な　み	
	Ｔ Ａ Ｃ 出 版 編 集 部	
発 行 者	多　田　敏　男	
発 行 所	Ｔ Ａ Ｃ 株 式 会 社　出版事業部	
	（ＴＡＣ出版）	

〒101-8383 東京都千代田区神田三崎町3-2-18
電 話 03（5276）9492（営業）
FAX 03（5276）9674
https://shuppan.tac-school.co.jp

組　　版	朝日メディアインターナショナル株式会社	
印　　刷	株 式 会 社　ワ　　コ　　ー	
製　　本	東 京 美 術 紙 工 協 業 組 合	

宅地建物取引士

今年の宅建士試験合格を目指す全ての受験生必見!

～今年のヤマを一気にインプット!～

夏の1日で完結! **出るとこ予想!**

7月上旬 申込受付 開始!

「合格る的中講座」〔全2回/合計6時間〕

「合格るチェックシート」で本試験のヤマをピンポイント攻略!

📖 教室講座　🎧 ビデオブース講座　💻 Web通信講座

『合格る的中講座』はこんな方にオススメ
・今年出題可能性の高いところを一気におさえたい方
・効率的に弱点補強や得点力UPを図りたい方
・TAC自慢の精鋭講師陣の講義を直接受けてみたい方
・一発逆転を狙いたい方

[使用教材]
『2024年度版 宅建士合格るチェックシート(TAC出版)』
[通常受講料(教材費・消費税10%込)]
各学習メディア　¥11,000［市販教材なし ¥9,900］(予価)
※振替・重複出席等のフォロー制度はございません。予めご了承ください。

～本試験と同じレベルの問題で解法テクニックが学べる!～

受験生必見!

7月上旬 申込受付 開始!

「解法テクニック講義」〔全3回/合計7.5時間 民法等1回/宅建業法1回/法令上の制限・その他関連知識1回〕

正しい思考プロセスを身に付けることで、本試験対応力が格段にUP!

📖 教室講座　🎧 ビデオブース講座　💻 Web通信講座

『解法テクニック講義』はこんな方にオススメ
・問題に対して「なんとなく」正解している方
・解答に至るまでの「正しい思考プロセス」を習得して解答時間を短縮したい方
・問題に対する取り組み方を意識したことがない方
・近年の本試験長文化傾向への対策をしたい方

[使用教材]
TACオリジナル「解法テクニック講義レジュメ」(非売品)
[通常受講料(教材費・消費税10%込)]
各学習メディア　¥14,300 (予価)

さらに力をつける! こちらのオプション講座もお試しください!

- 一問一答POINT講義
- 弱点論点補強講座
- 判決問題の解き方
- 令和5年度 宅建士 本試験解説講義
- 法改正「重要」論点講義

随時受講を開始できます。
詳細はTACホームページをご覧ください!

お申込み方法

〔注意〕お申込み前に必ず直前対策シリーズ(2024年7月上旬公開予定)のホームページをご確認ください。

❶ TAC受付窓口　❷ e受付(インターネット申込)　❸ 郵送

※お申込み方法の詳細はTACホームページをご覧いただくか、TAC各校またはカスタマーセンター(0120-509-117)までお問い合わせください。
※e受付(インターネット申込)・郵送で通信講座をお申込みの場合、お申込みから講義視聴・教材発送開始まで1週間程度かかる場合がございます。予めご了承ください。

学習経験者
対象

学習期間の目安 **1〜2ヶ月**

8・9月開講
答練パック

アウトプット
重視

講義ペース
週 **1〜2**回
時期により回数が前後
する場合がございます

途中入学
OK!

実戦感覚を磨き、出題予想論点を押さえる！
学習経験者を対象とした問題演習講座

学習経験者を対象とした問題演習講座です。
試験会場の雰囲気にのまれず、時間配分に十分気を配る予行練習と、TAC講師陣の総力を結集した
良問揃いの答練で今年の出題予想論点をおさえ、合格を勝ち取ってください。

カリキュラム〈全8回〉

8・9月〜

直前ハーフ答練（3回）

答練＋解説講義

「本試験（50問・2時間）」への橋
渡しとなる「25問・1時間」の答
練です（解説付き）。「全科目・
範囲指定なし」の答練で、本試
験の緊張感を体験します。

直前答練（4回）

答練＋解説講義

出題が予想されるところを重
点的にピックアップし、1回50
問を2時間で解く本試験と同一
形式の答練です。時間配分や
緊張感をこの場でつかみ、出題
予想論点をも押さえます。

10月上旬

全国公開模試（1回）

本試験約2週間前に、本試験と
同一形式で行われる全国公開
模試です。本試験の擬似体験
として、また客観的な判断材料
としてラストスパートの戦略に
お役立てください。

10月中旬
宅建士本試験

11月下旬
合格！

‥‥‥‥ 本試験形式 ‥‥‥‥

開講一覧

🔑 教室講座

8・9月開講予定

札幌校・仙台校・水道橋校・新宿校・池袋校・渋谷校・
八重洲校・立川校・町田校・横浜校・大宮校・津田沼校・
名古屋校・京都校・梅田校・なんば校・神戸校・広島校・
福岡校

💻 Web通信講座

8月上旬より順次講義配信開始予定
7月下旬より順次教材発送開始予定

💿 DVD通信講座

7月下旬より順次教材発送開始予定

📹 ビデオブース講座

札幌校・仙台校・水道橋校・新宿校・池袋校・渋谷校・
八重洲校・立川校・町田校・横浜校・大宮校・津田沼校・
名古屋校・京都校・梅田校・なんば校・神戸校・広島校・
福岡校
8月上旬より順次講義視聴開始予定

通常受講料 ［教材費・消費税10%込］

🖥 教室講座	
📹 ビデオブース講座	**¥33,000**
💻 Web通信講座	
💿 DVD通信講座	

答練パックのみお申込みの場合は、TAC入会金（¥10,000・10%税込）は不要です。なお、当コースのお申込みと同時もしくはお申込み後、さらに別コースをお申込みの際にTAC入会金
が必要となる場合があります。予めご了承ください。
詳細につきましては2024年合格目標のTAC宅建士講座パンフレットをご参照ください。

宅地建物取引士

全国公開模試

受験の有無で差がつきます!

選ばれる理由がある。

- 高精度の個人別成績表!!
- Web解説講義で復習をサポート!!
- 高水準の的中予想問題!!

"高精度"の個人別成績表!!

TACの全国公開模試は、全国ランキングはもとより、精度の高い総合成績判定、科目別得点表示で苦手分野の最後の確認をしていただけるほか、復習方法をまとめた学習指針もついています。本試験合格に照準をあてた多くの役立つデータ・情報を提供します。

Web解説講義で"復習"をサポート!!

インターネット上でTAC講師による解答解説講義を動画配信いたします。模試の重要ポイントやアドバイスも満載で、直前期の学習の強い味方になります!復習にご活用ください。

"ズバリ的中" の予想問題!!

毎年本試験でズバリ的中を続出しているTACの全国公開模試は、宅建士試験を知り尽くした講師陣の長年にわたる緻密な分析の積み重ねと、叡智を結集して作成されています。TACの全国公開模試を受験することは最高水準の予想問題を受験することと同じなのです。

下記はほんの一例です。もちろん他にも多数の的中がございます!

全国公開模試【問4】肢3　○
〔相隣関係〕土地の所有者は、隣地の竹木の枝が境界線を越える場合で、竹木の所有者に枝を切除するよう催告したにもかかわらず、竹木の所有者が相当の期間内に切除しないときは、その枝を切り取ることができる。

令和5年度本試験【問2】肢2　×
〔相隣関係〕土地の所有者は、隣地の竹木の枝が境界線を越える場合、その竹木の所有者にその枝を切除させることができるが、その枝を切除するよう催告したにもかかわらず相当の期間内に切除しなかったときであっても、自らその枝を切り取ることはできない。

全国公開模試【問28】肢1　○
〔重要事項の説明〕宅地建物取引業者Aが行う重要事項の説明を担当する宅地建物取引士は、説明の相手方から請求がなくても、宅地建物取引士証を相手方に提示しなければならず、この提示を怠ると10万円以下の過料に処せられることがある。

令和5年度本試験【問42】肢ア　×
〔重要事項の説明〕宅地建物取引士は、重要事項説明をする場合、取引の相手方から請求されなければ、宅地建物取引士証を相手方に提示する必要はない。

全国公開模試【問40】肢ウ　×
〔免許基準〕宅地建物取引業者C社の非常勤の役員が、宅地建物取引業法の規定に違反して罰金の刑に処せられた場合でも、C社の免許は取り消されることはない。

令和5年度本試験【問29】肢4　×
〔免許基準〕宅地建物取引業者D社の非常勤の取締役が、刑法第222条（脅迫）の罪を犯したことにより罰金の刑に処せられたとしても、D社の免許は取り消されることはない。

◆全国公開模試の詳細は2024年7月上旬に発表予定です。

直前対策シリーズ

※直前対策シリーズの受講料等詳細につきましては、2024年7月中旬刊行予定のご案内をご確認ください。

ポイント整理、最後の追い込みに大好評!

TACでは、本試験直前期に、多彩な試験対策講座を開講しています。
ポイント整理のために、最後の追い込みのために、毎年多くの受験生から好評をいただいております。
周りの受験生に差をつけて合格をつかみ取るための最後の切り札として、ご自身のご都合に合わせてご活用ください。

8月開講　直前対策講義　　　　講義形式
〈全7回／合計17.5時間〉

ビデオブース講座　　**Web通信講座**

直前の総仕上げとして重要論点を一気に整理!
直前対策講義のテキスト(非売品)は本試験当日の最終チェックに最適です!

対象者
- よく似たまぎらわしい内容や表現が「正確な知識」として整理できていない方
- 重要論点ごとの総復習や内容の整理を効率よくしたい方
- 問題を解いてもなかなか得点に結びつかない方

特　色
- 直前期にふさわしく「短時間(合計17.5時間)で重要論点の総復習」ができる
- 重要論点ごとに効率良くまとめられた教材で、本試験当日の最終チェックに最適
- 多くの受験生がひっかかってしまうまぎらわしい出題ポイントをズバリ指摘

カリキュラム（全7回）
使用テキスト
- 直前対策講義レジュメ
 （全1冊）

※2024年合格目標宅建士講座「総合本科生SPlus」「総合本科生S」「総合本科生」をお申込みの方は、カリキュラムの中に「直前対策講義」が含まれておりますので、別途「直前対策講義」のお申込みの必要はありません。

通常受講料
(教材費・消費税10%込)

| ■ビデオブース講座 | **¥33,000** |
| ■Web通信講座 | |

10月開講　やまかけ3日漬講座　　問題演習+解説講義
〈全3回／合計7時間30分〉

教室講座　　**Web通信講座**　　**DVD通信講座**

TAC宅建士講座の精鋭講師陣が2024年の宅建士本試験を
完全予想する最終直前講座!

申込者限定配付

対象者
- 本試験直前に出題予想を押さえておきたい方

特　色
- 毎年多数の受験生が受講する大人気講座
- TAC厳選の問題からさらに選りすぐった「予想選択肢」を一挙公開
- リーズナブルな受講料
- 一問一答形式なので自分の知識定着度合いが把握しやすい

使用テキスト
- やまかけ3日漬講座レジュメ
 （問題・解答 各1冊）

通常受講料
(教材費・消費税10%込)

■教室講座	**¥9,900**
■Web通信講座	
■DVD通信講座	

※2024年合格目標TAC宅建士講座各本科生・パック生の方も別途お申込みが必要です。
※振替・重複出席等のフォロー制度はございません。予めご了承ください。

宅建士とのＷ受験に最適！

宅建士受験生の皆さまへ！

宅地建物取引士試験と管理業務主任者試験の同一年度Ｗ受験をオススメします！

宅建士で学習した知識を活かすには同一年度受験！！

　宅建士と同様、不動産関連の国家資格「管理業務主任者」は、マンション管理のエキスパートです。管理業務主任者はマンション管理業者に必須の資格で独占業務を有しています。**現在、そして将来に向けてマンション居住者の高齢化とマンションの高経年化は日本全体の大きな課題となっており、今後「管理業務主任者」はより一層社会から求められる人材として期待が高まることが想定されます。**マンションディベロッパーをはじめ、宅建業者の中にはマンション管理業を兼務したりマンション管理の関連会社を設けているケースが多く見受けられ、宅建士とのダブルライセンス取得者の需要も年々高まっています。

　また、**試験科目が宅建士と多くの部分で重なっており、**宅建士受験者にとっては資格取得に向けての大きなアドバンテージになります。したがって、宅建士受験生の皆さまには、**同一年度に管理業務主任者試験とのＷ合格のチャレンジをオススメします！**

◆各資格試験の比較 ※受験申込受付期間にご注意ください。

	宅建士	共通点	管理業務主任者
受験申込受付期間	例年 7月初旬〜7月末		例年 9月初旬〜9月末
試験形式	四肢択一・50問	↔	四肢択一・50問
試験日時	毎年1回、10月の第3日曜日		毎年1回、12月の第1日曜日
	午後1時〜午後3時(2時間)	↔	午後1時〜午後3時(2時間)
試験科目 (主なもの)	◆民法 ◆借地借家法 ◆区分所有法 ◆不動産登記法 ◆宅建業法 ◆建築基準法 ◆税金	↔	◆民法 ◆借地借家法 ◆区分所有法 ◆不動産登記法 ◆宅建業法 ◆建築基準法 ◆税金
	◆都市計画法 ◆国土利用計画法 ◆農地法 ◆土地区画整理法 ◆鑑定評価 ◆宅地造成等規制法 ◆統計		◆標準管理規約 ◆マンション管理適正化法 ◆マンションの維持保全(消防法・水道法等) ◆管理組合の会計知識 ◆標準管理委託契約書 ◆建替え円滑化法
合格基準点	36点/50点(令和4年度)		36点/50点(令和4年度)
合格率	17.0%(令和4年度)		18.9%(令和4年度)

※管理業務主任者試験を目指すコースの詳細は、2024年合格目標 管理業務主任者講座パンフレット(2023年12月刊行予定)をご覧ください。

宅建士からのステップアップに最適!

ステップアップ・ダブルライセンスを狙うなら…

宅地建物取引士の本試験終了後に、不動産鑑定士試験へチャレンジする方が増えています。なぜなら、これら不動産関連資格の学習が、不動産鑑定士へのステップアップの際に大きなアドバンテージとなるからです。宅建の学習で学んだ知識を活かして、ダブルライセンスの取得を目指してみませんか?

▶ 不動産鑑定士

宅建を学習された方にとっては見慣れた法令が点在しているはずです。

2023年度不動産鑑定士短答式試験
行政法規　出題法令・項目

難易度の差や多少の範囲の相違はありますが、一度学習した法令ですから、初学者に比べてよりスピーディーに合格レベルへと到達でき、非常に有利といえます。
なお、論文式試験に出題される「民法」は先述の宅建士受験者にとっては馴染みがあることでしょう。したがって不動産鑑定士試験全体を通じてアドバンテージを得ることができます。

問題	法　律		問題	法　律
1	土地基本法		21	マンションの建替え等の円滑化に関する法律
2	不動産の鑑定評価に関する法律		22	不動産登記法
3	不動産の鑑定評価に関する法律		23	住宅の品質確保の促進等に関する法律
4	地価公示法		24	宅地建物取引業法
5	国土利用計画法		25	不動産特定共同事業法
6	都市計画法	準都市計画区域等	26	高齢者、障害者等の移動等の円滑化の促進に関する法律
7	都市計画法	再開発等促進区	27	土地収用法
8	都市計画法	地域地区	28	土壌汚染対策法
9	都市計画法	開発行為等	29	文化財保護法
10	都市計画法	開発許可の要否	30	自然公園法
11	土地区画整理法		31	農地法
12	土地区画整理法		32	森林法
13	都市再開発法		33	道路法
14	都市再開発法		34	国有財産法
15	都市緑地法		35	所得税法
16	建築基準法	総合	36	法人税法
17	建築基準法	単体規定等	37	租税特別措置法
18	建築基準法	集団規定等	38	固定資産税
19	建築基準法	集団規定	39	相続税及び贈与税
20	建築基準法	道路	40	金融商品取引法、投資信託及び投資法人に関する法律、資産の流動化に関する法律

さらに　宅地建物取引士試験を受験した経験のある方は割引受講料にてお申込みいただけます!

詳細はTACホームページ、不動産鑑定士講座パンフレットをご覧ください。

TAC出版 書籍のご案内

TAC出版では、資格の学校TAC各講座の定評ある執筆陣による資格試験の参考書をはじめ、資格取得者の開業法や仕事術、実務書、ビジネス書、一般書などを発行しています！

TAC出版の書籍

*一部書籍は、早稲田経営出版のブランドにて刊行しております。

資格・検定試験の受験対策書籍

- ◎日商簿記検定
- ◎建設業経理士
- ◎全経簿記上級
- ◎税　理　士
- ◎公認会計士
- ◎社会保険労務士
- ◎中小企業診断士
- ◎証券アナリスト

- ◎ファイナンシャルプランナー(FP)
- ◎証券外務員
- ◎貸金業務取扱主任者
- ◎不動産鑑定士
- ◎宅地建物取引士
- ◎賃貸不動産経営管理士
- ◎マンション管理士
- ◎管理業務主任者

- ◎司法書士
- ◎行政書士
- ◎司法試験
- ◎弁理士
- ◎公務員試験(大卒程度・高卒者)
- ◎情報処理試験
- ◎介護福祉士
- ◎ケアマネジャー
- ◎電験三種　ほか

実務書・ビジネス書

- ◎会計実務、税法、税務、経理
- ◎総務、労務、人事
- ◎ビジネススキル、マナー、就職、自己啓発
- ◎資格取得者の開業法、仕事術、営業術

一般書・エンタメ書

- ◎ファッション
- ◎エッセイ、レシピ
- ◎スポーツ
- ◎旅行ガイド (おとな旅プレミアム/旅コン)

書籍の正誤に関するご確認とお問合せについて

書籍の記載内容に誤りではないかと思われる箇所がございましたら、以下の手順にてご確認とお問合せをしてくださいますよう、お願い申し上げます。

なお、正誤のお問合せ以外の書籍内容に関する解説および受験指導などは、一切行っておりません。
そのようなお問合せにつきましては、お答えいたしかねますので、あらかじめご了承ください。

1 「Cyber Book Store」にて正誤表を確認する

TAC出版書籍販売サイト「Cyber Book Store」の
トップページ内「正誤表」コーナーにて、正誤表をご確認ください。

CYBER TAC出版書籍販売サイト
BOOK STORE

URL:https://bookstore.tac-school.co.jp/

2 1の正誤表がない、あるいは正誤表に該当箇所の記載がない
⇒ 下記①、②のどちらかの方法で文書にて問合せをする

★ご注意ください★

お電話でのお問合せは、お受けいたしません。

①、②のどちらの方法でも、お問合せの際には、「お名前」とともに、
「対象の書籍名(○級・第○回対策も含む)およびその版数(第○版・○○年度版など)」
「お問合せ該当箇所の頁数と行数」
「誤りと思われる記載」
「正しいとお考えになる記載とその根拠」
を明記してください。

なお、回答までに1週間前後を要する場合もございます。あらかじめご了承ください。

① ウェブページ「Cyber Book Store」内の「お問合せフォーム」より問合せをする

【お問合せフォームアドレス】

https://bookstore.tac-school.co.jp/inquiry/

② メールにより問合せをする

【メール宛先　TAC出版】

syuppan-h@tac-school.co.jp

※土日祝日はお問合せ対応をおこなっておりません。
※正誤のお問合せ対応は、該当書籍の改訂版刊行月末日までといたします。

乱丁・落丁による交換は、該当書籍の改訂版刊行月末日までといたします。なお、書籍の在庫状況等により、お受けできない場合もございます。
また、各種本試験の実施の延期、中止を理由とした本書の返品はお受けいたしません。返金もいたしかねますので、あらかじめご了承くださいますようお願い申し上げます。

(2022年7月現在)